SPICA

Für Sandra

Glück & Segen

Alle Personen, Handlungen und Schauplätze in diesem Buch sind frei erfunden.
Mögliche Ähnlichkeiten mit lebenden oder verstorbenen Persönlichkeiten sind
unbeabsichtigt und von daher rein zufällig.

© Spica Verlag GmbH
1. Auflage, März 2019

Autor: Joachim Keller
Gesamtherstellung: Spica Verlag GmbH
Umschlagabbildung: © Fotolia – Aleksandar Mijatovic

Printed in Europe
ISBN 978 3 946732-51-8

TWO TO TOULOUSE

Joachim Keller

www.spica-verlag.de

Für die weiße Sternenhündin

Jori

(30.7.2002–19.10.2017),
die den Entstehungsprozess dieses Buches
fast bis zur letzten Seite begleitet hat.

»… weil wir umso authentischer sind,
je ähnlicher wir dem Traum werden,
den wir von uns selbst haben.«

(Aus dem Film: Alles über meine Mutter)

Zärtlich strich Josefs Hand über den Nasenrücken des Pferdes. Lucky Losers Blesse schimmerte matt in der mondhellen Nacht. Josef hatte es vermieden, Licht zu machen, damit man nicht vom Herrenhaus aus sehen konnte, dass jemand bei den Pferden war, zu so vorgerückter Stunde. Es war zwar unwahrscheinlich, dass noch irgendjemand wach war im Haus, doch sicher ist sicher.

Lucky Loser schnaubte, ruckte mit dem Kopf und rieb seine feuchtwarmen Nüstern an Josefs Handrücken.

»Ich weiß ja, du willst mehr. Aber das muss uns beiden genügen für den Abschied«, flüsterte Josef in Lucky Losers aufmerksam zuckendes Ohr. »Ich geh nämlich fort. Und weiß nicht, ob wir uns jemals wiederseh'n, wir zwei.«

Josef musste schlucken. Tränen sammelten sich in den Augenwinkeln des alten Mannes. Nur jetzt keine Sentimentalitäten!, sagte er sich und wischte sich mit dem Handrücken über die Augen. Aber es war nun mal ein schwerer Abschied. Der Schwerste von allen, wenn er diese Nacht dem noblen Hofgut derer von Lüdershagen den Rücken kehrte – schwerer noch als der Abschied von seiner Tochter Isabell.

Gar nicht schwer fiel ihm dagegen der Abschied von seinem Schwiegersohn: Eowin von Lüdershagen. Ein richtiger von und zu! Und ein arroganter Fatzke obendrein. Josef empfand die Aussicht als Wonne, eine Distanz zwischen sich und diesen Schnösel von Schwiegersohn zu bringen. Diese Demütigung mit dem Aufsitzmäher war gewiss auch auf seinem Mist gewachsen – Josef brach den Gedanken ab, um sich nicht in einen Zorn hineinzusteigern, der sich für gerecht ausgab, aber letzten Endes nur den Abschiedsschmerz verdrängte. Aggression war der einfachste Weg, um Trauer zu vermeiden.

»Isabell wird sich gut um dich kümmern«, setzte Josef sein Zwiegespräch mit dem Vollblut fort, »die liebt dich noch mehr als ich – glaube ich wenigstens. Wir zwei waren wie einer, du und ich. Wenn ich jetzt gehe, dann bleib du *lucky*; den *loser* nehm' ich mit. Denn das bin ich ja. Mach's gut, Alter!«

Eine letzte Berührung noch mit diesen weichen, warmen Nüstern, dann war es so weit. Josef wollte unvorhersehbaren Umständen möglichst wenig Gelegenheit geben, mit ihrem Eintreten seinen Aufbruch zu verhindern. Er verließ den Stall in Richtung der Arkaden, unter deren Rundbögen neben anderen Landmaschinen Josefs Traktor stand; ein Winzling im Vergleich zu den anderen Arbeitsgeräten, erst recht unter der über vier Meter hoch aufragenden Gewölbedecke. Es war ein Weinbergtraktor der Marke Holder, Typ A 15. Josef hatte ihn auf den Namen Rudi getauft, was auf eine innige Beziehung zwischen Mann und Maschine schließen ließ.

Rudi Holder stand zur Abfahrt bereit. Ein letztes Mal vergewisserte sich Josef, dass der Kupplungsbolzen richtig saß. Auf dem Anhänger mit halbhohen Rungen, über die Josef eine Lkw-Plane gespannt hatte, befanden sich seine Siebensachen: das Notwendigste für die Reise, das der Alte binnen der letzten zwei Tage zusammengetragen und sorgsam verstaut hatte, einschließlich hundert Liter Dieselkraftstoff in Ersatzkanistern. Das machte das Gespann zwar schwer, aber Rudi würde das schaffen mit seinen fünfzehn Pferdestärken und der Schwungmasse seines Zweitakt-Einzylinders.

Das erste Problem dieser Reise bestand darin, das Traktorgespann unbemerkt vom Hof zu bekommen. Hätte Josef den Motor gestartet, dann hätte das Geratter vermutlich außer Isabell und Eowin von Lüdershagen das gesamte Gesinde aus dem Schlaf gerissen und vor den Arkaden zusammengetrieben. Also hatte er sich überlegt, den neuen Gartentraktor dafür einzusetzen, das Gespann über den Innenhof und die Einfahrt, danach durch das kleine Waldstück bis zur Straße zu schleppen. Fünfhundert Meter nur – dann wäre er frei. Frei!

Das neue, hochmoderne Mähgerät gab im Betrieb – verglichen mit dem Holder A 15 – nur ein Flüstern von sich, und genau das war eine jener Eigenschaften, die Josef gar nicht schätzte, die er sich jetzt jedoch für genau diesen einen Zweck zunutze machen konnte.

Der halbe Kilometer bis zur Freiheit hatte es in sich. Dem Holder hatte Josef zwar eine Seilwinde angebaut; der Gartenmäher jedoch verfügte über keine Schleppvorrichtung. Josef hatte das Zugseil des Holders so um tragende Teile des Aufsitzmähers gelegt – falls dieses Ding denn überhaupt so etwas wie tragende Teile besitzen sollte –, dass er den Haken nur noch in die Kugelkupplung an Rudi Holders Vorderseite einzuhängen brauchte. Schwieriger war es, eine Lenkvorrichtung für den Knicklenker zu basteln. Josef hatte hierfür ein Seil gewählt, dessen zwei Enden er so an die Lenkradspeichen geknotet hatte, und das lang genug war, das Gespann vom Gartentraktor aus in der Spur zu halten. Allerdings hatte Josef keine Ahnung, ob dieses Patent auch funktionierte, denn Testfahrten im Vorfeld seines Aufbruchs hätten wohl zu gewissen Irritationen bei den Beobachtern geführt und seine Fluchtpläne enttarnt.

Nein: Es war keine Flucht. Es war ein Aufbruch. Zu einer Reise. Sagte er sich. Und nahm es sich nicht ab: Doch – es *ist* Flucht! Eine Reise unternahm man aus der Fülle. Auf die Flucht machte man sich aus Not. Und Josefs Not war groß, aus der er floh.

Der erste Teil der Flucht gestaltete sich schwieriger als erwartet. Josef hatte den Gartentraktor aus der Garage geholt, wo er neben dem Landrover seiner Tochter und Eowins SUV geparkt war. Die beiden Jungen hatten Josef das als Ehrenplatz verkaufen wollen: neben den Edelkarossen statt zwischen den Landmaschinen. Das Garagentor öffnete und schloss sich ebenso automatisch wie lautlos, wenn man den richtigen Code kannte. Der Motor des Aufsitzmähers summte behaglich und machte damit kenntlich, dass seine akustische Unauffälligkeit während des Betriebs zu den Verkaufsargumenten des Herstellers zählte.

Nachdem Josef den Holder angehängt und das Lenkseil noch einmal verkürzt hatte, konnte es losgehen. Das Prinzip funktionierte zwar, aber der Gartentraktor war für solche Zuglasten einfach nicht ausgelegt. Dreimal würgte Josef den Motor ab. Auf der mit hellem Kies bestreuten Einfahrt mahlten die Antriebsräder durch. Zwar blieb das Gespann in Bewegung, doch die Geräuschentwicklung der knirschenden Kiesel war ein im Vorfeld nicht berücksichtigter Risikofaktor.

Derweilen widersetzte sich der Holder den Lenkbewegungen, indem er zu den Seiten auszubrechen versuchte und am Lenkseil zerrte, wie ein Mustang an den Zügeln. Es war der einzige Moment, da Josef sich einen Rudi Holder mit etwas weniger Persönlichkeit gewünscht hätte. Es musste wirklich einen ziemlich irren Eindruck machen, wie Josef das Lenkseil handhabte, indem er es abwechselnd nach links und rechts riss, als würde er unsichtbaren Geistern am Wegesrand seine geballten Fäuste beidhändig in die Magengrube rammen. Dabei hielt er das Lenkrad des Aufsitzmähers mit dem Knie eingeklemmt, was Josef in eine stark gebeugte, eher affenartige Haltung zwang. Zum Glück gab es keine Zuschauer, und für alle Fälle verhüllte die Nacht die groteske Szene gnädig mit dem Schleier der Dunkelheit. Mehrfach sah Josef sich gezwungen, abzusteigen und das Gespann mit Drehen am Lenkradknauf des Holders wieder auszurichten.

Endlich war die Landstraße erreicht. In der Einmündung der Zufahrt zum Gestüt derer von Lüdershagen spannte Josef den Gartentraktor ab und stellte ihn zurück in die Garage. Mit einer gewissen Genugtuung registrierte er, dass das Zugseil die Heckverkleidung des leptosomen Untersatzes aus seiner Verankerung gerissen und nach oben gebogen hat. Beschwingt begab Josef sich zum zweiten Mal auf den Weg in die fünfhundert Meter entfernte Freiheit, diesmal zu Fuß.

Als Josef sich auf den Sitz des Holders schwang, kam es ihm vor, als würde der Traktor unter ihm in gespannter Erwartung erbeben. Wahrscheinlich war es nur die eigene innere Vibration des alten Mannes. Und der fühlte sich nun gar nicht mehr wie ein Flüchtling, als der Motor mit kreischendem Anlasserritzel ansprang und eine Wolke von Dieselqualm und Funken in die Nacht spuckte.

Die Flucht war zu Ende. Eine Reise begann. Das Gespann bog auf die Landstraße ein.

Eine schmale Gestalt in wehendem hellblauem Nachthemd schwebte durch das Halbdunkel der Nachtbeleuchtung im Herrenhaus derer von Lüdershagen. Vor einer der Türen verharrte sie und klopfte.

Der leise Ruf »Eowin?«, folgte dem eher zaghaften Klopfen, das am liebsten nicht hätte gehört werden wollen.

»Isabell?«, antwortete es von hinter der Tür zum Zeichen dafür, dass es dennoch gehört worden war. Das phonetische Fragezeichen hinter jedem der Namen ließ erahnen, dass nächtliche Besuche zwischen den Eheleuten eher zu den Ausnahmen gehörten.

»Was ist denn!«, schaffte es Eowin, seiner Stimme in aller Verschlafenheit einen leicht gereizten Unterton als Ausrufezeichen beizulegen.

»Hast du das auch gehört?«, sprach Isabell die Tür an.

»Was?«

»Ob du das gehört hast …?«

»Was?«, klang es jetzt doch deutlich weniger verschlafen und dafür ein wenig gereizter zu Isabell. »Versteh kein' Ton, dann komm halt rein!«

Isabell schwebte mit wehendem hellblauem Nachtgewand ins Zimmer ihres Mannes.

»Es hat sich gerade so angehört, als wär' jemand mit dem neuen Mäher aus der Garage gefahren.«

»Wieso denn? Um diese Zeit? Wie spät haben wir es eigentlich?«, übergoss der im Bett liegende Eowin seine Frau mit Fragen.

»Frag lieber, wie früh es ist: Viertel nach zwei!«

»Das hast du dir bloß eingebildet«, vermutete Eowin.

»Und wenn nicht?«, ließ Isabell durchblicken, dass sie im Umgang mit derlei Unterstellungen vonseiten ihres Gatten durchaus nicht ohne Erfahrung war. »Was, wenn es Paps ist?«

»Warum sollte der zu nachtschlafender Zeit den Mäher anschmeißen?« – »Ah!«, schien Eowin ein Licht aufzugehen. »Der will vielleicht nicht, dass wir's mitkriegen, wenn es ihn jetzt doch juckt, das Ding mal zu fahren, nachdem er's die ganze Zeit schlechtgeredet hat – falls du dich nicht doch verhört haben solltest.«

»Meinst du nicht, man müsste mal nach ihm sehen?«

»Ach was. Der weiß schon, was er macht.«

Das war eine strategische Antwort. Eowin hatte einfach keine Lust aufzustehen und war durchaus nicht davon überzeugt, dass Isabells Vater immer so genau wusste, was er tat.

»Mach dir keine Sorgen«, besserte Eowin seine Abfuhr in etwas versöhnlicherem Ton nach und raffte sich dafür sogar ein wenig von seinem Kissen hoch. »Ich glaube wirklich, du hast dich nur verhört. Und selbst wenn nicht: Was soll deinem Vater schon passieren? Der fährt sein Leben lang schon Traktor und alles Mögliche. Wenn er was kann, dann ist es *das* – es sei denn – «, kam Eowin eine weit unangenehmere Idee als die, dass sein Schwiegervater eine nächtliche Spritztour mit dem Aufsitzmäher unternommen haben könnte.

»Meinst du denn, dass irgendein Einbrecher …« Isabell führte den Satz nicht zu Ende und schlug stattdessen eine Hand vor den Mund.

Mit einer Behändigkeit, die man ihm bei seiner Leibesfülle nicht zugetraut hätte, sprang Eowin aus dem Bett und schlüpfte in die Kleidung. Die Garage war zwar wie das Herrenhaus auch alarmgesichert; aber man konnte ja nie wissen. Mit einer Taschenlampe bewaffnet machte sich Isabells Gatte auf den Weg. Den Revolver – er besaß tatsächlich einen – ließ er lieber da. Er hatte mal von einer Statistik gehört, dass die meisten Opfer eines tödlichen Schusses selbst eine Waffe getragen hätten. Seitdem vertraute er eher auf die symbolische Wirkung einer Schusswaffe in der Nachttischschublade als in seiner Hand.

»Du bleibst besser da«, sagte er zu Isabell, was er aus Filmen kannte. Und sagte es in einem Ton, der gut zu Sätzen passte, wie: ›Da muss ein Mann alleine durch‹ oder ›Wenn ich in fünf

Minuten nicht zurück bin, dann ruf die Polizei‹. Es hätte aber klingen sollen, wie: ›Schließ hinter mir die Tür ab und bleib weg vom Fenster!‹

Eowins Patrouillengang blieb ohne Befund: Das Garagentor war verschlossen, alle Fahrzeuge standen an ihrem Platz, auch der Gartentraktor, dessen Beschädigung an der Hinterseite Eowin ebenso wenig aufgefallen war wie der in Schlangenlinien zerfurchte Kies der Einfahrt.

»Alles paletti«, kehrte der Gestütseigner zu seiner Gattin zurück. »Und im Haus deines Vaters brennt auch kein Licht. Du hast dich wahrscheinlich verhört – war wohl ein Laster auf der Landstraße oder so was.«

»Vielleicht. Aber es klang irgendwie anders …«

»Das ist deine blühende Fantasie. Du bildest dir das alles wahrscheinlich nur deshalb ein, weil dieses Geburtstagsgeschenk so danebengegangen ist. Dabei hattest du es nur gut gemeint. Mir gefällt der neue Mäher. Ist viel praktischer als dieses alte Ding. Mit diesem vorsintflutlichen Mähbalken, der das Gras ausrupft anstatt es abzuschneiden.«

»Du hättest Paps nie sagen dürfen, dass du es verschrotten willst. Das hat ihn gekränkt.«

»Das war doch bloß in der Aufregung, nachdem er nichts Gutes an unserem Geschenk gelassen hat. Kein Dankeschön, kein nichts hat er über die Lippen gebracht, stattdessen nur Geschimpfe und Gezeter über diesen modernen Schrotthaufen und was er alles gesagt hat. Wir sind halt beide noch ganz schön durch den Wind – so was Missglücktes auch von einem Geburtstag!«

»Ich schlaf heut Nacht bei dir. Okay?«

Eowin warf seiner Frau einen verhuschten Blick zu.

»Klar, natürlich, mehr als okay –«

Eine schmale Gestalt in wehendem hellblauem Nachthemd schlüpfte unter die Decke zu Eowin.

»Aber ich muss dann wirklich schlafen«, rückversicherte sich Eowin gegen jede potenzielle Anspruchshaltung. »Morgen ist …«

»»… ein langer Tag‹, ich weiß«, vollendete Isabell den Satz. Und fügte an: »Keine Angst, ich tu dir schon nichts.«

»Nacht, Liebes …«

Isabell schwieg.

Josefs Stimmung hob sich mit jedem Kilometer, den er zwischen sich und den Lüdershagener Gutshof legte. Dabei hatte er überhaupt keine Eile. Im Gegenteil: Die Langsamkeit steigerte den Genuss. In gemächlichem Tempo von kaum mehr als fünfzehn Stundenkilometern ließ Josef die Alleebäume an sich vorüberziehen, die sich als schwarze Schemen undeutlich vor dem nachtblauen Himmel mit dem abnehmenden Dreiviertelmond abzeichneten.

Lange schon hatte der alte Mann den Entschluss mit sich herumgetragen, sich eines Tages sang- und klanglos irgendwohin fortzumachen – so lange schon, dass er fast selbst nicht mehr daran geglaubt hat. So war das nun einmal mit Vorhaben, die man vor sich herschob, anstatt sie sofort umzusetzen. Mit jedem Aufschub sackte es eine Sprosse tiefer auf der Prioritätenleiter, bis es im Fundus der Dafür-ist-es-jetzt-zu-spät-Projekte unterging. Und ›irgendwohin‹ war eine so unbestimmte Zielvorgabe im Raum, wie ›eines Tages‹ in der Zeit. Nun hatte er es doch noch geschafft: drei Tage nach seinem fünfundsiebzigsten Geburtstag.

Das Desaster dieses Jubeltages hatte ihm den letzten Anstoß gegeben, den es noch brauchte, um sich in Bewegung zu setzen: Man hatte ihn beleidigt. Auf eine ganz subtile und hinterhältige Art und Weise beleidigt. Mit einem Geschenk. Einem gutgemeinten obendrein, was es noch schlimmer machte. Strahlend hatten sie es ihm vorgestellt, Isabell und Eowin, hatten ihn zur feierlichen Übergabe nach draußen gebeten, wo es angeblich auf ihn wartete, proper abgestellt auf dem Rasen neben dem strahlenden Kiesweg. Überhaupt strahlten alle und alles an diesem Tag: außer dem Kies und den Gesichtern der Jungen der Himmel, die Sonne und natürlich das Geschenk selbst, obschon dessen Verkleidung überwiegend aus schwarzem Plastik und schwarzem, dünnem Blech bestand: der neue Aufsitzmäher, beschönigend als Gartentraktor bezeichnet. Der Nachfolger für Rudi Holder, gewissermaßen das Mähwerkzeug 2.0. Alles war perfekt arrangiert, sogar ein breites rotes Band war um das Gerät geschlungen und überm Lenkrad zu einer Schleife verknotet. Und natürlich strahlte auch die Schleife. Das Einzige, was fehlte für das perfekte Werbefoto mit dem strahlend weißen Herrenhaus im Hintergrund, war Josefs Strahlen.

Denn der verzog das Gesicht lieber zu einer unwilligen Grimasse: »Das kann doch wohl nicht euer Ernst sein!«

Ratlos wechselten Tochter und Schwiegersohn einen Blick. Was hatten die nur erwartet? Einen Josef, der sich begeistert auf den Sitz dieses … Spielzeugs schwang, ein paar Runden auf dem Rasen drehte und dazu *Yippieh ya yeah!* sang? Um die großzügigen Schenker darin zu bestätigen, wie leicht es doch war, einen behämmerten Alten glücklich zu machen? Stattdessen zog Josef vom Leder. Malte ein Bild davon, wie dieses auf Rennwagen getrimmte Placebo nach dem ersten Einsatz dastehen würde: die Schürzen, die die Bodenfreiheit einschränkten, eingedellt, das Kreiselmähwerk abgerissen von den Unebenheiten auf der Pferdekoppel, das Messer verbogen vom erstbesten Grenzstein den er damit erwischte und so weiter und so fort.

»Aber setz dich doch erst mal drauf – wie bequem das ist«, rang Isabell verzweifelt um begütigende Worte.

In der Tat, einen Polstersitz hatte das unsägliche Gerät. Doch so einen hatte Josef selbst an seinen Holder geschraubt, und der hatte außerdem einen Doppelkonus aus Gummi als Puffer zwischen Sitzgestell und Rahmen.

Als Eowin sich auch noch in die Debatte einschaltete, eskalierte das Ganze und gipfelte in der Ankündigung, dass der alte Traktor ohnehin verschrottet gehöre und Josef von daher gar nichts anderes blieb, als sich mit dem Ersatzgerät anzufreunden. Daraufhin gab ein Wort das andere, wie man so treffend sagt, wenn die Dynamik eines Streitgesprächs sich verselbstständigt und jeder der Kontrahenten nur noch einen auf den Vorredner draufsetzt, ohne eigentlich nachzudenken.

Nach dem Gesetz der Eskalation folgt auf Josefs »Finger weg von meinem Eigentum!« Eowins »Dann erinner' dich, unter wessen Dach dein Eigentum geparkt ist!« – Alles Weitere ergab sich darauf wie gesagt von selbst und ist einer ausführlichen Wiedergabe unwürdig.

Während das ganze Repertoire unschöner Bemerkungen gezündet wurde, stand Isabell nur ratlos dabei, versuchte, zu schlichten, aber keiner der Streithähne ging darauf ein, bis Josef auf dem Absatz kehrtmachte und sich in seine Wohnung zurückzog, einen aufgebrachten Eowin und eine enttäuschte und aufgewühlte Isabell zurücklassend.

Damit stand fest: Josef würde seinen langgehegten Entschluss wahrmachen und das Gestüt verlassen; es würde ihn ohnehin keiner vermissen. Er hatte für diese Möglichkeit optiert, um nicht den letzten Rest von Selbstachtung preiszugeben.

Der Traktor stand nur stellvertretend für etwas anderes. Für jemand anderen. Klar: Der Traktor war personifiziert als Rudi Holder. Und das war auch ›jemand‹, im weiteren Sinne. Aber im engeren Sinn ging es um ihn selbst, um Josef. In Wahrheit war *er* derjenige, den man loswerden wollte. Der nicht gebraucht wurde. Der zum alten Eisen gehörte. Das mit dem Verschrotten des ›alten‹ Traktors war wahrscheinlich nur eine leere Drohung gewesen, eine hohle Behauptung, über die Lippen geweht im Sturm der Affekte.

Im Grunde genommen hatte Eowin nur etwas ausgesprochen, was Josef von sich selbst dachte. Aber es machte einen gewaltigen Unterschied, dasselbe von außen gesagt zu bekommen. Josef war enttäuscht. Vom Leben. Von seiner Familie, zu der er eigentlich nicht mehr gehörte. Von seiner Tochter. Ja – auch und sogar insbesondere von ihr. Nicht von Eowin, denn von dem hatte er von Anfang an eine so schlechte Meinung, dass es da nichts zu enttäuschen hätte geben können. Ach ja, und nicht zu vergessen: Josef war natürlich auch enttäuscht von sich selbst. Schließlich war er es gewesen, der den Karren vor die Wand gefahren und dem eigenen Unglück damit auf die Sprünge geholfen hatte.

Es brauchte Josef nicht auf dem Hof. Weder für das Striegeln der Pferde noch das Auskratzen der Hufe. Helfen war Josefs Absicht, sich irgendwie nützlich zu machen, und war damit doch nur den Stallburschen im Weg. Und Isabell, die sich gerne selbst um Lucky Loser gekümmert hätte. Josefs Zuleistungen waren allenfalls geduldet und alles andere als erwünscht. Nicht anders war es mit dem Mähen. Man ließ Josef gewähren, gestattete es ihm, mit Holder und Mähbalken Bahn für Bahn und Stunde um Stunde die Wiesen abzufahren. Josef spürte, dass seine Bemühungen ihm Mitleid eintrugen anstelle von Achtung.

Mitleid – die ärgste Form der Ächtung, eine sich als Einfühlung und Verständnis ausgebende Art der Arroganz. Mitleid schickte einen in den sozialen Tod. Für die meisten auf dem Hof war Josef bereits gestorben.

Außer für Isabell. Josef nahm das wenigstens an. Zeichen der Zuneigung zu ihrem Vater gab es immer wieder von ihr. Aber dazwischen war weitgehend Sendepause. Aus Zeitmangel. Es gab ja so schrecklich viel zu tun auf so einem großen und renommierten Gestüt! – was eigentlich? Das bisschen Reitunterricht, das sie gab, konnte es ja wohl allein nicht sein.

›Ich habe keine Zeit‹, sagte sich vielleicht nur leichter als: ›Ich habe keine Seele.‹

Josef erkannte selbst, dass er viel zu wenig von dem wusste, was seine Tochter anging, ihr mit diesem letzten Gedanken unrecht tat und lenkte seine Aufmerksamkeit auf den dämmernden Morgen. Frühnebel hüllte die weite Ebene in zarte Schleier, durch die mild das Sonnenlicht gefiltert wurde und Farben in zartem Pastell erschuf. Josef beschloss weiterzufahren, obschon das unausgesetzte Hämmern des Diesels in seinen Ohren dröhnte und in seinem Schädel hallte. Er mochte das Geräusch. Es versicherte einem, dass man noch in Bewegung war. Währenddessen konnte man unberührt von anderen akustischen Eindrücken den eigenen Gedanken nachhängen oder sie sich aus dem Gehirn prügeln lassen, ganz nach Belieben. Man war für sich und blieb es, solange der Motor lief. Der Lärm hüllte einen in eine Unansprechbarkeitsblase. Wer etwas von einem wollte, der sollte zum Traktor kommen – langsam genug war der ja, wenigstens beim Mähen. Dann konnte man immer noch Gesprächsbereitschaft signalisieren, indem man den Gashebel nach unten zog und den Motor austuckern ließ. Oder Gas geben und gar nichts mehr hören.

Wie viele Kilometer es wohl sein mochten, die Josef und Rudi seit ihrem Aufbruch geschafft hatten? Fünfzig? Vielleicht auch siebzig? Die Ortsnamen auf den Schildern sagten Josef wenig, denn er kam nicht viel rum. Es spielte ja auch keine Rolle. Die Hauptsache war, dass er in Bewegung blieb. Er liebte diese langsame Art des Fortkommens. Und seine Laune hob sich, je länger er unterwegs war, stieg auf wie die Sonne.

So beschloss er, die Fahrt auch nach Tagesanbruch fortzusetzen. Da die meisten der Landwirtschaftswege an einer Liegenschaft oder einem der zahlreichen Flurgräben endeten, und das Gefährt in der offenen Landschaft ohnedies weithin sichtbar wäre, blieb er auf der Landstraße. Wozu auch sollte er sich verstecken? Vor der Abfahrt noch hatte er sich überlegt, mit montiertem Mähwerk loszufahren, den Messerbalken gewissermaßen als symbolisches Ausrufezeichen hoch erhoben, daran ein schwarzer Stofffetzen als Fahne und darauf ein großes ›A‹ für Anarchie. Dann fand er dieses Erscheinungsbild als zu melodramatisch, pathetisch geradezu, einfach zu dick aufgetragen.

Seine Mission war zudem keine politische, sondern ganz individuelle. Abgesehen davon, raubte der Mähbalken dem Holder Bodenfreiheit, vergrößerte den Wendekreis des Gespanns und konnte darüber hinaus mit seinen blanken Klingen anderen Verkehrsteilnehmern gefährlich werden. Auffallen war das eine Extrem, Verstecken das andere. Er war nicht auf der Flucht. Sondern auf dem Weg in die Freiheit. Auch wenn es ein sehr später Weg war.

Er hatte sich nicht einmal umgedreht nach seinem letzten Gang vom Gutshof in das Wäldchen, bevor der Weg einen Knick machte, der die Ansicht des Anwesens im toten Winkel verschwinden ließ. Er hatte auch keine Nachricht hinterlassen. Auch nicht für seine Tochter. Dabei lag es durchaus nicht in seiner Absicht, dass sie sich sorgte. Aber das würde sie ohnehin tun, ob mit oder ohne Nachricht. Er wollte nur weg, und das weder ankündigen noch kommentieren, erklären oder gar rechtfertigen, am allerwenigsten wollte er sich dafür entschuldigen. Er würde immer noch anrufen können. Um sich diese Option offenzuhalten, hatte Josef sogar sein Handy mitgenommen. Ja, er besaß tatsächlich ein eigenes Handy. Bislang hatte es die meiste Zeit ungenutzt in seiner Wohnung herumgelegen, doch für diese Reise hatte er es eingepackt. Das war auch so eines von Eowins Geschenken gewesen. Zu seinem siebzigsten Geburtstag hat er es von ihm bekommen. Mit den Worten: ›So etwas braucht man heutzutage‹, war ihm nahegelegt worden, überall und jederzeit erreichbar zu sein. Josef hasste diese Art von Rund-um-die-Uhr-Verfügbarkeit.

»Früher ging's auch ohne«, hatte er Eowin damals erwidert. »Da hat man Termine gemacht und sie einfach eingehalten, anstatt in der Landschaft herumzutelefonieren und alles wieder abzusagen oder umzulegen.«

»Lass dir von Isabell erklären, wie's funktioniert, und du wirst sehen, wie praktisch das ist«, hatte Eowin sich nicht beirren lassen.

Praktisch zu denken war wirklich eine von Eowins Stärken. Der neue Aufsitzmäher war ja auch viel praktischer als Rudi Holder, da konnte man den kurzerhand entsorgen. Und Josef am besten gleich mit. Wie damals Liese und Peter. Die letzten beiden Pferde des Circus Copernicus. Die hatte Eowin auch ›entsorgt‹. In Josefs Augen war Eowin skrupellos praktisch, was so in etwa auf dasselbe hinauslief, wie praktisch skrupellos zu sein.

Josef stieg die Galle hoch, wenn er nur daran dachte. Jahrelang hatte er die Wut, den heiligen Zorn über die Schandtat, die beiden Pferde zur Abdeckerei zu bringen, in sich hineingefressen. Gerade eben befeuerte die Empörung darüber seine Abenteuerlust. Gerade eben war es anders als die Jahre zuvor. Gerade eben bedauerte es Josef sogar, dass keine Anarchistenfahne am Mähbalken im Wind flatterte.

Er würde nicht da anrufen, wo niemals sein Zuhause gewesen war. Vorerst. Und weiterfahren.

Kreidebleich und wie zur Salzsäule erstarrt stand Isabell im Arbeitszimmer ihres Ehegatten. Ohne zu klopfen war sie eingetreten und drei Meter vor dem Schreibtisch stehen geblieben, hinter dem Eowin saß und von den Papieren über den Rand seiner Brille hinweg auf seine Frau schielte.

»Ist was?«, spürte er, dass etwas war.

Er mochte nicht, dass etwas war, denn immer, wenn etwas war, hieß das, aus dem herausgerissen zu werden, das jetzt eigentlich hätte sein sollen. Eowin nahm die Brille von der Nase und sah in düsterer Erwartung zu seiner Frau hin. Die glatten schwarzen Haare, die Isabells Gesicht rahmten, ließen sie noch blasser wirken.

»Paps ist weg«, beschränkte sie ihre Mitteilung auf drei Worte. Im selben Tonfall hätte sie auch sagen können: Paps ist tot.

»Was soll das heißen: ›ist weg‹?«

»Es heißt genau das, was ich gesagt habe: Paps ist weg.«

»Und wo ist er hin?«, fragte Eowin etwas unbeholfen, der mit Gedanken noch immer bei seinen Vertragstexten war.

»Das weiß ich nicht. Keiner auf dem Hof weiß es.«

»Hast du in seiner Wohnung nachgesehen? Oder im Stall – vielleicht ist er bei Lucky Loser«; Eowin ahnte, dass seine Einlassungen nicht wirklich zielführend waren und wenig Fantasie erkennen ließen.

Isabell hätte jetzt eigentlich die Augen verdreht und etwas spitz angemerkt: ›Warum, glaubst du, sage ich, er ist weg?‹ Aber ihr war nicht danach, und deshalb schüttelte sie nur den Kopf mit einem matten »Nein«.

Eowin erhob sich mit einer Dynamik von seinem Bürosessel, derer er nur bei erhöhtem Stress fähig war. Es war mehr Isabells Zustand als der Inhalt ihrer Worte, der ihn derart mobilisierte. Ihre Blässe und Reglosigkeit, wie sie so dastand in ihren Reithosen und Stiefeln, ihrer hellblauen Bluse. Die Arme hingen schlaff neben ihrem Körper. Auch in ihrer Niedergeschlagenheit wirkte sie noch aufrecht und stolz, doch mit mattem Blick, als hätten ihre Augen das Strahlen aufgegeben oder als wären sie demnächst von Tränenflüssigkeit geflutet. Isabells Zustand und ihre Haltung dazu verunsicherten Eowin. Es gab einiges an seiner Frau, das Eowin verunsichern konnte.

Weil er jetzt auch nichts Rechtes mit sich anzufangen wusste, stand er einfach nur hinter seinem Schreibtisch, wo er zuvor gesessen hatte, den Oberkörper leicht vornübergebeugt und die Fäuste auf die Schreibplatte gestemmt.

»Er muss es gewesen sein, den ich letzte Nacht gehört habe«, fuhr Isabell fort.

»Aber der Mäher war doch da! Und ich hab niemanden gehört oder gesehen«, versicherte Eowin vorsorglich, der ahnte, was auf ihn zukam.

»Dann hast du eben nicht richtig gehört und gesehen«, lief das Gespräch in die befürchtete Richtung. »Er hat den Holder genommen. Der kleine Hänger ist auch nicht mehr da.«

»Aber das hätte man doch gehört! Bei dem Radau, den dieses Teufelsding macht ...«

Noch beim Reden merkte Eowin, dass das im Augenblick nicht die geeigneten Worte waren, um Isabell zu beruhigen.

»Ich hab in der Garage nachgesehen. Der Mäher ist hinten ziemlich ramponiert. Ich denke, er hat den Holder damit vom Grundstück geschleppt und sich davongemacht.«

Eowin nickte. Diesen Erfindungsreichtum hätte er dem Alten nicht zugetraut.

»Deshalb hat man nichts gehört!«

»*Du* hast nichts gehört, Winni«, stellte Isabell nicht ohne Schärfe klar. »Und du hast gesagt, du hättest nachgesehen – auch in der Garage.«

»Das habe ich ja auch. Aber ich schleich doch nicht mit der Taschenlampe die halbe Nacht lang um jedes Fahrzeug, um zu kontrollieren, ob noch alles dran ist.«

Es war, wie Eowin befürchtet hatte. Immer wieder lief alles nur auf Vorwürfe hinaus, auch aus wesentlich geringeren Anlässen als heute. Immer war er es, Eowin, der alles falsch machte und an allem schuld war. Aber er kannte das ja schon und würde die ihm angetragenen Vorwürfe hinnehmen wie jedes Mal. Irgendwann würde er mit Isabell darüber reden müssen, so konnte es einfach nicht weitergehen. Er hatte ja schon ein dickes Fell, aber diese permanenten Sticheleien wegzustecken, dafür waren auch hundertfünfzig Kilogramm noch zu wenig. Er musste halt eine Gelegenheit abwarten. Um zu reden. Jetzt war auf alle Fälle der denkbar ungünstigste Zeitpunkt für eine Beziehungsklärung.

Und dass ihr ›Paps‹ ein elender Sturkopf war, würde er Isabell auch eines Tages sagen.

»Was hat dich eigentlich geritten, als du vom Verschrotten des Holders und solchem Zeug angefangen hast?«, begab sich Isabell indessen auf die nächste Eskalationsebene. »Davon war doch vorher nie die Rede. Er bekommt einen Gartenmäher zum Geburtstag, und wir lassen es seine Sache sein, ob er ihn benutzt oder stehen lässt – so war's doch abgesprochen.

Wenn du dir ein neues Bild ins Arbeitszimmer hängst, dann schmeißt du doch auch dafür kein altes weg.«

Eowin atmete tief und gleichmäßig weiter. Nein, derzeit war definitiv nicht der richtige Zeitpunkt für ein Beziehungsgespräch. Wenigstens gelang es ihm einigermaßen, seiner Frau gegenüber die Fassung zu bewahren. Was ihm bei ihrem Vater durchaus nicht immer gelang – das hieß im Klartext: ausgesprochen selten. Im Umgang mit Isabell hatte er einfach mehr Erfahrung. Außerdem war sie nicht absichtlich verletzend ihm gegenüber wie etwa der Alte. Der legte es wirklich darauf an, ihn auf die Palme zu bringen. Eowin sprang aber auch auf Josefs Provokationen an. Der kannte die Auslöser und spürte die Schwachpunkte seines Schwiegersohnes auf wie ein Bluthund.

Es musste etwas mit seinem eigenen Vater dahinterstecken, das war ihm schon klar. Aber mit dreiundvierzig Lebensjahren sollte man schon einigermaßen darüberstehen, was mit den eigenen Eltern war. Man konnte sich nicht auf ewig darauf herausreden, eine schwere Kindheit gehabt zu haben und solches Zeug.

»Was können wir bloß tun?«, riss Isabell ihren Mann aus seinen introspektiven Betrachtungen.

Es kam häufiger vor, dass Josefs Tochter Handlungsbedarf anmeldete. Weit seltener jedoch verband sie damit die Frage nach dem ›Was‹. Sie wusste eigentlich immer, was zu tun war. Sie war perfekt, fand Eowin – *fast* perfekt. Eowin vermied es, sie auf das Wenige hinzuweisen, das er für nicht so ganz perfekt hielt. Sehr im Gegensatz zu Isabell. Eowin wollte es scheinen, sie fände ihn alles andere als perfekt. Und aus jeder seiner Unzulänglichkeiten leitete sie eine Schuldzuweisung ab. Er, Eowin, war schuld. Stets und immer wieder aufs Neue.

Solcherart Gedanken waren in der gegebenen Situation alles andere als nutzbringend. Er war ein praktisch denkender Mensch, und als solcher fühlte er sich gerufen, wenn Isabell einmal nicht weiterwusste. Was selten genug der Fall war. Trotzdem war er die letzte Instanz – immerhin. Bei allen anderen war Isabell schon gewesen, hat sie gesagt; also war *er* gerufen.

»Isa.« Er überwand die Barriere des Schreibtischs zwischen seiner Frau und sich, trat auf Isabell zu und fragte: »Hast du Angst, dass er sich etwas antun könnte?«

Er nahm die Leichenblasse in die Arme, zog sie leicht zu sich heran, dass sich das schmale Wesen an seinen massigen Körper anlehnen konnte. So, wie sie es früher oft getan hat. Dann leider nicht mehr so häufig.

»Nein«, beschwichtigte Isabell. »Das wäre nicht seine Art. Aber – man weiß ja nie …«

»Isa, das tut mir sehr leid, falls ich den Anlass geboten haben sollte, dass dein Vater sich davongemacht hat. Ich hätte seinen Traktor nicht verschrottet, das war nur so dahingesagt; ich hab mich halt sehr über ihn aufgeregt. Hat er irgendwas dagelassen – einen Brief oder so, meine ich?«

»Nein. Nichts.«

»Bist du sicher?«

»Ich hab im Briefkasten nachgeguckt. In der Hauspost. In seinem Haus. Wenn er eine Nachricht dagelassen hätte, dann auf dem Küchentisch oder dem Sideboard in der Garderobe.«

»Ich denke, das soll so etwas wie ein Warnschuss sein. Er wird bestimmt bald wiederkommen – wenn nicht heute, dann morgen. Oder übermorgen. Ich halte es für verfrüht, irgendetwas zu unternehmen. Ich kann mich natürlich ins Auto schwingen und nach ihm suchen, jederzeit. Aber dass wir ihn auf der Straße finden, bezweifle ich eher. Mit dem Traktor kann er praktisch überallhin, in jeden Feld- und

Waldweg, auch querfeldein. Wenn er nicht gefunden werden will, dann haben wir eh geringe Chancen. Außerdem ist er ein erwachsener Mann. Er ist seiner Sinne Herr – zumindest soweit ich das beurteilen kann –, ziemlich fit, braucht keine Medikamente und kann sich orientieren. Und was das Wichtigste ist: Er hat Geld zur Verfügung, und ich nehme nicht an, dass er seine Geldbörse zu Hause gelassen hat. Um jemanden mit Geld im Säckel braucht man sich keine Sorgen zu machen.«

Isabells Blick gebot Eowin, diesem Satz etwas anzufügen. Etwas weniger Materialistisches vermutlich. Eine Herzensbotschaft etwa.

Eowin verbannte die letzten Vertragszeilen in die mentale Warteschleife und gab sich Mühe, ganz bei Isabell zu sein, als er, um einer Kritik zuvorzukommen, hastig anfügte: »Ich möchte jedenfalls nicht, dass du dir Sorgen um deinen Vater machst. Ich werde mit ihm reden, sobald er wieder da ist. Ich werde mich bei ihm entschuldigen, ganz offiziell, und alles zurücknehmen, was das Verschrotten des Holders angeht. Ich war aufgebracht und habe impulsiv reagiert, das werde ich wiedergutmachen.«

Vielleicht hat er ja ein Einsehen und fährt den Trecker selber auf den Schrott, dachte Eowin. Und verwarf den Gedanken gleich wieder; die Worte ›Einsehen‹ und ›Josef‹ passten einfach nicht zusammen.

»Vor morgen früh sollten wir meines Erachtens nichts unternehmen. Solange wir nichts Genaueres wissen, ist alles möglich – auch eine ganz banale Erklärung. Dass er was einkaufen gefahren ist oder so.«

»*Einkaufen* gefahren?«, empörte sich Isabell über die absurde Theorie. »Mitten in der Nacht? Nachdem er vorher den Gartentraktor demoliert hat?«

»Also, mir ist nichts aufgefallen …«

»Weil du nicht richtig hingeschaut hast! Weil du nicht wolltest, dass dir was auffällt!«, schalt sie ihren Mann gröbster Nachlässigkeit.

Ja, so war das zwischen den beiden. Die dreizehn Jahre nach beider Verehelichung haben der Liebe reichlich Gelegenheit geboten, sich anderweitig umzusehen.

Eowin überspielte seine Gekränktheit: »Etwas anderes vielleicht als gerade einkaufen – woran wir jetzt nicht denken, weil die Sorge unseren Horizont einschränkt.«

»Dann muss es etwas sein, wozu er seinen Schlafsack, die Winterjacke, seine Regenhose und etliche andere Sachen braucht. Ich hab in seiner Wohnung nachgeguckt. Auch die Singende Säge habe ich nirgendwo finden können«, erklärte Isabell, jetzt wieder ruhiger, mit matter Stimme. Aber so an Eowin gelehnt, atmete sie wenigstens wieder.

»Natürlich!«, kam Eowin ein Geistesblitz, nachdem die Abstände zwischen den Zeilen seiner Vertragstexte wieder mehr Blick auf die Realität freigaben. »Wir rufen ihn auf dem Handy an – falls er es dabeihat, meine ich.«

»Was glaubst du wohl, was ich als Erstes versucht habe!«, wischte Isabell Eowins Genialität mit einer Suggestivfrage, die nicht einmal das war, vom Tapet. »Er geht nicht ran. Nie ist er rangegangen, seit wir es ihm geschenkt haben.«

Das konnte Eowin nicht wissen, da er nie versucht hatte, seinen Schwiegervater auf diese Weise zu kontaktieren.

»Ich habe die Nummer von verschiedenen Räumen seiner Wohnung aus angewählt und habe es nirgendwo läuten hören. Entweder ist es ausgeschaltet oder er hat es mitgenommen, aber das läuft wohl auf das Gleiche hinaus.«

»Geben wir uns noch Zeit …«, und ihm auch, dachte Eowin, sprach es aber nicht aus. »Vielleicht klärt sich im Laufe des Tages alles auf. Oder er kommt zurück, das wäre das Einfachste. Vor morgen brauchen wir uns jedenfalls keine Sorgen zu machen. Und du unternimmst am besten einen Ausritt auf Lucky Loser; das Draußensein wird dir guttun. Es geht darum, dass du etwas für dich tust. Dann sieht man auch wieder klarer. Nur jetzt keine Panikreaktionen! Panik ist ein schlechter Ratgeber. In Panik macht man alles falsch.«

Eowin war nicht perfekt, ganz und gar nicht. Aber er gab sich Mühe. Und war wenigstens keiner, der seiner aufgelösten Frau empfahl, sich auf die Couch zu legen mit kalten Umschlägen auf der Stirn. Sein Vorschlag war also völlig okay – aus seiner Sicht.

»Du schlägst mir vor auszureiten? Sag mal: kapierst du überhaupt, worum es hier geht? Mein Vater ist weg! Verschwunden! Da soll ich ausreiten?«, ritt Isabell die nächste Attacke gegen ihren Mann. »… und du würdest ja ganz sicher mitkommen«, wechselte sie in einen trügerisch versöhnlicheren Ton, in dem ein beunruhigender Hauch von Ironie vibrierte, »… kann ich davon ausgehen?«

»Na ja, eigentlich eher nicht – mein Dad erwartet, dass die Verträge bis heute Abend unterschriftsreif vorliegen …«, stammelte Eowin in hilfloser Überforderung.

»*Dein* Dad, *dein* Dad! – Ich glaub's ja nicht! Da sind doch tatsächlich die Verträge deines Vaters wichtiger als Leib und Leben von meinem!«, rasaunte Isabell. »Du hast jegliche Relation verloren! Und schlägst mir vor ›auszureiten‹, damit du gleich uns beide los bist!«

Jetzt spätestens wäre der Zeitpunkt für eine Beziehungsdiskussion gekommen. Doch Eowin übersah das.

Isabell verließ das Zimmer; das Schließen der Tür überließ sie ihrem Mann.

Natürlich ritt sie nicht aus. Natürlich stieg sie in ihr Auto, um ihren Paps zu suchen. Eigentlich war ihr ganz recht, dass Eowin sie nicht begleitete.

Eowin indessen hatte Probleme, sich wieder auf seine Arbeit einzulassen. Er musste sich neu in den Vertragstext einlesen, so weit waren seine Gedanken von dessen Gegenstand entfernt. Da machte sich doch tatsächlich der Alte mir nichts, dir nichts davon! Das hätte er dem Josef gar nicht zugetraut. Hinter Eowins Zorn über diese Eskapade seines Schwiegervaters glomm ein Fünkchen Bewunderung. Für den Mut. Für die Entschiedenheit. Dafür, etwas zu tun, was Eowin sich immer wieder mal gewünscht, doch nie getraut hatte. Abhau'n – mal auf Abstand gehen zu diesem ganzen Laden hier. Einschließlich Isabell. Der er ja ohnedies nicht recht war. Vor allen Dingen aber: weg aus dem Dunstkreis des Vaters, dieses greisen Despoten.

Mit dem Verschwinden Josefs war Eowin unversehens zum Träger eines Geheimnisses geworden, das ihn von Isabell trennte. Und das ihn mit Josef verband.

Josef thront überm Wattenmeer, unter einer im Wind wehenden Regenbogenfahne, den Blick auf einen Streifen weißen Sandes gerichtet, der in der Sonne leuchtet. Josef lächelt. Gestern noch hat er beschlossen, den Kurs zu wechseln für einen Abstecher an die Küste. Das war ein erheblicher Umweg, denn eigentlich hätte es ja nach Süden gehen sollen. Doch da ist ihm dieses Sprichwort eingefallen, das da sagt:

Hast du es eilig, so gehe langsam.
Hast du es besonders eilig, dann nimm einen Umweg.

Nun war Josef freilich nicht in Eile. Zeit war sein Reichtum, er hatte alle Zeit der Welt. Der Ausflug ans Meer war eher so etwas wie eine vorbeugende Maßnahme gegen die Eile.

Neben Josef saß Knud. Josef hatte ihn gestern bei seinem zweiten Tankstopp der Reise kennengelernt; er wollte seine Dieselreserven vorerst nicht angreifen. Außerdem waren die Kanister so gelagert, dass er dafür den halben Anhänger hätte ausladen müssen. Als Josef also vom Bezahlen zurückkam, sah er Knud neugierig um das Gespann herumschlendern, und der hatte ihm keine Chance gelassen, einem ›klein'n Klönsnack‹ zu entkommen.

Mit: »Sieht man selten, so'n Zweiachser von dem Fabrikat«, hatte Knud Holgersen das Gespräch eröffnet.

Das Nächste war, dass er ganz frech die Gummiverschlüsse öffnete, um die Motorhaube zur Seite zu klappen und das Darunter zu inspizieren. Dem kleinen Schild auf dem Kühler mit der eingestanzten Ziffernfolge galt sein Interesse.

»›9/1969‹«, las er laut. »Mein Baujahr! Und der Monat stimmt auch! Wenn das man kein Zufall is' …«

Knud kannte sich wirklich aus; das musste man ihm lassen.

Josef indessen legte zwar keinen Wert auf Mitwisser seines Unterfangens, doch der Kontakt mit Knud sollte sich als höchst hilfreich erweisen. Der zeigte ihm nämlich das Gartengrundstück, auf dem das Gespann über Nacht würde stehen können, und zwar uneinsehbar von der nächstgelegenen Straße aus.

Das Angebot, bei Knud in der Wohnung zu übernachten, der noch bei seiner Mutter wohnte, wo – wie er meinte – jede Menge Platz war im Haus, lehnte Josef dankend ab, auch wenn Knud versichert hatte: »Mijn Modder is' ja man Männerbesuch gewohnt.«

Der angebotene Stellplatz auf dem Campingplatz – kostenfrei natürlich, denn den Platzwart bezeichnete Knud als seinen Freund – kam erst recht nicht infrage; das nämlich hätte es denen, die Josef womöglich schon auf den Fersen waren, erheblich leichter gemacht, ihn aufzustöbern.

»Ich weiß schon, wie das geht. Da müssen wir aber früh raus, das sach ich dir, wenn du nich' auffall'n wills'«, hatte Knud auf Josefs Vorhaben geantwortet, mit dem Holder auf der Deichkrone entlangzufahren.

Das nämlich war, was Josef dazu veranlasst hatte, die Küste anzusteuern: die bewegte Silhouette eines Traktors vor dem offenen Himmel als Hintergrund. Dieses Bild konnte Josef während des Fahrens freilich nicht sehen, aber er konnte es spüren. Es vor seinem inneren Auge visualisieren. Als Sinnbild für Freiheit. Für seine, Josefs Freiheit.

Kurz vor Sonnenaufgang war Knud bei Josefs Wagen erschienen.

»Moin«, damit teilte Knuds nahezu haarloser Schädel den Planenspalt, um mit flink bewegten Äuglein das Innere des Wagens auszuspähen. »Hübsch gemütlich hastes ja hier drin – gut geschlafen?«

»Ich hatte noch keine Gelegenheit, das herauszufinden«, meldete sich eine verschlafene Stimme: Josef war ein Morgenmuffel. »Würdest du bitte die Vorhänge wieder zuziehen, bis ich die Antwort gefunden habe? Aber mit dem Kopf *draußen*!«

»Bist ja ganz schön etepetete«, konnte Knud diese Maßregelung nicht unkommentiert stehen lassen, leistete ihr aber Folge.

Bis Josef dem Schlafsack entkrochen und fertig angezogen war, scheute Knud keinen verbalen Aufwand, den Tag und das hervorragende Plätzchen zu preisen, das er für Josefs Sonderfahrt ausgedeutet hatte.

»Ja – ich habe gut geschlafen«, fiel Josef in Knuds Monolog ein. »Nur das Aufwachen ging etwas plötzlich«, trat er Knuds indiskretem Verhalten eins nach.

»Denn man tau! Mannomann, auf'n Deich langfahr'n, was 'ne verrückte Idee! Könnt von mir sein …«

Knud hievte seine nicht ganz unbeträchtliche Körpermasse in den schalenförmigen Sozius, der mit einer Blattfeder in Form eines Fragezeichens an der Vorderseite des Anhängers montiert war. An den zwei Fußplatten der Deichsel konnte man sich abstützen. Knud saß also genau hinter Josef, nur etwas höher, und wippte in freudiger Erwartung mit dem Sitz auf und ab.

»Yo, denn gib ma' dei'm alten Zossen die Spor'n!«, jubelte er in das Aufdonnern des Einzylinders.

Ab dann sagte Knud nichts mehr, außer hin und wieder ›Steuerbrot‹ und ›Backwurst‹, um den Weg zu weisen. Wahrscheinlich war es ihm einfach zu viel, gegen das Geratter anzubrüllen.

Die Schranke am Ende der Auffahrt zur Deichkrone wäre für den Holder kein Hindernis gewesen, denn der passte – wenn der Fahrer denn vorher abstieg – darunter durch. Mit Hänger bevorzugte Josef einen beherzten Schlenker, um das Hindernis auf der seewärts geneigten Böschung zu umfahren, wobei sich ein begeistertes ›Yooooo!‹ von achtern in das Hacken des Motors mischte.

Josef zwinkerte der aufgehenden Sonne entgegen und kostete den Wind und das Wasser, das Salz und die See.

»Wenn ich die See seh, brauch ich kein Meer mehr!«, krähte es von hinten.

Während der gesamten Weiterfahrt enthielt sich Knud jeder stimmlichen Äußerung. Aber selbst die hätte Josefs gute Laune nicht trüben können. Denn er war neugeboren zu dem, was er zeitlebens gewesen, was ihm von Geburt als Zirkuskind mitgegeben worden war: Er gehörte wieder zum fahrenden Volk. Er hatte es nur vergessen. Als Kind konnte er am besten einschlafen, wenn unterm Zirkuswagen die Räder rollten.

Die Neuentdeckung seiner alten Identität schwang noch in Josef nach, als er so neben Knud saß – jetzt auf dem überdimensionalen Stuhl an der Wasserlinie, dem Sitz des Meeresgottes höchstselbst, dessen Name aus der Rückenlehne ausgestanzt war:

KAISER BUTJATHA

»Kennst du sie alle?«, wollte Josef wissen, nachdem Knud wiederholt in manierierter Geste seine Hand zum Gruß gehoben hatte, wenn neue Badegäste eintrafen. Manche haben den Gruß erwidert, andere ignorierten ihn einfach und viele nahmen ihn wohl gar nicht wahr, weil sie mit anderen Dingen beschäftigt waren.

»Wir grüßen das Volk«, erwiderte Knud in elegischem Singsang. »Wir sitzen hier nämlich auf dem Thron von Kaiser Butjatha, musst du wissen. Das Volk erwartet das von Uns.«

Josef nahm den Pluralis Majestatis Knuds wörtlich und ergänzte das Bild, seine Vorlage nachahmend, spiegelsymmetrisch.

»Fällt uns etwas auf?«, snackte Knud munter, während er nicht müde wurde, weiter zu grüßen. Oder majestätisch zu schauen, wenn es gerade niemanden zu grüßen gab.

»Ja«, gab Josef nach einem Seitenblick zurück. »Wir sitzen neben einem Phallus.«

Verwundert zog Knud die Augenbrauen hoch: »Ehrlich? Hab's immer für'n Schniedel gehalten …«

Tatsächlich ragte in einiger Entfernung rechterhand des Thrones ein Obelisk von der Wasserlinie auf, eine steinerne Vierkantsäule, die Krone behauen in Form der Eichel eines männlichen Gliedes.

»Jedenfalls gehört der Fallheimer da drü'm auch zu dem, was ich mein'«, wechselte Knud wieder in gutbürgerliches

Sprachgebaren. »Das is' auch Kunst. Ich mein' aber das Volk! Kiek mol: da siehst du Kinners mit Bällen rumtoben mitten zwischen die Badegäste, die Hunde laufen frei rum. Un' alles ohne Kurtaxe. Der Strand un' alles hier is' nämlich man privat. Gehört zwei Künstlern, die ha'm auch den ganzen Kram hier aufgestellt. So was findest du anne ganze Küste nich' nochma'. Das nenn ich gelebte Kunst. Lebenskunst. Gibt dat nur unner Kaiser Butjatha, sach ich dir.«

Und Knud grüßte erneut, während die ausgefranste Regenbogenfahne über den beiden im Wind knatterte.

»Un' jetz' snack mir man aufs Ohr, wovor du ausgebüxt bist.«

»Ich bin nicht ausgebüxt«, stellte Josef leicht indigniert richtig. »Ich habe mich nur wieder erinnert, dass ich fahrendes Volk bin. Ich bin unterwegs – auf Reisen. Aus freien Stücken.«

Josef ärgerte sich darüber, dass es ein wenig zu trotzig klang. Trotz war eine seinem Alter komplett unangemessene Attitüde, wie er befand, die Worte vom Impetus einer Verteidigung getragen. Es gab aber nichts zu verteidigen.

»Dem Knud Holgersen kann man schon einiges weismachen«, schien Knud Holgersen Josefs Zweifel als Subtext mitgehört zu haben, »aber dat nu nich'. In dei'm Alder macht man Urlaub auf'm Kreuzfahrtschiff, aber düst nich' mi'm oll'n Trekker übern Deich. Also: Warum bis' du ausgebüxt? Bei mir is's gut aufgeho'm: Ich kann schweigen wie die Kirchenglocken an Ostersonntach!«

»Könnte länger dauern, falls du die ganze Geschichte hören willst«, warnte Josef und erklärte damit zugleich sein Einverständnis mit Knuds Einladung zu sprechen. Und das mit der Verschwiegenheit nahm Josef ihm aufs Wort ab.

»Macht nix. Ich find lange Geschichten prima.«

Josef hatte nie über die Vergangenheit gesprochen. Es gab auch keinen, den sie interessiert hätte. Doch gerade eben, bei

der Fahrt über den Deich und überhaupt, seit seinem Aufbruch – war das tatsächlich erst gestern gewesen? – war ihm
das Früher wieder präsent geworden.

So erzählte Josef die Geschichte seines Zirkus', des

CIRCUS COPERNICUS

Denn er war Josef Kopernikus und hatte das Familienunter-
nehmen Ende der 1960er Jahre von seinem Vater übernommen.

»Damals waren wir noch ein Großzirkus gewesen, mit
vielen Tieren: Kamelen, Elefanten, Seelöwen, Pferden«, erinnerte sich Josef mit leuchtenden Augen und schwelgte
eine ganze Weile in Erinnerungen an eine glanzvolle Zeit.
»Wir gastierten in den Großstädten, aber ausschließlich
im deutschsprachigen Raum. Vater wollte das so, Aus-
landstourneen lehnte er ab. Wir hatten echte Weltnummern
im Programm, damals noch. Aber mit dem Vormarsch des
Fernsehens war alles schon rückläufig. Papa wollte das nicht
wahrhaben. Als es mit dem Abverkauf von Tieren an Zoos
losging, hat er sich aus dem Geschäft zurückgezogen und
alles mir übertragen. Aber ich wusste, dass er so an dem Unternehmen hing, das er nach dem Krieg aus eigener Kraft
aufgebaut und damit die Familie aus der Kacke gezogen
hat. Nie hätte ich es übers Herz gebracht, den ganzen Laden
aufzulösen. Was das Klügste gewesen wäre. Cronthaler hat
damals ein lukratives Angebot für eine Fusionierung unter-
breitet. Aber der Name Kopernikus wäre damit aus der Zir-
kuslandschaft verschwunden.

Ich versuchte also, den Zirkus zu retten, indem ich ihn ver-
kleinerte, vor allem was die Tiernummern anbelangte. Die
Umstrukturierung in einen Romantik-Zirkus kam zu spät;
längst gab es Roncalli und später die Erneuerungsbewegung

des *Nouveau Cirque* – ohne Tiere, mit einem Handlungsstrang als rotem Faden für die einzelnen Nummern und theatralen Acts. Einige Varietés haben sich erfolgreich von der Entwicklung mitnehmen lassen, nur wir waren immer zu spät dran. Mir fehlte die Initiative eines Unternehmers. Eigentlich ein Wunder, wie lange sich der Laden noch über Wasser gehalten hat.«

»*Du* hast den Laden über Wasser gehalten«, machte sich Knud vernehmlich, der sich entgegen jeder Erwartung als erstaunlich guter Zuhörer erwies.

»Mag sein. Aber den Zirkus gerettet hat es nicht. Nur das dicke Ende hinausgezögert. Von Dorf zu Dorf sind wir getingelt, haben unser Gnadenbrot bei den Gemeindeverwaltungen abgeholt, haben Türklinken geputzt für unseren Bettelgroschen. Dafür haben sie uns Schulklassen in die Vorstellung geschickt – Kannst du dir das vorstellen: Schulklassen ...«

Knud stellte es sich vor. »Heiliger Klabautermann!«, schüttelte er nur den Kopf, dessen kahle Stellen in der Sonne glänzten.

»Es war entwürdigend«, fuhr Josef fort. »Ich wollte einfach nicht mehr – nein, das ist falsch: Ich konnte nicht mehr. Erst *konnte* ich nicht aufhören, dann konnte ich nicht weitermachen.«

Josef warf einen glasigen Blick zu Knud hinüber, als er weitersprach: »Wenn der Applaus in Häme umschlägt – dann weißt du, dass es das Ende ist.

›Ich kann Applaus von Mitleid unterscheiden!‹, hab ich mal durch die ganze Arena gebrüllt. ›Haut ab! Ich will euch nicht mehr sehen!‹

Ausgelacht haben sie mich, die vorher bei den Clownsnummern nur gegähnt oder aufs Handy geglotzt haben, wenn die Lehrer eines einzusammeln versäumt haben. Danach hab ich nicht mehr gebrüllt. Bin mit eingezogenem Genick in meinen

Wagen gegangen – der war damals 'ne Ecke größer als der, den du da drüben siehst –; geflohen bin ich, bevor sie wieder ihren Hohn über mich ausgossen.

Habe meine Tochter getröstet: ›Wird schon, Isabell, wirst sehen, es wird schon wieder.‹ Habe ich ihr gesagt und wusste eben nicht, wie es werden sollte, ich, der Vater und Direktor.«

An dieser Stelle hätte Knud gerne eingehakt, doch er wagte es nicht, Josef zu unterbrechen, aus dem die Worte nur so hervorsprudelten.

»Nur wegen ihr hab ich überhaupt so lange durchgehalten. Ihre Pferdenummer war grandios. Isabell war ein Naturtalent im Voltigieren. Liebesbriefe haben sie ihr geschrieben nach jeder Vorstellung, die Jungen wie die Alten im Publikum, vom Knaben bis zum Greis, so verzaubert waren alle von ihr. Manche ihrer Fans sind uns sogar nachgereist, um sie wieder und wieder zu sehen. Sie hat sich immer reserviert gezeigt, Freier um Freier abblitzen lassen. Bis es keine Liebesbriefe mehr gab. Weil wir abgewirtschaftet hatten. Ausgemustert waren. Vom Tempo der Zeit abgehängt. Schnee von gestern. Opas Kintopp. Und an Isabell sah ich immer mehr den Albtraum der geschundenen Zirkusreiterin wahr werden aus Kafkas ›Auf der Galerie‹. – Kennst du ›Auf der Galerie‹?«

Knud schüttelte den Kopf.

»Darin stellt Kafka in nur einem einzigen Satz Schein und Wirklichkeit der Zirkuswelt einander gegenüber. Unterm Talmiglanz der Zirkusprinzessin, stolz zu Pferde, kommt das gepeinigte Wesen, die geschundene Kreatur in beiden zum Vorschein, der Reiterin wie dem Pferd, die vorwärtsgetrieben vom Peitschenknallen des Direktors, ein elendiges Dasein fristen.

Und der Direktor, das bin ich: Josef Kopernikus, der Einprügler des Circus Copernicus. Bevor es so weit kam, bevor das einer von der Galerie aus sah, wie Kafka es gesehen hat, da hab ich hingeschmissen. Vor dreizehn Jahren. Alles verkauft. An den Freiherrn von Lüdershagen.«

»*Den* ollen Lüdershagen?«, stolperte Knud über den Namen.

»Nein. An den Junior«, gestand Josef nach einer Schrecksekunde ein, ob er bereits zu viel von sich preisgegeben haben könnte.

Josef hatte nichts mehr zu verlieren. Seine Freiheit höchstens. Doch die würde er sich ohnehin nicht nehmen lassen. Weder von einem ollen noch einem jungen Lüdershagen oder irgendwem sonst. Und so berichtete Josef seinem Zuhörer, wie es weitergegangen war.

Josefs Tochter und der junge Lüdershagen waren einander erstmals auf einer Pferdeauktion begegnet. Isabell war daran gelegen, Liese und Peter, die beiden letzten Pferde des in Auflösung befindlichen Circus Copernicus gut unterzubringen und dabei einen möglichst akzeptablen Preis zu erzielen. Sie fühlte sich für die Tiere verantwortlich, mit denen sie gearbeitet hatte, und war allein zur Versteigerung gegangen. Doch keiner wollte auf zwei abgehalfterte Zirkusgäule bieten, deren hart eintrainierte Kunststückchen mit einem Mal wertlos waren.

Da ging doch noch eine Hand hoch: das war die von Eowin von Lüdershagen. Der erwarb nicht nur die beiden Tiere, sondern nahm auch gleich die Halterin zur Ehefrau. Die feindliche Übernahme erschien Josef als Rettung und Ruin, als Segen und Fluch in einem. Einerseits tilgte Eowin sämtliche aufgelaufenen Schulden des Circus Copernicus und übernahm zudem die Konkursmasse – das Viermastzelt, den Wagenpark, die riesigen Zugmaschinen von Herstellern wie Saurer, Krupp und Steyr-Puch – zu einem Traumpreis, andererseits verdächtigte Josef seine Tochter, nur ihm zuliebe dem narkotisierten Sexualtrieb des drögen, aufgedunsenen Geschäftsmannes mit dem Ausspielen ihrer Weiblichkeit auf die Sprünge geholfen zu haben. Dass Eowin in Isabell verliebt war, daran hegte Josef keine Zweifel; indes zu glauben, dass diese Gefühle von seiner Tochter erwidert würden, war ihm unmöglich. Isabell hatte sich in eine Zwangsverbindung begeben, um weiteres Unglück von ihrem Vater abzuwenden, so viel war Josef klar. Eowins bisweilen rührende Bemühungen um Isabell konnten diesen Eindruck nicht verrücken. Das Übrige besorgten die weiter voranschreitenden Jahre: Wie das nun einmal so war, kühlte der Lauf der Zeit die heißeste Verliebtheit auf den Austausch belangloser Gesten als Zugewandtheitsversicherungen im Stil von Floskeln wie Macht-nichts-Schatz oder Komm-doch-Liebes herunter. Vonseiten Isabells wurde der anfangs liebevolle Umgangston sogar eher harsch.

Man durfte in Rechnung stellen, dass die Einsicht, keine Kinder bekommen zu können, die Abkühlung des Verhältnisses zusätzlich beschleunigt hat. Nachdem der eheliche Beischlaf dieses Zwecks beraubt worden war, bezog das Ehepaar getrennte Betten in verschiedenen Zimmern.

Josef lastete die mangelnde Fertilität des Paares insgeheim Eowin an, obschon Isabell ihrem Vater versichert hatte, eine ärztliche Untersuchung habe ›gewisse Unterleibsprobleme‹ zutage gefördert, die womöglich dem exzessiven Reiten und der Akrobatik von Kindesbeinen an geschuldet seien. Ob mit oder ohne Nachkommen: Der Name Kopernikus war so oder so mit der Eheschließung untergegangen. Es überstieg Josefs Vorstellungsvermögen, den Namen eines Wissenschaftlers durch einen Adelstitel zu ersetzen, gleichsam Prestige für Bildung einzusetzen. Auch wenn es nur um ein paar läppische Buchstaben ging: sie standen symbolisch für etwas anderes, Wichtigeres. Ihm wollte es scheinen, als würde mit dem Circus Copernicus die Erinnerung an ein Leben ausgelöscht, das mit unerträglichem Leid einhergegangen sei. Insofern maß Josef dieser Namensänderung mehr Bedeutung bei, als einem zu tief geratenen Hofknicks Isabells vor ihrem und ihres Vaters Erhalter.

Josef starrte vor sich hin, nachdem er geendet hatte. Es war, als versinke er in einer Welt der Düsternis, sah nicht den wolkenlos blauen Himmel über sich, spürte nicht die wärmenden Sonnenstrahlen auf sich ruhen, hörte nicht das Knattern der Regenbogenfahne überm Thron, diesem Monstrum aus Holz und Eisen, das bei Flut wie gerade eben von Pollern getragen sich über die Wasserlinie erhebt und dem Meereskaiser Butjatha als Ausguck für den wohlwollenden Blick auf seine am Strand sich tummelnden Landratten dient.

»Ich sach dich eins«, nutzte Knud die Lücke in Josefs Ausführungen, »ihr sitz' inne goldene Käfig, deine Tochter und du.«

»Liese und Peter«, raunte Josef düster und starrte weiter ins Leere, als habe er Knuds Einwurf gar nicht gehört, »die beiden Pferde –. Ein halbes Jahr hat er sie behalten. Eines Morgens fuhr ich mit dem Traktor auf die Weide, und sie waren weg. Ich hab mir erst nichts Schlimmes dabei gedacht. Als ich nachmittags Eowin kommen sah, habe ich ihn gefragt, wo die Pferde wären. ›In der Abdeckerei‹, hat er geantwortet. ›Und wo kommst du gerade her?‹ wollte ich wissen. Er sagte: ›Aus der Abdeckerei.‹«

Josef lehnte sich mit den Ellbogen auf die Knie und drehte den Kopf zur Seite Richtung Knud.

»Er hat Liese und Peter zum Schlachter gegeben. Die Lieblingspferde meiner Tochter. Das war der Moment, in dem ich hätte gehen müssen. War's nicht imstand; wegen Isabell. Nach Eowins Verrat blieb ich ihr als einziger Verbündeter. Auch wenn ich als solcher nichts auszurichten vermochte. Erst jetzt habe ich die Konsequenz gezogen. Nach nahezu dreizehn Jahren. Dreizehn Jahre zu spät. Wie ich schon mit dem Verkauf des Zirkus' zu spät war. Ich bin immer zu spät. Und selbst jetzt bedurfte es noch des letzten Kicks durch Eowin. Einen Gartentraktor hat er mir geschenkt zum Fünfundsiebzigsten, einen Aufsitzmäher, um mir im selben Zug die Verschrottung des Holder – das Einzige, was vom Zirkusinventar übrig geblieben ist nach der Abwicklung – in Aussicht zu stellen; nett, dass er's wenigstens gesagt hat! Hätte auch eine Nacht- und Nebelaktion werden können, wie bei Liese und Peter.«

Eine Stille der Nachdenklichkeit hüllte die beiden Kaiser in eine Blase und schloss sie von der Außenwelt ab.

In dieser Blase wollte Knud wissen: »Hast du ihm verziehen?«

»Nein.«

»Willst du ihm verzeihen?«

»Es gibt Dinge, die kann man einfach nicht verzeihen. Und solche, die *darf* man nicht verzeihen. Damit man sie nie vergisst. Was vergessen wird, ist nie geschehen. Das Verbrechen wird ungeschehen gemacht, die Schuld getilgt ohne Sühne. Nein – ich bin Eowins eigenes Gewissen. Es hat sich von ihm getrennt. Um ihn daran zu erinnern, dass er nie eins gehabt hat.«

Nachdem Knud eine Weile schweigend vor sich hingestarrt hat, fasst er das Ergebnis seines Sinnierens so zusammen: »Was für ein Verbrechen – den Traktor verschrotten zu wollen!«

Josef warf einen verständnislosen Blick auf den Mann an seiner Seite. Bis Knud verschmitzt den Blick aufnahm, erst Josef auf die Schulter boxte und danach in Lachen ausbrach.

Noch mehr als der eigene Scherz schien ihn Josefs Konsterniertheit zu amüsieren: »Du bist'n Mann wie das Meer: Kiek mol, dat Water zieht sich schon back, dem is' mein Humor auch zu trocken!«

Damit ergriff das Lachen vollständig Besitz von Knud, bog und schüttelte ihn, bis es in immer neuen Wellen aus ihm herausschwappte. So exzessiv, dass es Josef ansteckte. Es begann mit einem Kichern, Ergebnis purer Ansteckung und nicht etwa einem Evidenzerlebnis geschuldet, den Witz endlich verstanden zu haben, eben ein rein körperliches Phänomen des Gleichschwingens. Josefs Kichern steigerte sich, bemächtigte sich des Zwerchfells und von da aus seines ganzen Leibes, bis ihm die Tränen aus den Augen schossen und einigen Badegästen ernsthafte Zweifel kamen, ob das ungleiche Paar auf Butjathas Thron noch alle beisammen-hatte.

Nur mühsam beruhigten sich die kaiserlichen Hälften wie-der. Nicht, weil sie ausgelacht hätten, das nicht; sie waren ein-fach zu erschöpft, um weiterzulachen.

»Warum eigentlich?«, wollte Josef wissen, während er sich, noch immer vor Vergnügen glucksend, Schweiß und Tränen vom Gesicht wischte.

»Wat: ›warum?‹«, fragte Knud nach.

»Welches Watt?«, missverstand Josef. »Das hier?«

»Wat für'n Watt?«, wunderte sich indes ein verwirrter Knud.

Worauf ein neuerlicher Lachanfall in Kaskaden aus den bei-den hervorschoss. Erste besorgte Mütter räumten mit ihren Kindern ihren Liegeplatz im Blickfeld der beiden Wahnsinni-gen auf dem Thron, um sich einen neuen in sicherer Entfer-nung zu suchen.

»Komisch«, befand Josef eingangs eines neuen Versuches, sich des Affektes zu erwehren. »Warum man gerade dann lacht, wenn's am traurigsten ist?«

»Gar nicht komisch!«, erwiderte Knud im Brustton der Überzeugung. »Wie mijn Opa im Sterben lag, da hat er mir gesagt: ›Wijß du wat, myn Jong? Wenn dier man so richtich zum Flenn'n is' – denn lach man lieber!‹ Hab mich immer dran gehalten un' festgestellt, dat dat goud dout.«

Nach dem dritten Anfall wollte Knud von Josef wissen: »Has' du noch mehr Familie?«

»Als Isabell und Eowin? – Nein. Reicht auch!«

»Un' has' keine Nachricht hinnerlass'n?«

»Richtig.«

»Ney, ›richtich‹ is dat nu man nich!«

»Was ist es dann?«

»Quatsch is' dat, was du da machs', wenn du mich frachst.«

»Ich frag dich aber nicht.«

»Yo, denn sach ik dat denn trotzdem: Schwachsinn is' dat. Du kanns' dir man überleyn, ob du frei sein wills' oder die annern bestraf'n. Aber beides zusamm' – dat krie'st du nich hin!«

Josef musste sich eingestehen, dass Knuds Argumentation etwas Bestechendes hatte.

»Noch dazu, dass du ja woll nich deine Tochter bestraf'n wills'. Aber die triff's doch am meisten! Die wird dich vermisst melden, un' denn hasse alle anne Hacken. Ene Durchsage in' Verkehrsfunk, un' spätestens heut Abend ham die dich un' verfrachten dich heim – oder bring'n dich gleich inne Anstalt. Damit du nich' wieder ausbüx'«, konnte Knud sich nicht verkneifen, Josef hochzunehmen.

Josef spielte mit dem Gedanken an sein Handy, das allerdings im Wagen lag.

»Hab meins einsteck'n«, erriet Knud Josefs stumme Absicht und hielt ihm sein Handy hin. »Wenn du Glück has', is' noch nich' zu spät – wie sons' immer bei dier ...«

»Ich weiß die Nummer meiner Tochter nicht auswendig«, bettelte Josef um Aufschub.

»Un' die vom Lüdershagen?«

»Der hat sich für teures Geld natürlich eine Schnapszahl gekauft, die man gar nicht vergessen *kann* – leider«, flüchtete sich Josef fast hilflos ins Meckern.

»Denn ruf *ihn* an – jetz' mach schon hinne!«

»Wo muss man drücken?«, kombinierte Josef die Strategien von Kapitulation und Widerstand.

Josef wählte und wartete, bis eine Stimme am anderen Ende des Mobilfunknetzes ihren Inhaber vorstellte.

Darauf antwortete Josef mit: »Hier spricht Kaiser Butjatha. Wir geruhen, nach dem werten Befinden Euer Durchlaucht anzufragen.«

Warten.

»Hier spricht Kaiser Butjatha. Aus dem Watt. Uns geruht zu interessieren, ob Euer Hochwohlgelobt mittlerweile die kopernikanische Wende vollzogen haben und anerkennen, dass Wir Uns nicht mehr um Euch selbst drehen.«

Warten.

»Jetzt, da Ihr den Namen erwähntet: verschieben Wir das andere auf ein andermal und erkundigen Uns bei dieser Gelegenheit, ob Euer Gnaden bereits die Gendarmerie ausgeschickt hat nach Unserem flüchtigen Untertan? Hat man ihn ergriffen? Gibt es eine Spur? Wie verhält es sich mit sachdienlichen Hinweisen aus Unserem Volk?«

Warten.

»So ist die Welt: Da stellen Wir vier Fragen und bekommen gleich noch drei dazu anstelle einer einzigen klitzekleinen Antwort, zu der ein schlichtes ›Ja‹ oder ›Nein‹ Uns durchaus zufriedengestellt haben würde. – Um so viel richtigzustellen: Dieser Josef hat ganz und gar nicht Uns einen ungehörigen Schrecken eingejagt, wie Ihr dreist behauptet, sondern besten- wie schlimmstenfalls Euch, was Wir aufrichtig bedauern. Was Eure werte Anfrage auf Unser Befinden anbelangt, müssen Wir leider einräumen, Uns eine potenzielle Schiz-ophrenie zugezogen zu haben, aber davon ist nur Unsere eine Hälfte befallen, und die schizotone Verstimmung ebbt gewiss von selbst wieder ab. Bis dahin dürft Ihr vertraulich Knud und Josef zu Uns sagen – aber sagt es keinem andern, es würde Uns kompromittieren. Wollt Ihr Unsere andere Hälfte sprechen?«

Damit hielt Josef Knud Knuds Handy vor die Nase.

Der konnte nur hineinprusten: »Ney, ney, ney, ich krich zu viel …!«

Josef übernahm wieder und antwortete, nachdem er Eowins Reaktion abgewartet hatte: »Zu viel der Mühen, guter Kur-fürst! Lasst nur vertrauensvoll die Dinge sich fügen, um Ihrer Hoheit Isabell gar greulich Ungemach zu ersparen. In Sachen des verschwundenen Untertans erwarten Wir allerdings Euer schleunigstes Tätigwerden, dass die Angelegenheit als ins Rei-ne gebracht angesehen werden kann, ansonsten Wir Uns zu weiteren Anrufen genötigt sähen. Leider müssen Wir dieses Gespräch damit beenden, denn der Einspänner wartet schon, der Uns zum nächsten Staatsbesuch bringen wird. Gehabt Euch wohl, Prinz Eisenherz.«

Gerade noch rechtzeitig drückte Josef das Gespräch weg, bevor Knuds brüllendes Lachen die Luft erzittern ließ. Müh-sam hatte er es während des Gesprächs unterdrückt, bis ganz zuletzt die Dämme brachen und der sich ergießende Affekt den letzten Rest von Selbstbeherrschung hinfortschwemmte.

»Jetzt ha'm wir uns hier tatsächlich so lange verquasselt, bis die da drü'm das Kurhaus aufgemacht ha'm. Lass uns rü-bergeh'n, denn gibt das alles, was der Mensch zum Überle'm braucht: Rhabarberkuchen un' Kaffe un' Kaffe un' Rhabarber-kuchen. Do kann's du mir auch erzähl'n, was der Lüdershagen alles gesacht hat.«

»Es würde dich enttäuschen. Im Übrigen fürchte ich, dass Wir Uns unter den gegebenen Umständen nicht ins Kurhaus werden begleiten können. Meine Tochter wird nichts Eiligeres zu tun wissen, als sich ins Auto zu setzen und nach mir zu suchen. Mit meiner blöden Spielerei hab ich mich zu allerlei Hinweisen hinreißen lassen. In anderthalb Stunden könnte sie schon hier sein, und ich habe keine Lust, ihr das alles von Angesicht zu Angesicht noch einmal auseinanderzudividieren.«

Schweigend erhoben sich beide Butjathas von Unserem Thron und balancierten hintereinander über den schmalen Steg, der den Sitz des Meereskaisers mit dem Ufer verband, an den Strand. Hinterm Deich, wo Josefs Gefährt parkte, galt es Abschied zu nehmen.

»Un' wohin wills' du jetz'? Mier kanns' du das ja ruhig sag'n.«

»Ja, ich weiß schon: von wegen Osterglocken und so.«

»Ney: Kirchenglocken. An Ostersonntach.«

»Also dann: Moin moin, Knud. Bist'n echter Kumpel.«

»Nu quatsch keine Opern. Sons' werd ich sentimental. Un' egal wo du hinmachs': Versprich dem oll'n Knud, dass du auf dich aufpass'. Versproch'n?«

»Wir werden Uns bemühen.«

»Quatschkopp! Un' hau jetz' ab, sonst ruf ich selbs' die Bullen!«

Mit diesem letzten herzlichen Wort schlossen sich die beiden Männer in die Arme und drehten sich dann schnell so voneinander weg, dass keiner dem anderen anzusehen vermochte, ob er soeben ein Tränchen im Augenwinkel verdrückte. Dann ließ Josef den Zweitakter aufröhren und trieb eine Wolke von Qualm und glühenden Funken aus dem Auspufftopf, wobei das helle Licht des Tages dem Funkenregen das meiste an Effekt raubte.

»Ich kann nich' mit Abschied!«, rief Knud quengelig in den Traktorenlärm. »Un' wehe, du drehs' dich nochma' zu mir um! So wat mach' ma' nich'!«

Komische Nummer, dachte Knud, während er bitterlich weinend dem schwankend sich entfernenden Gefährt nachblickte.

Josef dachte so ungefähr dasselbe von Knud. Wir waren eben weitgehend einer Meinung.

Eowin zückte sein Smartphone und sah, dass eine unbekannte Nummer angezeigt war, als er auf ›Abheben‹ drückte.

»Lüdershagen – «

Warten.

»Was? Wie bitte Wer ist denn da – «

Überflüssigerweise hielt sich Eowin das andere Ohr zu.

»Bitte? Soll das etwa ein Scherz sein? Ich versteh' kein … *Josef*?«

Die Erkenntnis riss Eowin förmlich von seinem Sessel hoch.

»Schwiegerpapa, das ist nicht der rechte Zeitpunkt, um Witze zu reißen! Du hast uns einen gehörigen Schrecken eingejagt, das ist dir ja wohl hoffentlich klar! Isabell ist außer sich vor Sorge! Wo bist du? Wie geht es dir? Wann gedenkst du, dich hier wieder einzufinden?«

Warten.

»Jetzt hör endlich auf mit dem Quatsch! Sollen wir dich irgendwo abholen? Soll ich Isabell an den Apparat holen?«

»Ein Anruf? Von Paps? Und das sagst du mir jetzt erst?«, ereiferte sich Isabell, als Eowin sie bei zugezogenen Vorhängen in ihrem Schlafzimmer fand.

»Was soll das heißen: ›*erst*‹?«, sah sich Eowin von seiner Frau zu einer Verteidigung genötigt. »Er hat gerade eben erst angerufen. Ich kann ja wohl schlecht gleichzeitig telefonieren und dabei durchs ganze Haus rennen!«

»Warum hast du mich nicht gleich geholt? Als er noch dran war?«, bestand Isabell auf ihrer Sicht, dass Eowin fast immer zu spät mit etwas war.

»Hab ich doch gerade erklärt. Außerdem hat er mittendrin aufgelegt. Ich dachte, es könnte dich interessieren, was er gesagt hat, aber offenbar legst du größeren Wert darauf, dich mit mir zu streiten.«

»Tut mir leid«, lenkte Isabell ein. »Ich hab nicht schlafen können vergangene Nacht. Und jetzt konnte ich auch kein Auge zumachen.«

Längst war Isabell von ihrem Lager aufgesprungen und streifte sich das hellblaue Sommerkleid über, das über der Stuhllehne hing.

»Lass uns in die Küche gehen. Ich brauch jetzt einen Kaffee. Und dann erzählst du mir in aller Ruhe, was er gesagt hat«, schlug Isabell vor, nachdem ihr bewusst geworden war, dass sie mit ihrer hysterischen Hast alles nur noch mehr hinauszögerte.

»Also, er hat – «, begann Eowin bereits auf der Treppe nach unten um Worte zu ringen, in denen sich das Telefongespräch möglichst zutreffend und zugleich sinnerhellend wiedergeben ließ. » – sich erst mal unter falschem Namen vorgestellt. Ich glaube – so was wie – auf jeden Fall ein Doppelname – bestimmt komm ich gleich wieder drauf …«

»Hattest du denn nichts zu schreiben parat? Du hättest es dir doch aufschreiben können …«

Da war sie wieder: die fast perfekte Ehefrau. Vor der er sich vorkam wie eine Null.

Eowin hätte auch ausrasten können, beherrschte sich aber und sagte in vergleichsweise moderatem Ton: »Du lieber Himmel, was soll *das* denn jetzt wieder! Kannst du noch anders als

in Vorwürfen mit mir kommunizieren? – ›Butt Jade‹ – *das* war
der Name? Oder doch eher Buttja Jada?«

»›Buttje, Buttje timpeteh! Mine Fru, de Isabell, will nich so
wie ich gern will‹, oder was?«, zitierte Isabell gereizt. »Das
bringt uns doch nicht weiter! Für wen er sich ausgegeben hat
ist doch völlig egal, ein Fantasiename war das halt.«

»Deine süffisante Art ist völlig unangebracht, meine Liebe.
Ich versuche lediglich, dir ein ziemlich konfuses Telefonat mit
deinem – ich betone: *deinem*! – missratenen Vater zu referie-
ren, und du …«

Weiter kam er nicht.

»Hast du in der gegebenen Situation wirklich nichts Besseres zu tun, als Paps auch noch zu beschimpfen? Und nenn
mich bitte *NIE!* mehr ›meine Liebe‹, wenn wir gerade im Streit
sind«; sehr im Gegensatz zu Eowin brauchte Isabell keine geeignete Situation für ein Beziehungsgespräch abzupassen.

»Für einen Kaiser hat er sich ausgegeben, dein Vater, da wird
man sich wohl aufregen dürfen, und wer überhaupt dran ist,
habe ich erst erkannt, als er irgendwas von einer ›kopernika-
nischen Wende‹ erzählt hat – wegen ›Kopernikus‹.«

»Ich kenn meinen Mädchennamen. Den brauchst du mir
nicht auch noch auseinanderzudividieren.«

Bisweilen merkte man Isabell den Sprachstil ihres Vaters an.
Vielleicht war sie aber auch und gerade jetzt selbst über eine
größere Distanz seelisch mit ihm verbunden, dass beide zeitgleich dasselbe Wort verwendeten.

»Von ›Watt‹ hat er geredet, was darauf hinweisen könnte,
dass er sich irgendwo an der Nordsee befindet. Ach ja, und er
ist nicht allein. Einmal hat er das Telefonat abgegeben an einen – Knud? Oder war's Kurt? – Ja, ich weiß schon: der Notiz-
block – «, fügte Eowin an, um einer entsprechenden Attacke
vonseiten Isabells zuvorzukommen.

Eowin sah Isabells Hände zittern beim Bedienen der Espressomaschine.

»Mach mir bitte auch einen«, sagte er sanft und legte eine Hand beruhigend auf die seiner Frau. »Ich glaube, dein Vater wollte mich ein bißchen hochnehmen. Mit dir hätte er das wahrscheinlich nicht gemacht. Aber er hat nun mal mich angerufen, warum auch immer. Auf alle Fälle bin ich davon überzeugt, dass es ihm gutgeht. Sonst hätte ihn nicht interessiert, wie es uns geht. Das war der Hauptgegenstand des Gesprächs. Unterm Strich, denke ich, müssen wir uns keine Sorgen machen. Er sei jetzt eben mal unterwegs und würde wieder anrufen. Meiner Einschätzung nach beruhigt sich die Angelegenheit ab jetzt. Davon bin ich sogar überzeugt.«

»Danke, Eowin.«

Nicht lange währte das einträchtige Beisammensein des Ehepaares, einander gegenübersitzend und ein jeder vor einer Tasse starken Kaffees, da sprang Isabell wie von der Tarantel gestochen auf, um der lauschigen Zweisamkeit in ihr Arbeitszimmer zu entfliehen.

Eine halbe Stunde später suchte sie Eowin in dessen Büro auf, der bei ihrem Erscheinen verdächtig hastig den Laptop zuknallte. Das konnte Isabell in ihrer Aufgekratztheit allerdings nicht irritieren. Sie hatte eine Landkarte in der Hand.

»Ich weiß wo er ist«, sagte sie mit so etwas wie Triumph in der Stimme. »›Butt Jade‹ erinnert phonetisch an Butjadingen; so heißt die Landschaft um den Jadebusen. Und im Watt befindet sich der Thron des Kaisers Butjatha als Kunstwerk, an der Seepromenade von Dangast, gegenüber vom Kurhaus. Von dort aus muß er eine halbe Stunde später gestartet sein.«

»Das ist ja großartig, wie du das herausgefunden hast! Aber was soll uns das helfen?«

Isabell breitete die Landkarte vor Eowin auf dem Schreibtisch aus und wies auf den eingezeichneten Kreis: »Weiter als im Umkreis von fünfzehn Kilometern um Dangast kann er im Augenblick nicht sein. Die Küste schneidet ihm 180° der möglichen Richtungen ab, die er nehmen könnte. Das ist *die* Gelegenheit, ihn zu finden.«

»Schon«, räumte Eowin ein. »Aber das ist immer noch ein riesiges Gebiet. Und bis du halbwegs in der Nähe bist, kommen nochmal dreißig Kilometer dazu – falls der Holder das hergibt.«

»Was heißt da, bis ›ich‹ in der Nähe bin? Würdest du nicht mitkommen?«, fragte Isabell ungewohnt vorsichtig an.

Eowin ging nur indirekt darauf ein: »Weißt du, wie viele Straßenkilometer das sind? Theoretisch könnte er jeden Feldweg nehmen. Oder sich in einem Wald verstecken. Oder bis Oldenburg gekommen sein, Wilhelmshaven sowieso, vielleicht auch Bremerhaven. Und von da könnte er in die ganze Welt; was heißt da, die Küste schneidet ihm den Weg ab: Sie eröffnet ihm noch mehr Möglichkeiten.«

Isabell dachte nach.

»Er mag keine Schiffsreisen«, entschied sie.

»Dann wäre es immer noch sinnvoller, alle Campingplätze in der Nähe abzutelefonieren«, schlug Eowin vor. »Er wird ja sohl seine Hütte nicht irgendwo in die Landschaft stellen.«

»Da kennst du meinen Vater schlecht! Außerdem habe ich das schon heut früh gemacht – die Campingplätze anzurufen, meine ich.«

»Genausogut könnte er in jeder Pension oder jedem Landgasthof unterkommen.«

»Erst heute Abend wieder. Bis dahin ist er unterwegs. Irgendwo hier – «

Damit schloß Isabell die Augen, ließ ihren Zeigefinger über der Karte kreisen und stieß mit ihm herab wie ein Greifvogel auf die Beute.

»*Da* könnte er sein. Kommissar Zufall hat schon so manchen Fall gelöst.«

Etwas verwirrt blickte Eowin auf die Karte: »Das ist nicht einmal innerhalb des Kreises – «

»Ach, was weiß denn *ich* – «, jammerte Isabell kläglich und drehte sich um, dass Eowin nicht sehen konnte, wie sie sich auf den Knöchel des Zeigefingers biß, um ihre Selbstbeherrschung nicht zu verlieren.

»Wie kann er mir das antun!«, winselte Isabell. Laute eines verhaltenen Schluchzens unterbrachen sie beim Weiterreden. »Einfach abzuhau'n – jetzt hab ich gar keinen mehr – «

»Doch. Mich.« Eowin war hinter sie getreten, drehte sie behutsam an den Schultern zu sich herum und lehnte sie an seinen massigen Leib.

Damit brachen alle Dämme. Isabell weinte bitterlich. Zum ersten Mal seit dem Verschwinden ihres Vaters weinte sie. Die Traurigkeit ergriff von ihrem Körper Besitz und ließ ihn in unregelmäßigen Intervallen erbeben.

»Alles wird gut. Hab Vertrauen«, murmelte Eowin und strich mit einer Hand beschwichtigend über Isabells vibrierenden Rücken. Er bewunderte seine Frau für ihre Willenskraft, die in so einem schmalen, zarten Körper steckte.

Nichts bleibt wie es ist, und so ging auch Isabells Weinkrampf vorüber. Die Intervalle zwischen den unwillkürlichen Schluchzern wurden länger, bis Isabell wieder allein stand, mit verheulten Augen und geröteten Wangen.

Eowin wusste, dass es seiner Frau besser ging mit dem Gefühl, etwas unternehmen zu können als nur dazusitzen und abzuwarten.

»Ich bin dabei, wenn du deinen Vater heute noch suchen willst«, schlug er deshalb vor. »Am besten, wir fahren getrennt und bleiben über die Freisprechanlage in Verbindung, damit wir nicht alles doppelt abfahren. Ich glaube zwar nicht daran, dass wir ihn finden werden, aber besser als Nichtstun ist es allemal. Brechen wir auf?«

Das musste Eowin nicht zweimal sagen, und wenig später waren die beiden unterwegs.

Isabell fuhr den Landrover. Für sie stellte der Achtzylinder einen annehmbaren Kompromiß zwischen den großen Zugmaschinen des Circus Copernicus und einem herkömmlichen PKW dar.

»Ich muß grad mal tanken«, teilte sie Eowin fernmündlich mit.

Für Josef war der nächste Tankstopp angesagt. Gerade noch rechtzeitig vor dem Einbiegen in die Tankstelle, erkannte er in dem Fahrzeug, das da zwischen den Zapfsäulen stand, den Landrover seiner Tochter. Sie selbst war nicht zu sehen, doch auch im Innern des Servicehäuschens mit der Kasse würde sie ihn gehört haben und musste sogleich herausgestürzt kommen. Ohne Nachzudenken riß Josef den Knicklenker herum, querte die Gegenfahrbahn und holperte die Böschung hinunter aufs offene Feld. Die knochentrockene Krume staubte unter den mahlenden Stollenreifen, als das Gespann mit bedenklich schwankendem Hänger querfeldein einem Wäldchen zustrebte. Glücklicherweise gab es keinen Flurgraben, der ihm den Weg abschnitt – soweit Josef das abzusehen vermochte. Seine einzige Chance lag darin, den toten Winkel zu vergrößern, mit dem sich das Tankstellengebäude zwischen ihn und den spähenden Blick seiner Verfolgerin schob.

Jetzt fühlte er sich wirklich zum ersten Mal wie auf der Flucht. Das Ausweichmanöver konnte nichts weiter sein als ein Akt der Verzweiflung, denn mit dem Geländewagen hätte Isabell ihn binnen Sekunden eingeholt. Die Vorstellung von einem derart lächerlichen Ende seines Ausflugs jagte ihm einen Schauer über den Rücken.

Im Kassenhäuschen glaubte Isabell das charakteristische Tuckern Rudi Holders zu vernehmen. Zunächst hielt sie es noch für eine Einbildung, für das Ergebnis eines verselbstständigten Wünschens, das den Gegenstand der Hoffnung als Trugbild in die Vorstellung hob. Schon einmal war sie ihren Instinkten nicht gefolgt, als sie in der Nacht den Gartenmäher gehört hatte. Alles wäre anders gekommen, hätte sie da nur auf sich selbst vertraut.

Hektisch wischte sie das Wechselgeld von der Schale auf dem Tresen in ihr Portemonnaie und stürzte nach draußen, an ihrem Wagen vorbei zur Fahrbahn hin. Von links näherte sich ein Traktor, ein alter Kramer, der mit singenden Reifen an der enttäuschten Isabell vorüberfuhr.

Die schwang sich in ihren Landrover, um die Suche fortzusetzen. Unmittelbar nach dem Anfahren gab es einen unsanften Ruck, als wäre das Fahrzeug gegen ein unsichtbares Hindernis gestoßen.

»Eowin«, gab sie später mit etwas zittriger Stimme an ihren Gatten durch, »mir ist da was entsetzlich Blödes passiert: Ich hatte die Zapfpistole noch im Tank, als ich losgefahr'n bin – «

Spät kehrten Isabell und Eowin zurück ins Herrenhaus auf dem Gestüt derer von Lüdershagen.

»Hauptsache, dir ist nichts passiert«, versuchte Eowin, seine ungewohnt schweigsame Frau zu trösten. »Du mußt in Zukunft besser auf dich aufpassen.«

»Ich war so was von verpeilt, nachdem ich geglaubt habe, den Holder gehört zu haben – «, brachte Isabell als Selbstvorwurf und Entschuldigung in einem hervor.

»Nein. Du warst schon vorher durch den Wind; das Zapfventil hängt man *vor* dem Bezahlen ein. Aber du kannst trotzdem nichts dafür. Das ist doch idiotisch, wo heutzutage alles automatisch geht, dass sie *das* nicht an der Kasse ablesen können«, bot ihr Eowin zur Entlastung an.

Isabell fand das ausgesprochen nett. Er sorgte sich um sie. Und fragte sich insgeheim, wie oft sie ihm schon wehgetan oder seine Bemühungen um sie übersehen hatte.

»Darf ich heut Nacht zu dir kommen? Vielleicht kann ich da ja besser schlafen.«

»Klar. Das darfst du doch immer. Schließlich sind wir Mann und Frau. Ich geh sowieso gleich hoch. Setz mich nur noch kurz an den Laptop.«

»Hilft nur noch eine Vermißtenanzeige«, sinnierte Isabell, bereits neben Eowin im Bett liegend. Sie hatte ihr Babydoll in Bleue als Nachtgewand ausgewählt. »Morgen gehen wir zur Polizei.«

»Besser nicht«. widersprach Eowin.

»Hm?«, wunderte sich Isabell.

»Denk mal weiter: Wir könnten das tun, gewiß, und binnen Kürze hätten sie deinen Paps auch irgendwo aufgetrieben; aber was dann? Sie werden seine Personalien feststellen, auf Übereinstimmung mit der gesuchten Person prüfen und ihn weiterziehen lassen«, legte Eowin auseinander, der nicht nur Kaufmann sondern auch Jurist war. »Es liegt nichts gegen ihn vor, er ist weder entmündigt noch hilfsbedürftig oder gefährdet, es liegt auch keine Entführung vor. Wahrscheinlich hat er an die Wagenpapiere gedacht, Traktor und Hänger sind zugelassen und TÜV haben sie auch noch, sodass jede Rechtsgrundlage fehlt, ihn festzuhalten.«

»Dann sollen sie ihm halt sagen, dass er heimkommen soll«, insistierte Isabell trotzig.

»Meinst du nicht, dass er das schon von selbst getan hätte, wenn das sein Wunsch wäre? Er ist ein freier Mensch. Dass du ihn vermisst, hat nichts mit dem Gesetzestatbestand des Vermissens zu tun, der nicht gegeben sein kann, nachdem dein Paps sich auch noch telefonisch bei uns gemeldet hat. Und dabei mitgeteilt hat, dass er jetzt auf Staatsbesuch geht. Vielleicht meint er ja damit, bei einem alten Freund vorbeizufahren oder so. Ich nehm dir ja ab: Es ist schwer, das einzusehen, aber wir müssen es nehmen, wie's nun mal ist. Geduld üben und uns in die Gegebenheiten dreinschicken. Und damit aufhören, ihn zu suchen. Damit treiben wir ihn nur immer weiter von uns weg.«

Eine Weile schwiegen beide.

Dann sagte Isabell, wie zu sich selbst: »Er hat das einfach nicht verkraftet – «

»Was?«, hakte Eowin der halblauten Äußerung nach.

»Wenn ich's sage, schimpfst du mich nachher ja doch nur«, befürchtete Isabell.

»Nein«, versicherte Eowin, der bereits ahnte, worum es ging. »Jetzt sag's halt, nachdem du es eh schon gedacht hast.«

»Das mit Liese und Peter«, löste Isabell die stille Befürchtung ihres Gatten ein. »Das hat er dir nie verziehen. Seither hängt der Haussegen schief.«

Bis auf ein tiefes Seufzen und ein Rollen der Augen, das Isabell nicht sehen konnte, behielt Eowin alles für sich, dass er sich entschuldigt hatte, mehrfach und in aller Form; dass es ihm leid tut; dass sich so ein Vorfall nie mehr wiederholen wird; dass er es rückgängig machen würde, wenn er nur könnte; und so weiter und so fort.

In dieser Nacht war es Eowin, der schlaflos blieb.

Mit Verwunderung und Erleichterung nahm Josef zur Kenntnis, dass ihm kein Landrover gefolgt war. Womöglich hatte Isabell ihn doch nicht gehört.

Er nahm sich vor, in Zukunft vorsichtiger zu sein. Er würde sich bis auf Weiteres aus seinem Dieselvorrat bedienen, wenn der Tank leer war. Es wäre ein Leichtes für Isabell und Eowin, alle Tankstellen abzuklappern und sich nach ihm durchzufragen. Mit der ersten positiven Auskunft hätten sie bereits einen Anhaltspunkt für die Richtung, in der er unterwegs war, könnten die Linie zwischen Dangast und dem Tankstopp projektiv verlängern bis zur nächsten Tankstelle und so weiter. Irgendwann würden sie dann vor ihm stehen und sein Kommen erwarten – nein: so leicht wollte er es ihnen doch nicht machen. Heute war es schon knapp genug gewesen.

Im Grunde wollte er gar nichts von ihnen, am wenigsten, dass sie nach ihm suchten. Wenn sie das denn taten, war es ihr Problem und nicht das seine: Er war nicht ein anderer und die anderen waren nicht er.

Er wollte, dass sie ihn schlicht in Frieden ziehen ließen, und den fand er, wenn der Diesel nagelte und die Räder rollten.

Heute wäre er nicht mehr lang unterwegs. Er würde sich fern jeder menschlichen Behausung ein Versteck im Wald suchen, um die nächste Etappe in aller Frühe anzutreten und den gesamten Tag zu nutzen, Längen zu machen.

Emily hat die Nase voll.
Emily hat einen Entschluss gefasst.
Emily wird gehen.
Emily weiß noch nicht wohin, aber jeder Ort auf der Welt wird besser sein als der, von dem sie kommt.

Die Sachen sind gepackt. Nur das Notwendigste. Die Stofftiere bleiben alle da. Emily hat sich auf keines festlegen können, das ihr am besten gefällt, denn wie sollte es möglich sein, einer von diesen flauschigen, süß dreinblickenden Kreaturen den Vorzug vor allen anderen zu geben? Außerdem nehmen Stofftiere Platz weg. Platz ist wichtiger.

Das Fahrrad ist wichtig. Und das Kettenschloss. Damit das Fahrrad nicht geklaut wird. Und die Zahlenkombination. Die hat Emily im Kopf. Geld? Nicht wichtig. Mama hat keines. Abschiedsbrief? Besser noch mal lesen:

> *Hallo Mama!*
> *Mach dir keine Sorgen.*
> *Ich bin über die Ferien zu einer Freundin.*
> *Nach den Ferien bin ich wieder da.*
> *Versprochen*
> *Emily* ☺

Das war geschwindelt. Emily will nie mehr heim. Neu schreiben? Dauert zu lang. Das ›Versprochen‹ streichen. Das Nach-den-Ferien-bin-ich-wieder-da auch. Und den nächsten Satz auch. Bleibt: ›Hallo Mama! Mach dir keine Sorgen. Emily‹ Perfekt.

iPhone? Wichtig. Unbedingt dabeihaben. Nicht vergessen: Ladegerät; auch wichtig. Wo anschließen? Ungeklärt. – Also: Taschenlampe, um Akku von iPhone zu schonen. Jacke, Pulli, lange Hosen. Haustürschlüssel? Quatsch! Sie wird nie, nie, nie mehr zurückkehren. Emily stopft den Schlüssel in ein Knäuel Klopapier, wirft es in die Schüssel und zieht ab.

Dann verlässt sie die Wohnung, geht durchs Treppenhaus nach unten, wo im Flur das Fahrrad mit den prallgefüllten Packtaschen schon bereitsteht. Sie schiebt es durch den Hauseingang nach draußen, hört die Tür noch hinter sich ins Schloss fallen und radelt los.

Zwei Tage später ist Emilys Flucht zu Ende. Die schwarzen, glatten Haare, die nicht im Schweiß auf ihrer Stirn kleben, hängen in zottligen Strähnen von ihrem Kopf herunter. Die Bürste. Sie hat die Haarbürste vergessen.

Die Nächte waren fürchterlich. Es war zwar warm genug, sodass ihr der Schlafsack als Unterlage genügte. Aber der Boden war hart und uneben und auf Dauer auch noch kalt und feucht so ohne Isomatte. Angst hatte Emily auch. Bei jedem Knacken oder Käuzchenruf leuchtete sie mit der Taschenlampe in den Wald hinein.

Sie ist durstig und hat Hunger. Die geklauten Kekse und Scheibletten hat sie schon am Vortag in sich hineingestopft. Jetzt knurrt ihr der Magen. Im nächsten Supermarkt wird sie auf Beutezug gehen müssen.

Es läuft nicht so, wie sie es sich vorgestellt hat. Alles ist viel komplizierter. Dabei war sie so gut vorbereitet! Emily ist kurz davor, aufzugeben. Die trotzige Entschlossenheit ihres Aufbruchs ist einer großen Müdigkeit gewichen. Aber heim will sie nicht mehr.

Zur Nahrungsbeschaffung radelt Emily in die nächstgrößere Ortschaft. Mist – jetzt fängt's auch noch an zu regnen. Vielleicht hört's ja gleich wieder auf; das Regenzeug rausholen ist jedenfalls verdammt umständlich, das ist ganz unten in der Packtasche verstaut.

Da sieht sie den grünen Traktor am Straßenrand stehen. Er sieht aus, wie für Kinder gemacht; fast wie ein Spielzeug. Und hintendran hängt ein fahrbares Hexenhäuschen. Das sieht gemütlich aus. Und ihre Haare sind auch schon ganz nass.

Eine knappe Woche war Josef mittlerweile unterwegs und hatte es bis ins hessische Friedberg geschafft. Über fünfhundert Kilometer war er dabei weitergekommen. Ohne sich zu beeilen. Und bis heute hat das schöne Wetter gehalten: Friedberg war die erste Station, bei der er von seinem Regenzeug Gebrauch machte.

Josef kam vom Einkaufen zurück und eilte durch den sommerlich warmen Schauer. Bei Rudi Holder angelangt, der in der Parkbucht gleich zwei Plätze belegte, stopfte er die Plastiktüte mit der Vorratsergänzung einfach durch die Planenteilung nach innen, wo sie hinter der Bordwand zu Boden fiel. Verstauen könnte er alles später noch, denn als Erstes wollte er sich ein lauschiges Plätzchen suchen, wo er ungestört frühstücken könnte.

Das Wetter meinte es gut mit Josef: Nach bereits einem Kilometer war der Schauer vorüber, die Wolken rissen auf und die Sonne kam wieder zum Vorschein.

Als er einen Frühstücksplatz an einem Waldrand gefunden hatte, stieg er ab und riss die Plane des Hängers auf — um mit einem Aufschrei des Erschreckens einem Gesicht zu begegnen, wo keines zu erwarten war. Das Gesicht riss den Mund auf und schrie ihm ohrenbetäubend schrill entgegen. Dann taumelten beide zwei Schritte rückwärts, wobei das vor allem für Josef galt; das Gesicht im Wagen verschwand einfach nur im Halbdunkel unter der Wagenplane, um wenig später an der Bordkante wieder aufzutauchen und Josef mit leicht geöffnetem Mund anzustarren.

Josef starrte zurück.

»Mann, haben *Sie* mich aber erschreckt!«, beschwerte sich das schwarzhaarige Mädchen mit dem verdreckten Gesicht und dem angebissenen Brötchen in der Hand.

»Was hast *du* denn in meinem Wagen verloren, du kleine Ratte!«, empörte sich Josef, der den Schreck noch nicht ganz verdaut hatte.

»Ich wusste nicht wohin, da hab ich den Traktor stehen sehen«, gab das Mädchen eilig zur Antwort. »Sind Sie der, dem der Traktor gehört?«

»Aber nein, wo denkst du hin! Der Traktor ist genauso geklaut wie das Brötchen da«, hatte sich Josef so weit wieder erholt, dass er einer schlagfertigen Antwort fähig war. »Reißt du dir immer die Brötchen anderer Leute unter'n Nagel?«

»Entschuldigung. Ich hab so Hunger, und aus der Tüte hat's so gut gerochen. Und ich bin *keine* Ratte!«

»Was ist denn *das* da?«, fiel Josefs Blick auf das Fahrrad, das innen an die Rungen gelehnt war.

»Mein Fahrrad.«

»Gut. Ich hoffe, es macht dir nichts aus, dass es auf meinem Bett steht«, stellte Josef trocken fest.

»Sie schlafen hier drin?«, ließ das Mädchen vollste Bewunderung durchklingen und sah sich noch einmal in dem Hexenhäuschen um. Das abschließende Urteil des Augenscheins lautete: »Cool!«

»So, genug geplaudert. Verlass jetzt bitte mein Schlafzimmer und vergiss nicht, deinen Drahtesel mitzunehmen.«

Das Mädchen gehorchte wortlos. Wie das Fahrrad gepackt war – die dicke Rolle des Schlafsacks auf dem Gepäckträger sprach Bände – verriet ihm, dass das Mädchen derselben Spezies angehörte wie er selbst: fahrendes Volk. Nur war es weniger gut vorbereitet und erheblich jünger.

»Also schön: Ich nehme die ›Ratte‹ ganz offiziell zurück …«, räumte Josef ein, nicht ohne als Bedingung anzuhängen: »… wenn du mir versprichst, in Zukunft nicht mehr in die Fahrzeuge fremder Leute einzusteigen und zu fragen, bevor du dich am Eigentum eines anderen bedienst; und wenn es nur ein Brötchen ist. Hand drauf.« Damit hielt er dem Mädchen die Hand hin.

»Ich bin Josef«, stellte er sich vor, »und du kannst ›du‹ zu mir sagen.«

Das Mädchen schlug ein und beeindruckte Josef mit seinem angenehm festen Händedruck. »Und ich bin die Emily und dreizehn Jahre alt.«

»Ohne Flunkern?«

»Na ja, zwölf«, gestand der Noch-nicht-Teenager ein. »Aber im Oktober werd ich dreizehn! Und wie alt bist du?«

Josef überlegte kurz: »Sechsmal so alt wie du. Und noch ein Viertel von deinem Alter drauf.«

Emily zog die Stirn kraus und rechnete angestrengt. Ihre Finger bewegten sich dabei, als wollte sie etwas abzählen.

Dann wechselte ihre Miene in den Ausdruck blanken Erstaunens: »Fünfundsiebzig? Boah, das ist ja mehr als doppelt so alt wie Mama!«

Emily sah zu, wie Josef das Frühstück vorbereitete. Nach nahezu einer Woche *on the road* hatten sich die Ansprüche reduziert und die einzelnen Handgriffe eingespielt; und bald simmerte das Kaffeewasser auf dem ebenso winzigen wie sparsamen Campingkocher. Ein Brettchen lag bereit, ein Messer, Löffel, Zuckerdose, Plastiktasse, Kaffeesieb – und die Tüte mit den soeben erworbenen Reichtümern. Neugierig verfolgte Emily jeden von Josefs Handgriffen.

»Magst du mir beim Frühstücken Gesellschaft leisten, bevor du wieder heimradelst?«, lud Josef das Mädchen ein. »Genug Kohldampf scheinst du ja zu haben. Da kannst du dein angebissenes Brötchen weiteressen – aber mit Belag. Schneid dir was von der Salami runter.«

»Ich ess' nur vegetarisch«, wandte Emily ein.

Josef wühlte in der Tüte und zog einen reifen Gorgonzola daraus hervor. Kritisch beäugte Emily die von Schimmeladern durchzogene keilförmige Schnitte im Plastikpack, sagte aber lieber nichts dazu.

»Den magst du auch nicht, was?«, erriet Josef unschwer. »Ein Ei könnt ich dir kochen. Ist aber streng genommen nicht vegetarisch.«

»Eier ess' ich gern«, räumte Emily Josefs Zweifel aus.

Die Anwesenheit des Mädchens durchkreuzte Josefs Frühstücksroutine schmerzlich. Er opferte das Kaffeewasser dem Eierkochen und trank dafür mit Emily Milch aus demselben Becher, weil es keinen zweiten gab. Josef war nicht davon ausgegangen, auf seiner Reise Gäste zu bewirten.

»So. Und jetzt erzählst du mir mal, warum du ausgebüxt bist«, erinnerte sich Josef mit stillem Amüsement an Knuds Frage.

»Darum«, gab das Mädchen trotzig zurück und stocherte lustlos mit dem einen Löffel in seinem weichen Ei herum.

»Du kannst es natürlich gerne auch für dich behalten«, zuckte Josef mit gespielter Gleichgültigkeit die Achseln und ließ den Blick betont desinteressiert in die Ferne schweifen.

»Tu ich auch. Weil es dich nämlich gar nichts angeht!«, fauchte das Mädchen, während es die Beine anzog, sie mit den Armen umschlang und den Kopf zur Seite abgewandt auf die Knie legte.

»Vielleicht willst du mir ja sagen, wo du wohnst.«

»Nirgends«, gab Emily patzig zur Antwort.

»Aber wie lange du schon unterwegs bist, darf ich doch wissen, oder?«

Schweigen.

»Wenn du mir die Adresse deiner Eltern sagst, kann ich dich hinbringen.«

Schweigen.

»Oder die Telefonnummer. Dann können sie dich abholen.«

Schweigen.

»Tja, das beschleunigt die Sache. Dann kann ich dich nämlich gleich bei der Polizei abliefern …«

»*Polizei?*«, schreckte das Mädchen aus seiner verschlossenen Haltung hoch.

»So macht man das mit kleinen verstockten Ausreißerinnen«, bestätigte Josef trocken. »Man liefert sie bei der Polizei ab. Also denn: Bist du fertig mit Frühstücken?«

Mit einem Satz war das Mädchen auf den Beinen, griff sich das Fahrrad und rannte damit los. Noch bevor Emily aufsteigen konnte, hatte Josef sie eingeholt und hielt das Fahrrad an der Lenkstange fest.

»Loslassen! Lass sofort los. Das ist *mein* Fahrrad!«, stieß sie keuchend hervor und zerrte verzweifelt an der Lenkstange. Als das weitgehend ohne Effekt blieb, ballte sie eine Hand zur Faust und hämmerte damit auf Josefs Finger, mit denen Josef die Lenkstange umklammert hielt.

»*Lass … los! – Lass … los!*«, stieß das Mädchen im Rhythmus seiner Fausthiebe hervor.

Josef verkniff sich jede Schmerzensäußerung und hielt weiter fest.

»Das dürfen Sie nicht!«, kreischte Emily dann mit sich überschlagender Stimme. »Das ist Diebstahl! Das Fahrrad gehört *mir ... mir ... mir!*«, gingen die Fausthiebe weiter.

»Hör auf!«, befahl Josef lautstark. »Du tust mir weh!«

Er spürte, wie sich ihm die Nackenhaare aufstellten und der Zorn sich in seiner Bauchhöhle zusammenballte, die Wirbelsäule hinaufkletterte, im Engpass des Halses verdichtete und sich in zwei Silben Bahn brach: »*HÖR AUF!*«

Es war kein menschlicher Ruf, der sich da seiner Kehle entrang; es war das Brüllen eines wilden Tieres, zwar noch als Warnung gemeint, die ihren Vorschub aus ungebremster Gewaltbereitschaft bezog.

Wie vom Schlag gerührt hielt Emily inne. Augen und Mund aufgerissen, taumelte das Mädchen einige Schritte zurück, wo es in die Hocke ging und die Arme schützend vor den eingezogenen Kopf presste. Die Wut und Empörung des Mädchens schlugen um in Angst und Verzweiflung. Das zusammengekauerte Bündel war von Zuckungen geschüttelt, die das klägliche Wimmern modulierten, das der Kehle des Kindes entwich.

Josef war zutiefst erschüttert von dem sprichwörtlichen Bild heulenden Elends, das Emily ihm bot. Alles an der Erscheinung des Kindes brachte die Erwartung zum Ausdruck, geschlagen zu werden. Haltung und Stimme waren die eines Kindes, das es aufgegeben hatte, sich zu wehren. Und das auch nicht mehr zu fliehen versuchte. Dass eine Strafe noch dann erwartete, wenn es schon am Boden zerstört wäre.

Schweiß perlte über Josefs Stirn und fiel in Tropfen von der Nase. Seine Hand tat höllisch weh. Aber das spielte jetzt keine Rolle.

Nicht viel lauter, als dass Emily es hören konnte, begann er mit geradezu hypnotischer Stimme auf sie einzureden: »Ruhig. Ganz ruhig. Alles ist gut. Niemand tut dir was. Ruhig Emily, ruhig. Keiner will dir etwas Böses. Ruhig ...«

Er hielt das eine ganze Weile in gefühlt endloser Wieder-holungsschleife durch. Unmerklich löste sich der Krampf in Emilys Körperhaltung. Das Wimmern ging in Schluchzen über.

Josef wusste, dass nicht er es war, der mit seinem Schrei den Grund für die Reaktion des Mädchens gegeben hatte, sondern bestenfalls einen Anlass geliefert. Emily war nicht mehr in der gegebenen, sondern einer anderen, vergangenen Situation – einer, der Josef das Kind unmöglich überlassen konnte, aus der es zurückgeholt werden musste.

»Emily? ... Kannst du mich hören? ... Ja? ... Dann hör mir einfach zu, du brauchst gar nichts zu tun. ... Achte nur auf mei-ne Stimme. ... Achte auf deinen Atem. ... Spüre deinen Atem. ... Mit jedem Einatmen spürst du, wie das Vertrauen in dich einströmt und deine Lungen füllt. ... Mit jedem Ausatmen spürst du, dass die Angst dich loslässt. ... Atme die Angst aus.«

So hielt er es eine ganze Weile durch. Er hatte keine Ahnung, was er da tat. Er folgte seinem Instinkt, der die Worte wählte, bevor er sie sich hätte überlegen können.

»Du kannst ruhig weiterweinen. ... Alles ist erlaubt. ... Und der Atem trägt das Vertrauen in jede Zelle deines Körpers. ... Kannst du schon sprechen?«

Josef glaubte, die Andeutung eines Nickens in dem vibrie-renden Etwas erkannt zu haben.

»Du darfst alles sagen. Was immer dir jetzt gerade durch den Kopf geht: Du darfst es aussprechen. ... Es ist ganz leicht.«

»*Ichwillnichtzurühühück!*«

Emily hatte töricht gehandelt, so töricht! Wie ein kleines Kind hat sie sich verhalten und nicht wie eine Jugendliche. Von wegen ›Kindertraktor‹ – ›Hexenhäuschen‹! Ist in den Wagen geklettert, einfach so. Ohne Plan. Irgendwann würde sie entdeckt werden, logo. Das hat sie noch gewusst. Aber weitergedacht hatte sie nicht. An das, was dann käme. Wie es weitergehen sollte.

Mit jedem Satz hatte sie sich nur tiefer reingeritten. In die Auswegslosigkeit. Die sie nicht hatte sehen wollen. Auf die sie blind hereingefallen war. Dabei hätte sie damit rechnen können, dass es genau so kommen würde, wie es gekommen ist. Es war so absehbar. Und unausweichlich zugleich. Polizei – Heimgebrachtwerden – Mama tickt aus: alles absehbar. Folgerichtig. Was hatte sie stattdessen erwartet? Einfach mitgenommen zu werden? Und durchgefüttert, nachdem sie selbst nicht für sich sorgen konnte? Und jetzt ist sie auch noch ausgerastet und hat sich blamiert bis auf die Knochen! Hat herumgeschrien wie ein Baby! Wäre sie doch nur erwachsen!

Dabei hat sie noch Glück gehabt: Dieser alte Mann hätte auch gleich die Polizei anrufen können. Heimlich. Und bis dahin kam ihr kein Gedanke daran, dass die Polizei wahrscheinlich längst nach ihr suchte. Wie dumm konnte man sein …?

Es musste eine Lösung geben. Und es war Emilys Aufgabe, sie zu finden. Sonst war ihr Ausflug jetzt zu Ende. Nach zwei Tagen. Und alles würde wieder wie früher? Nein: schlimmer. Es *muss* eine Lösung geben.

Zaghaft öffnete Emily ihre Igelhaltung und lugte mit verheulten Augen über ihre Knie zu Josef.

»Ich will ins Heim«, sagte sie mit einer Stimme, die so fest klang, wie es eben ging. »Bring mich in ein Heim. Bitte. Ich will nicht mehr zu Mama zurück.«

Isabell war Warten nicht gewohnt. Immer gab es etwas zu tun, immer *konnte* man etwas tun. ›Es gibt keine Probleme – nur Arbeit‹ – diese Lebenseinstellung hatte sie von ihrem Vater übernommen. Seit sechs Tagen war sie in dem Paradox gefangen, ein Problem zu haben, das mit Arbeit nicht zu lösen war. Es gab nichts zu tun – dafür ein Problem.

Unentwegt kreisten ihre Gedanken um immer dieselbe Frage: Wie konnte Paps mir das antun? Warum hat er mich im Stich gelassen?

Freilich hatten sie seit der Auflösung des Zirkus' nicht mehr viel miteinander zu tun. Dafür gab es auch keine Lebensnot mehr. Eowin hatte für alles gesorgt, und er sorgte wirklich gut, das musste man ihm lassen. Es tat ihr leid, Eowin mit ihrer Bemerkung gekränkt zu haben, es wäre jetzt gar keiner mehr für sie da. Dabei hatte sie das doch ganz anders gemeint. Ein Ehemann war eben nicht dasselbe wie der Vater – gut so, sonst könnte man ihn ja auch nicht heiraten. Wo sie schon keine Mam mehr hatte und ein Einzelkind war, blieb ihr Paps als einziges Mitglied ihrer Stammfamilie. Solange er nur *da* war, war alles gut. Er brauchte gar nichts zu tun. Es genügte vollauf, dass es ihn gab. Im Schmerz hatte sie oft mit dem Gedanken gespielt, wie es ohne ihn weitergehen sollte. Klar: Im Grunde genommen würde sich nichts ändern. Die Vögel würden weiterzwitschern, die Sonne würde nicht aufhören auf- und unterzugehen, es würde bessere Tage geben und schlechtere, und doch wäre mit einem Mal alles nicht mehr so wie vorher.

Paps war eben der einzige Mensch, der sie seit siebenunddrei-ßig Jahren kannte – zumindest der Einzige, zu dem sie noch in Kontakt stand. Sie mochte Eowins Frau sein, aber auch darin blieb sie immer noch Paps Mädchen. ›Mein Mädchen‹ hatte er sie immer genannt, wenn er sie trösten wollte, als sie noch klein war. Paps war eben immer da gewesen für ›sein Mäd-chen‹. Und jetzt?

Streng genommen war er immer noch da, sie wusste nur nicht *wo*. Es war die Ungewissheit, die an ihr nagte. Eowin er-wies sich jetzt als große Stütze. Er wurde nicht müde, beruhi-gend auf Isabell einzureden. Alles würde gut, sie brauche sich keine Sorgen zu machen, gewiss ginge es Josef prächtig und wie seine beschwichtigenden Sätze alle lauteten. Sie unterstell-te ihm nicht, in Floskeln mit ihr zu reden; umso erstaunlicher, woher er diese Sicherheit nahm. Fast so, als wüsste er mehr. Aber das konnte ja nicht sein, denn er hatte keinerlei Vertrag mit Paps. Eowin wäre der Letzte gewesen, den Josef ins Ver-trauen gezogen hätte.

Wie es Eowin wohl ginge, wenn es sein eigener Vater wäre, der mit dem Traktor das Weite sucht? Dem Gestüt auf Knall und Fall den Rücken kehrt? Ob Eowin das mit derselben Ge-lassenheit hingenommen hätte? Oder ginge es ihm nicht an-ders als Isabell jetzt, und es wäre ihre Aufgabe, ihm gut zu-zureden? Ihm zu raten, nichts zu tun, weil man ja ohnehin nichts machen konnte? Zerrüttet, wie das Verhältnis zwischen Lüdershagen junior und senior nun einmal war, konnte Isabell sich auch vorstellen, dass er froh darüber wäre, den Alten für eine Weile los zu sein.

Wie dem auch war: Ganz gleichgültig konnte Eowin Isabells Paps nicht sein. Immerhin hatte Eowin ihn auf das Hofgut eingeladen, ihm auf Lebenszeit eine eigene Wohnung zur Ver-fügung gestellt, die sich sogar in einem separaten Haus befand, zahlte ihm ein großzügiges Taschengeld, das er per Dauerauftrag mit dem Buchungstext ›Rente/Gehalt‹ Josefs Konto anwies, damit es nicht den Anschein von einem Almosen hatte. Das mit den beiden Pferden war ein Fehler gewesen, gewiss, aber nachdem er sich persönlich mehrfach dafür entschuldigt hatte, lag es an Paps, ihm zu verzeihen. Man konnte einen Menschen nicht für einen einzigen Fehltritt auf immer und ewig verdammen; irgendwann musste man es auch gut sein lassen. Nicht so Josef: Für den war der Schwiegersohn seither erledigt, eine Unperson, und das ließ er Eowin bei jeder Begegnung spüren. Josef konnte einfach so was von verbohrt sein! Aber einerlei wie er war und was er dabei tat: Für Isabell blieb er immer noch – eben der Paps.

Selbst dann noch, wenn er auch ihr Kränkungen zugefügt hatte. Die ärgste davon war die Unterstellung, sie, Isabell, hätte Eowin nur geehelicht, um ihn, Paps, vor dem Bankrott zu retten. Die bloße Vermutung, sie habe den Millionenerben seines Vermögens halber um den Finger gewickelt, stellte eine unaussprechliche Herabsetzung dar, setzte sie mit einem promisken Flittchen auf dieselbe Stufe. Sie räumte ein, dass es eine Vernunftehe war. Und dass das Finanzielle einen gewissen Anreiz geboten hat, wenn auch nur im Hintergrund. Zugegeben: Nie war sie in derselben Leidenschaft für ihren Eowin entbrannt wie für jeden ihrer vorangegangenen Lover. Wie etwa für Pedro, den heißblütigen Spanier und Virtuosen am *Mastru Chino*, der Chinesischen Kletterstange. Unsterblich war sie – damals gerade mal um die Zwanzig – in den athletischen Akrobaten verliebt, und keinen hatte sie erlebt, der besser im Bett gewesen wäre als er. Er hielt es nur nicht so mit der Treue, die weibliche Hälfte des Zirkuspersonals war für ihn nur der Teich, an dem er sein *flirty fishing* üben konnte. Außer Trainieren an Teich und Stange bestand sein Leben aus

Saufen und Cannabis-Rauchen. Seiner Ansicht nach war nur ein richtiger Mann, wer möglichst viel davon vertrug. Und die anderen Jungs waren wenig besser. Zwischen Achtzehn und Vierundzwanzig hatte Isabell reichlich Gelegenheit gehabt, den bittersüßen Schmerz zu kosten, wie Leidenschaft Leiden schafft.

Mit Eowin hatte sie aufgehört, sich ihre Liebhaber selbst zu wählen. Sie hat sich von ihm wählen lassen; ihm hatte Isabell das Privileg zugestanden, sie zur Königin seines Herzens zu kiesen. Vielleicht hätte sie in ihm ja denjenigen gefunden, der die Entscheidung für sie im Herzen statt in der Hose trug.

Nie hat Eowin ihr dieses prickelnde Gefühl, dieses Elektrisiertsein vermitteln können, das die Haut ihres Halses und ihre Brüste mit einem *sex flush* überzogen hat, diesem rosigen Pelz in Lust explodierter Kapillargefäße. Doch seine Unbeholfenheit im Umgang mit Frauen hatte etwas unerhört Liebenswertes, ja, Berührendes. Seine Werbung war so was von altmodisch, dass Isabell ihm tüchtig auf die Sprünge helfen musste, da es ansonsten vielleicht Jahre gebraucht hätte, bis es zum ersten scheuen Kuss gekommen wäre, und erst recht zur Verehelichung.

Eowin hat eine andere aus Isabell gemacht. Mit seinem Eintritt in ihr Leben war die Zeit der *One-night-Stands* und *Quickies* im nachts verwaisten Caféwagen vorbei – schade eigentlich, es war die beste Droge, die sie je gekostet hat in ihrem Leben. Und abgesehen davon die Einzige noch dazu. Jedes Mal aufs Neue gab es ihr diesen Kick, ohne den auszukommen sie sich damals gar nicht mehr hatte vorstellen können. Natürlich war sie auch mit Eowin orgasmusfähig, das schon; aber diesen *Flash*, der ihren Körper in schierer ungebremster Ekstase bis zur Bewusstlosigkeit übernahm und hinriss, den hatte sie nicht mehr erlebt.

Dafür auch nicht mehr das Danach. Den Entzug. Den Kater, wenn alles vorüber war. Der ein schales Gefühl im Bauch zurückließ und die Sorge, ob es das jetzt war und wahrhaftig gewesen sein sollte. Wenn der Platz im Bett neben ihr beim Erwachen schon kalt und leer war, wo sie gerne noch ein wenig gekuschelt hätte. Warme Haut gespürt und zarte Hände. Stattdessen fühlte sie sich jedes Mal ›danach‹ angefüllt mit Leere; das umso deutlicher, je orgiastischer der Exzess mann-weiblicher Vereinigung gefeiert worden war. Dann auch noch dieser bis zum Waschzwang reichende Drang zu duschen. Aber es ließ sich nicht einfach abwaschen, was da an ihr hängen blieb, an ihr klebte und ihr Ekelgefühle bis zur Übelkeit machen konnte. Es hatte nichts mit Sünde oder Moral zu tun, beileibe nicht, dafür wusste sie zu viel und glaubte zu wenig! Es hatte umso mehr zu tun mit Einsamkeit und Trauer. Einem Erwachen zu einer Welt, in der es vor lauter Sex keine Liebe mehr gab, vor lauter Körper keine Seele.

Die neue, Eowins Isabell war von all dem geheilt. Sie war zu einer soliden, verlässlichen Partnerin gereift – ideal für Kinder. Leider war es Eowin nicht vergönnt, welche zustande zu bringen – nicht wegen mangelnder Erregbarkeit, das gewiss nicht, denn für ihn war Isabell ein Aphrodisiakum in hoher Dosierung. Sein Samen war einfach nicht fruchtbar. Dafür hat er etwas ganz anderes zuwege gebracht. Er hat aus der Zirkusreiterin Isabell eine Meisterin des Tantra gemacht, eine Anleiterin sexueller wiewohl heiliger Praktik. Es war ihr vergönnt, Eowin in die Kunst der Liebe in ihrer höchsten Vollendung und Verfeinerung einzuweihen. Er war so zart, so zurückhaltend und behutsam, dass er gerade damit die besten Voraussetzungen für eine erfolgreiche Lehre mitbrachte. Das Einzige, was der Weg des Liebens ihn gekostet hat, ist seine Ängstlichkeit. Isabell hat Eowin zum Mann gemacht.

Und womöglich auch zum Gönner. Nach der Abwicklung des Zirkus' fehlte es Isabell an einer Aufgabe, die sie ausfüllte.

Die unselige Untersuchung war es dann, die seinem gerade errungenen Selbstwertgefühl einen Knacks gegeben hat. Und seiner Genussfähigkeit auch. Die Diagnose hat er mit vermehrter Nahrungsaufnahme kompensiert. Eowin war nie ein schlanker Mensch gewesen. Aber in den elf Jahren nach der Diagnose hatte er noch mal das Doppelte an Übergewicht zugelegt. Das vernichtende Urteil seines Vaters tat ein Übriges dazu, um Eowins Selbstbild zu deckeln. Der machte keinen Hehl daraus, dass er seinen Sohn für einen ausgemachten Versager hielt. Nachdem Eowin zu allem Unglück ein Einzelkind war, wie Isabell auch, würde mit ihm das Geschlecht derer von Lüdershagen – ›der Name allein ein Monolith!‹ hatte sein Vater Gero einmal bei einer Abendgesellschaft verkündet – aussterben. ›Lass diese Zigeunerin auch gleich untersuchen, womöglich liegt es ja an *ihr*‹, waren Empfehlung und Trost eines Gero von Lüdershagen an seinen gebrochenen Sohn.

Das, was Eowins Vater da abgegeben hatte, machte sich Isabell nicht wirklich zum Problem. Sie hatte durchaus eigene, auch wenn sie sich die möglichst nicht anmerken ließ. Das Ende ihrer Zirkuskarriere war eines davon. Von einem Tag auf den anderen fühlte sie sich ausrangiert, aufs Abstellgleis geschoben. Ihre hochqualifizierten Fähigkeiten als Kunstreiterin schienen nirgendwo außerhalb des Zirkus' gefragt. Eowin hätte es vollauf genügt, wenn Isabell sich auf ihre repräsentative Rolle als Vorzeigegattin beschränkt hätte. Doch er merkte bald, dass Isabell darin keine Erfüllung hätte finden können. Also machte er seiner Frau den Vorschlag, Reitunterricht zu geben, und Isabell gründete eine eigene Reitschule. Ein bis zwei Jahre trug das recht gut, doch dann wurde der ehemaligen Zirkusreiterin auch das zu eintönig. Springreiten kam für sie nicht infrage, weil sie das für einen nicht tiergemäßen Sport hielt, nicht anders Dressurreiten, das ihr überdies zu affig dünkte. Wenigstens machte Eowin ihr keinerlei Druck, was ihr Zeit für eine Selbstrückbesinnung auf ihr inneres Wesen und die Suche nach einer neuen beruflichen Herausforderung gab. Therapeutisches Reiten kristallisierte sich als Möglichkeit heraus, ihre Arbeit mit Mensch und Tier zu intensivieren. Sie absolvierte eine Ausbildung zur Therapeutin, bot Kurse und Reiterferien für Kinder und Jugendliche mit Handicaps in ihrem eigenen, wiewohl dem Lüdershagener Gestüt angegliederten Zentrum an und erweiterte ihre Kompetenzen durch eine Qualifikation zum Reitcoach, woraufhin sie Kurse in *Horsemanship* für Führungskräfte übernahm. Ihr Erfolg basierte auf der Vermittlung eines guten Verhältnisses zwischen Mensch und Tier, erst dann kam das Reiten – zunächst konventionell, hernach ohne Zaumzeug, dass der Reiter das Pferd nur noch mit Druck der Oberschenkel lenkte, im fortgeschrittenen Stadium sich auf eine leichten Schulterdrehung beschränkte, bis der Reiter auch die nicht mehr brauchte und das Pferd bereits darauf reagierte, in welche Richtung der Reiter seinen Blick lenkte. Was sie selbst anging, brauchte sie die Richtung nur zu *denken*, um Lucky Loser zu dirigieren.

Immer ging es Isabell darum, Grenzen zu überschreiten, etwas für unmöglich Gehaltenes in die Wirklichkeit zu heben, wie bei jenem vierzehnjährigen Mädchen mit Trisomie, dem sie beigebracht hatte, freihändig auf dem Rücken eines Pferdes zu stehen, das sich in schnellem Schritt befand. Leider kamen im unrechten Moment die Eltern hinzu, die mit ihrem panischen Gewese und dem Schrei der Mutter: ›Mach dich sofort da runter, das kannst du nicht!‹ die erste Runde auf der Koppel und ohne Longe beendeten. Der mütterlichen Erwartung gehorchend stürzte das Mädchen vom Pferderücken in den Rindenmulch. Bis auf eine leichte Verstauchung war der Jugendlichen nichts geschehen, doch Isabells Experimente im Voltigieren mit den Kindern hatten damit ein jähes Ende gefunden. Selbst Eowin konnte sich des Vorwurfs nicht enthalten, dass er ›Kunststückchen mit Behinderten‹ für überspannt und leichtsinnig hielt.

Was Isabell an dieser Erfahrung am meisten enttäuschte, war der Umstand, dass Menschen mit Beeinträchtigungen von der Gesellschaft – Angehörige und Betreuer inbegriffen – stets von der Mangelseite betrachtet und darauf festgeschrieben wurden. Isabells Arbeit fand so lange Anerkennung, wie ihren Klienten ›nichts passierte‹. Das galt für Unfälle gleichermaßen wie für Erfolgserlebnisse. Der rebellische Geist, der Isabell mit ihrem Vater verband, wollte nicht zulassen, an der Perpetuierung von Stigmatisierungen mitzuwirken, indem ihre jungen Klienten auf die Rolle von Bedürftigen festgeschrieben wurden. Sie musste schmerzlich erfahren, dass die Behinderung sogenannter Behinderter häufig genug von außen kam, indem man sich weigerte, jene spezifischen Anlagen und Fähigkeiten zu fördern, die als lichte Schatten mit dem einhergingen, was neuerdings politisch korrekt als ›Beeinträchtigung‹ zu bezeichnen war. Isabell machte diese kollektive Marotte von Schönsprech aggressiv, wo es in der Sprache weder Mohrenköpfe noch Negerküsse mehr geben durfte, während in den Gehirnen die alten Vorurteile weiter eiterten.

Hier boten Isabell auch die *Horsemanship*kurse keinen wirklichen Trost, mit denen sie die Erfolgreichen noch ein wenig erfolgreicher machte.

»Konzentriere dich auf die Personen, mit denen du arbeitest«, hatte Eowin ihr damals zugeraten, »das sind alles Menschen, der eine wie der andere. Und lass die Politik aus dem Spiel; die hat noch nie zu einer Lösung geführt.«

So pauschal das auch klang, war es Isabell eine Hilfe, wieder Tritt zu fassen und ihre Sinnkrise zu überwinden.

Das Leben war nicht gerecht zu Eowin, befand Isabell. Denn ihr war es nicht gelungen, ihrem Mann zu helfen, den Schatten der Impotenz von ihm zu nehmen. Sie hatte versagt. Nun strafte das Leben Isabell für ihre Unfähigkeit mit einem lustlosen, langweiligen Eowin. Die Zahl der Jahre, die eine Paarbeziehung überdauert, ist bereits ein Erstickungsmittel für die erotische Glut. Mittlerweile war Isabell mit siebenunddreißig Lebensjahren und ihrer Geschichte als Prinzessin des Circus Copernicus noch immer der Inbegriff von Attraktivität. Nur für sie selber nicht.

»Paps«, flüsterte sie zärtlich einer Fotografie Josefs zu, die sie in der Hand hielt. »Bitte verlass mich nicht.«

Eine einsame Träne löste sich aus ihrem Augenwinkel, nahm ihren Weg über die Wange und tropfte schließlich auf das Bild.

Emily saß auf der Bordkante des Hexenhäuschens und wischte mit ernster Miene auf dem Display ihres iPhones herum.

»Da gibt es ein Kinder- und Jugendheim mit einer Soforthilfe, nicht weit von hier«, murmelte sie als Ergebnis ihrer Internetrecherche vor sich hin. »Sie geben auch die Nummer eines Nottelefons für akute Fälle an – und hier sind die Bewertungen. Alle sehr gut. Ich glaube nicht, dass die einen wegschicken.«

»*Bewertungen!*«, maulte Josef, der dem Wort einen möglichst abfälligen Tonfall beilegte. »Das ist doch alles Quatsch! Es gibt kein besseres oder schlechteres Heim. Alles ist besser als ein Leben im Heim.«

Er hatte deutlich vor Augen, wovon er sprach. Seine letzte spielfreie Zeit vor der Abwicklung hatte der Circus Copernicus in einem Winterzirkus zugebracht. Das war auch nichts anderes als ein Heim für gestrandete Künstler aus dem Schaustellergewerbe.

»Willst du mal denen ihr Leitbild hören?«, warb Emily für ihren Plan. »Also, die sagen Folgendes: ›Unsere Einrichtung …‹«

»Lies es für dich, wenn's dich interessiert«, unterbrach Josef barsch, »aber verschone mich damit. Das sind alles Lippenbekenntnisse. Du hast noch nicht die Erfahrung, um das zu beurteilen, hast einfach gar keine Ahnung. Ich kenne solche Sprüche zur Genüge: ›… fördern und fordern wir unsere Zöglinge in familiärer Atmosphäre nach deren individuellen Fähigkeiten und Bedürfnissen‹ und all so Zeug. ›Werbung‹ nennt man das, ›Reklame‹, verstanden? Heim bleibt Heim, und jedes Heim ist nichts anderes als Knast. Bist du scharf darauf ins Gefängnis zu gehen? Da hättest du's bei Mama und Papa besser, das sag ich dir!«

»Du hast ja so was von keine Ahnung«, sagte Emily vorwurfsvoll und sah vom Display auf. »Erstens hab ich keinen Papa. Und zweitens kann sich meine Mama nicht richtig um mich kümmern.«

»Und warum nicht?«, bestand Josef auf einer Konkretion.

Emily machte wieder diese ernste Miene und dachte nach, bevor sie antwortete: »Mama ist nämlich krank. Sie trinkt zu viel Alkohol. Das *ist* eine Krankheit!«

»Das habe ich auch gar nicht bestritten«, meinte Josef mit großen Augen. »Ich möchte nur von dir erfahren, warum ich dich nicht doch besser bei deiner Mutter abliefern soll statt in irgendeinem Heim.«

»Weil sie uns zum Beispiel vielleicht gar nicht aufmacht, wenn wir klingeln«, fürchtete Emily.

»Du wirst ja wohl einen eigenen Schlüssel haben«, wandte Josef ein.

»Den hab ich im Klo runtergespült«, sagte das Mädchen trotzig. »Als symbolischen Akt oder so, dass ich nicht wiederkomme«, fügte es altklug an.

Josef schüttelte verständnislos den Kopf: »Deine Mama wird ja wohl ihre eigene Tochter in die Wohnung lassen ...«

»Einmal bin ich auch mit Schlüssel nicht reingekommen. Da hat sie nämlich hinter der Tür gelegen. Innen, in der Wohnung. Ohne was an. Ich bin dann zum Hausmeister in der Wohnung drunter, der hat mir geholfen, sie wegzuschieben. Als er gesehen hat, dass sie nichts anhat, ist er schnell wieder weg und hat nur ›Alte Schlampe, lässt sich noch totvögeln eines Tages‹ und so was vor sich hin geschimpft. Der hat mir nicht mal dabei geholfen, sie auf's Sofa zu legen. Das hab ich allein nicht geschafft und sie auf dem Teppich liegen lassen und hab sie mit einer Decke zugedeckt. Dann hab ich Angst gekriegt, sie ist vielleicht schon tot und an ihr rumgeschüttelt und so. ›Sag doch was, Mama‹, hab ich gesagt. Und da ist sie wieder wach geworden und hat gesagt, ich soll sie in Ruh lassen. Sie hatte nur wieder mal zu viel getrunken, na ja, da war ich eigentlich ganz froh. Einmal hab ich sie gesucht, als sie nachts nicht heimgekommen ist. Ich bin in die Kneipe, wo sie immer hin ist. Ich kenn den Hintereingang und bin einfach rein, weil vorne schon zu war. Da hab ich sie gesehen, wie sie auf einem Tisch stand und sich so komisch geräkelt hat, nur in Unterwäsche und so. Drum herum hockten lauter Männer und haben gegrölt. Einer ist dann zum Tisch und hat ihr den BH ausgezogen und sich dann damit an der Hose gerieben. ›Was macht die Kleine hier‹, hat einer gerufen, ›schick doch die Kleine heim, verdammt!‹ Ich bin aber nicht abgehau'n, sondern bin zum

Tisch und hab Mama gesagt, dass ich nicht will, dass sie so was macht. Und dass sie mit heimkommen soll. ›Das kapierst du nicht‹, hat sie dann gesagt, ›aber so ist das wahre Leben. Das lernst du schon auch noch‹. Dabei ist sie ganz nah zu mir runter, und es hat ganz stark nach Alkohol gerochen. Das ist alles nur gewesen, weil sie krank ist. ›Und jetzt sei ein braves Mädchen und hau einfach ab nach Hause, klar?‹, hat sie gesagt. Ich bin aber nicht gegangen und hab gesagt: ›Ich will, dass du damit aufhörst. Das ist nicht richtig, was du da machst.‹ Dann hat Mama gesagt: ›Hau jetzt ab, oder ich gerbe dir das Fell – hier vor allen. Willst du das?‹ Da ist einer von den Männern aufgestanden, hat Mama eine Flasche Bier in die Hand gedrückt und gesagt: ›Lass mich mal machen. Ich kann besser als du mit solchen Kröten umgehen‹. Dann hat er mich am Kragen gepackt und ins Nebenzimmer geschmissen. Dann hat er den Schlüssel rumgedreht und ich hab gegen die Tür gebollert und geschrien und dann ist er noch mal gekommen und hat mich an den Haaren gezogen und hat gesagt, ich soll das Maul halten, sonst steckt er mir was rein und dann hat er mich losgelassen und ich hab mich in die Ecke gehockt und mir die Ohren zugehalten und bin dann irgendwann eingeschlafen. Am nächsten Mittag hat mich die Wirtin gefunden und mir 'ne Ohrfeige verpasst, was mir aber egal war, und sie hat gebrüllt, was ich hier zu suchen hätte, ich sollte lieber abhau'n und zwar gleich und dann bin ich heim, aber Mama war nicht da. So jetzt weißt du, warum ich nicht heim will!«

Trotzig stieß Emily den letzten Satz hervor und umklammerte sich selbst, als säßen sie und Josef hier im dicksten Winter und nicht bei hochsommerlichen Temperaturen in der Sonne.

Josef sah, wie die Lippen des Mädchens bebten.

»Was glotzt du so! Hab doch gesagt: Mama ist *kra–hank!*«, blaffte das Mädchen giftig.

»Hast du geweint?«, fragte Josef mit leiser Stimme.

»*Jaaa–haaa!* – aber nur, weil ich's nicht witzig fand!«, fauchte sie Josef mit weit aufgerissenem Mund an. »Ich hab geflennt!«, fügte sie im selben Tonfall an, und setzte noch hinzu: »Was dagegen?«

Das Mädchen saß jetzt in derselben Stellung da wie vorhin, die Knie angezogen, den Kopf zur Seite gedreht. Nur für ihre hervorsprudelnden Wortsalven in Josefs Richtung war sie jeweils kurz aus der Deckung gekommen.

Josef schauderte. Vor allem vor dem, was das Mädchen *nicht* berichtet hat. Aber trotzdem vorgefallen sein konnte.

»Die Männer«, setzte er so vorsichtig wie möglich an, »die in der Kneipe mein' ich, von denen hat dich nicht etwa irgendeiner … äh … belästigt oder so? Du weißt schon, was ich meine …«

»Nö«, grummelte Emily.

»Meinst du damit jetzt, dass du's nicht *weißt* oder …«, versiegten Josefs Worte im Bermuda-Dreieck des Unaussprechlichen.

»Ich weiß, was du meinst! Bin ja nicht blöd! Mama hat ja auch manchmal Männer mit nach Hause gebracht. Die haben sie mit Alkohol bestochen, ich weiß das! Weil sie abhängig ist! Da kann *sie* ja nichts dafür. Und was sie nachher gemacht haben, das hab ich auch mitgekriegt. Obwohl Mama mich immer in mein Zimmer geschickt hat!«, blaffte Emily in belehrendem Ton, als würde sie mit einem Null-Checker reden.

»Also schön: Ich werde die Idee, dich bei deiner Mama abzuliefern, vorerst zurückstellen, okay?«, erkannte er an, dass es für die Ausreißerin *no way back* gab, und das nicht nur ›vorerst‹. »Ein Heim ist vielleicht doch die bessere Lösung.«

»Und was sag ich die ganze Zeit?«, gab Emily zu erkennen, dass Erwachsene meist schwer von Begriff waren.

»Wir werden aber die Dunkelheit abwarten, bevor ich dich da abliefer'«, schränkte Josef ein. »Nachts können sie dich nicht wegschicken. Da kann ich mir in der Zwischenzeit eine Karte besorgen, dass wir überhaupt hinfinden.«

»*Hie–ier!*«, hielt Emily ihr iPhone hoch und verdrehte dabei genervt die Augen. »Da ist 'ne Navi-App drauf!«

Josef war wirklich noch schwerer von Begriff als die meisten anderen Erwachsenen.

»Du«, flötete Emily nach einer Pause in jenem typischen Singsang, den Kinder anstimmen, wenn sie einen Wunsch vortragen, von dem sie befürchten müssen, dass seine Erfüllung verwehrt wird. »Warum kann ich nicht einfach mit dir mitfahr'n?«

Es wirkte sehr unbeholfen, wie sie die Mundwinkel hochzog und den Kopf leicht schieflegte, um ein möglichst gewinnendes Gesicht zu machen. Als sie Josefs Miene sah, ließ sie die Mundwinkel auch gleich wieder sinken. Emily nahm sich ihr Lächeln sowieso nicht ab.

»War ja nur 'ne Frage!«

»Die Sache ist nämlich die«, rief Josef über die Schulter hinweg dem Mädchen auf dem Sozius hinter ihm zu, »dass deine Mutter, auch wenn sie sich vielleicht nicht richtig um dich kümmern kann, die Polizei verständigt und dich als vermisst gemeldet hat. Wenn wir zusammen erwischt werden, dann kommt jeder von uns dahin, wo er am wenigsten hinmöchte. Deshalb ist das mit dem Heim einfach die klügere Idee. Und die kam außerdem von dir.«

Damit fuhren sie in die Allee mit Platanen ein, an der sich der Haupteingang zu einem schlossähnlichen Anwesen befand, vor dem Josef das Gespann zum Stehen brachte. An einem gemauerten Pfeiler des schmiedeeisernen Tores bestätigte das Schild mit der Aufschrift ›Kalmushof‹ sowie ein Klingelknopf mit dem Hinweis ›Nachtglocke‹, dass sie richtig waren. Es war eine christliche Einrichtung.

Immer noch besser Kirche als Staat, dachte Josef und verwarf den Gedanken sogleich wieder mit einem ungesagten: ›oder schlimmer‹.

Während Emily ostentativ trödelte, beeilte sich Josef, die Plane aufzureißen und Emilys Fahrrad aus dem Wagen zu heben. Vor dem Tor drückte er es dem Mädchen mit dem Lenker in die Hand.

»Also noch mal: Kein Wort von mir! Du bist selber mit dem Rad hierhergekommen. Klar?«, schärfte Josef dem Mädchen ein letztes Mal ein. »Und jetzt ist es wohl so weit, dass wir uns Tschüß sagen. Also: …« Damit hielt er Emily seine Hand hin.

Ohne Zögern griff Emily danach und drückte sie mutig. Josef hatte wenigstens den Eindruck von Mut.

»Mach's gut. Viel Glück. Pass auf dich auf.«

Das Mädchen nickte matt: »Du auch.«

Er hatte sich vorgenommen, den Abschied kurz und schmerzlos zu machen, bevor irgendwelche Sentimentalitäten ihn würden anwandeln können. Und so hielt er es auch. Er schwang sich auf den Sitz und schob den Gashebel vor, nachdem er den Motor gar nicht erst ausgemacht hatte.

Mit einem unsanften Ruck setzte sich der Traktor in Bewegung. Emily sah Josef die eine Hand wie zum Abschied heben, aber er blickte dabei nicht einmal zu ihr hin. Wie sich der Traktor durch die Allee entfernte sah das Mädchen

J---o---s---e---f, dann Baum, dann wieder J-o-s-e-f
und B a u m, Jos-, B--ä--u--m--e. Damit war Josef verschwunden.

An der nächsten Ecke drehte sich Josef beim Einbiegen in
die Querstraße, wo ein breites Trottoir den Blick entlang der
Alleebäume auf den Eingang vor dem Heim für einen Sekundenbruchteil freigab, doch noch seitlich zu dem Mädchen. Es
stand noch an derselben Stelle, nur Josef zugewandt, im trüben Schein der Torlaterne und warf einen langen Schatten
auf das Pflaster des Fußwegs. Ein Mädchen und sein Fahrrad. Symbol für die gewonnene und soeben zerronnene Freiheit. Und Josef war es, der das Mädchen in den Kinderknast
brachte.

Dann verschwand das Bild des traurigen Mädchens mit dem
Fahrrad hinter einer Häuserecke.

Fünfzig Meter weiter ließ Josef einen langgezogenen Schrei
fahren. Er galt ihm als geeigneter Ausdruck seiner gesteiger-
ten Unzufriedenheit mit der Gesamtsituation. Als das nicht
genügte, schlug er mit der Hand auf das Lenkrad ein, dass es
ihm selbst wehtat. Als das immer noch nicht genügte, fing er
an ›Scheiße‹ zu brüllen. Er kurbelte an dem Lenkradknauf
und zwang Rudi Holder in einer Spitzkehre auf die andere
Fahrbahnseite, dass die Stollenreifen mit ärgerlichem Rütteln
über den Asphalt radierten. Der Einachshänger folgte gewagt
hüpfend, da ihm der Knicklenker bei Volleinschlag praktisch
gar keinen Wendekreis gab; es war eher ein Drehen auf dem
Teller.

Weiterhin ›Scheiße!‹ vor sich hin brüllend, wendete Josef
das Gefährt mit einer zweiten Spitzkehre vor der Pforte mit
der noch immer unbewegten Emily, wo er es per Vollbrem-
sung mit hoppelnden Reifen zum Stehen brachte.

»Mach schon! Scheiße auch!«, sprang Josef vom Sitz und entriss Emily das Fahrrad, um es durch die Öffnung der Plane ins Innere des Wagens zu schleudern, dass es krachte.

»Worauf wartest du denn, verdammte Scheiße! Setz dich Scheiße noch mal auf den verdammten Scheiß Sitz!«

Er ließ den Motor aufröhren, dass der Auspuff Funken spuckte. Eine Wolke blauen Dieselqualms machte das trübe Licht der Laterne noch ein wenig trüber, als Josef mit einem langgezogenen ›Schschaaaaaiiiiißßßßßßeeeee!‹ um die Kurve bog.

»Kannst du auch 'n andres Wort?«, brüllte Emily in einer der seltenen Pausen zum Luftholen durch das Motorgeratter. »Außerdem sagt man nicht ›Scheiße!‹«

»Und als Kind reglementiert man gefälligst keinen Erwachsenen, du Klugscheißerin!«

Dann war Sendepause. Aber nur äußerlich. Im Inneren von Josef tobte das Plädoyer der Selbstanklage. Er zieh sich fortgeschrittener Unfähigkeit, sich selbst eines auch nur kleinen Quälgeistes zu entledigen. Gerade war er noch so glücklich und zufrieden gewesen, und dann *das!* So leicht war es also, ihn aus der Spur zu werfen: Man musste sich nur in seinen Wagen hocken, ihm ein Brötchen klauen und vorbei war's mit der Freiheit.

»Emily ...«, warf Josef seiner Mitreisenden über die Schulter zu. »... ich möchte, dass du das weißt: Ich opfere gerade meine Freiheit dafür, dass du nicht in den Knast kommst! Mach dir das bitte in voller Gänze klar! Kanalratte!«

»Es war abgemacht, dass du nicht mehr ›Ratte‹ zu mir sagst!«, beschwerte sich Emily.

»Unter der Bedingung, dass du nicht mehr klaust«, erinnerte Josef. »Und du klaust mir gerade meine Freiheit!«

»Gar nicht wahr!«, wehrte sich Emily. »Wo fahr'n wir überhaupt hin?«

»Was?«

Josef drosselte die Maschine, um Emily besser zu verstehen.

»Wo wir hinfahren will ich wissen!«

»Brüll nicht so!«

»Du brüllst ja auch! Und wohin jetzt also?«

»Irgendwohin!«

»Das trifft sich gut! Da will ich auch gerade hin!«

»Red keinen Mist! Man kann nicht ›auch irgendwohin‹ wollen!«

»Kann man doch!«

»Kann man nicht! Das ist genauso hirnrissig, als würde man sagen: ›Da war ich schon!‹ ›Irgendwohin‹ steht für die Vermeidung einer konkreten Ortsbestimmung, und einer Bestimmung, die gar keine ist, kann man nicht zustimmen noch sie ablehnen! *Non sequitur* – nicht folgerichtig! Kapiert?«

»Dann fahr halt anderswohin!«

Als Antwort riss Josef den Gashebel wieder nach oben. Er ertappte sich dabei, wie ihm Emilys letzter Satz ein Lächeln in die Mundwinkel legte.

»Mal ehrlich: wohin jetzt?«

»Nach Toulouse!«, rief Josef gegen den Fahrtwind in die Nacht, obschon die Adressatin der Auskunft hinter ihm saß. Darin fand seine Weigerung den trotzigen Ausdruck, sich mehr als nötig für seine Begleitung zu verbiegen.

»Wohin?«

»*TOULOUSE!* In *FRANKREICH! France! Compris?*«

»Weiß ich!«

»Woher willst du gewusst haben, dass wir nach Toulouse fahren?«

»Dass das in Frankreich ist, weiß ich!«

»Klugscheißerin!«

»Und warum?«

»Weil du klugscheißt – deshalb!«

»Mein ich nicht! Warum Toulouse?«

»Wegen dem Witz!«

»Was für'n Witz?«

Gashebel runter.

»Steht ein Engländer in Frankreich vor dem Fahrkartenschalter und will für seine Frau und sich zwei Tickets nach Toulouse kaufen! Sagt er: ›*Two to Toulouse, please!*‹ Das ist Englisch und heißt …«

»Ich weiß, was das heißt! Ich hab Englisch in der Schule!«

»Klugscheißerin! Der Schalterbeamte versteht aber kein Englisch, weil der nicht auf deiner verdammten Scheiß Schule war! Sagt der Engländer noch mal: ›*Two to Toulouse!*‹ Der Schalterbeamte versteht immer noch nichts! Also sagt der Engländer zum dritten Mal: ›*Two to Toulouse!!!*‹ Worauf der Schalterbeamte genervt zurückgibt: ›*Täää–tä–terääääää!*‹«

Schweigen auf der Hinterbank.

»Und weiter?«

»Nichts weiter! Das *war* der Witz!«

»Ist nicht witzig!«

»Kann ich auch nicht ändern, wenn du's nicht kapiert hast! Lern halt Englisch!«

»Da gibt's nichts zu kapier'n! Ist einfach nicht witzig!«

»Ist mir scheißegal, wir fahr'n trotzdem nach Toulouse!«

Und Gashebel hoch.

Emily war der erste Mensch, dem Josef das Ziel seiner Reise offenbart hatte: Toulouse. Es hätte genauso gut jede andere Stadt sein können. Aber der Klang des Namens gefiel ihm. Außerdem war er noch nie in Toulouse gewesen. Zu dem führte der Weg dorthin nach Süden, in die Wärme. Er mochte es nicht, das matschige deutsche Herbst- und Winterwetter, und wollte unter anderem auch dem mit seiner Reise entkommen – und zwar frühzeitig genug, solange es sich auch in Deutschland noch angenehm auf einem Traktor ohne Fahrerkabine reisen ließ. Bei der endgültigen Festlegung kam ihm dann dieser Witz wieder zu Gedächtnis, der nach Ansicht seiner Mitfahrerin keiner war. Einer der Zirkusleute hatte ihn aus dem Fernsehen von Peter Frankenfeld aufgeschnappt und nacherzählt. Das war vor vielen Jahren in großer Runde nach einer Vorstellung, und alle hatten sich gekugelt vor Lachen. Es war in dieser Stimmung, wo alle noch vom Rauschen des Applaus' euphorisiert waren und gleichzeitig erschöpft, dass es nur den kleinsten Anlass brauchte, sich schiefzulachen.

Josef vermisste sie schon lange, diese großen Runden. Das Zirkusleben. Die vielen Menschen. Wie in einem Taubenschlag war es zugegangen in seinem Wagen. Mit der Aufgabe des Zirkus' war es damit vorbei, von einem Tag auf den anderen. Der Einzug in sein Haus auf dem Gestüt hatte ihn vom geselligen Menschen zum Einsiedler werden lassen. Unfreiwillig. Neue Kontakte hat er seither nicht gewonnen. Er gehörte zur Familie des Arbeitgebers, die anderen waren Angestellte und nur während der Arbeitszeit präsent. Und da legte keiner Wert darauf, sich durch das Gerede eines schrulligen Alten von der Erfüllung seiner Pflichten ablenken zu lassen. Auf dem Hof selbst gab es keine Geselligkeit, keine Gemeinschaftlichkeit. Und wenn, dann war Josef auf jeden Fall davon ausgeschlossen.

Der Mensch gewöhnt sich bekanntlich an alles. Nur an die Einsamkeit konnte man sich nicht gewöhnen. Mit seiner Abfahrt hatte Josef aus der Not eine Tugend gemacht und dabei

Knud kennengelernt. Und die kleine Emily. Das waren immerhin zwei Menschen mehr als in den dreizehn Jahren zuvor. Und doch genau eine Bekanntschaft zu viel …

Mit der Ausreißerin im Schlepptau war Josef kein freier Mensch mehr. Er trug nicht mehr nur die Verantwortung für sich selbst, sondern nun auch für ein Kind. Es war ihm zugelaufen wie ein herrenloser Hund, der jedem blindlings Treue schwor, wenn er sich nur seiner annahm. Und ihm einen Futternapf hinstellte.

Es war eine Affekthandlung gewesen, das Mädchen zuletzt doch noch mitzunehmen. Das war schlecht: Im Affekt handelte man überstürzt und kopflos. Irrational. Wider jedes besseren Wissens. In seinem Kopf spukte der Gedanke, wie er das Mädchen am schnellsten würde loswerden können. Die eleganteste Lösung, die ihm hierzu kam, wäre gewesen, so lange weiterzufahren, bis sie von einer Streife angehalten würden, die das Mädchen aufgriff, das mit Gewissheit auf allen Fahndungslisten stand. Er hätte ja keine Schuld: Er war nicht die Mutter, deren Aufgabe es gewesen wäre, dem Mädchen ein kindgerechtes Zuhause zu bieten, er hatte die Ausreißerin auch nicht eingeladen, ihn zu begleiten, genauso wenig konnte er etwas dafür, wenn die Polizei es wieder einfing. Mit all dem hatte er schlicht nichts zu tun, weshalb es ihm auch egal sein konnte. Es war nicht *sein* Film.

Doch das nahm er sich nicht ab. Vielmehr: Sein Gewissen ließ es nicht zu. Diese Lösung, die keine war, hätte es ihm lediglich erspart, dem Mädchen in die Augen sehen zu müssen, wie es im Heim oder bei seiner Mutter abgeliefert würde. Ihn hätten sie weiterfahren lassen müssen. Er hätte damit alles dem Lauf der Dinge überlassen und letzten Endes nichts Schlimmes getan. Aber auch Nicht-Handeln zeitigte Konsequenzen und war kein Weg, sich vor der Verantwortung zu drücken. Nicht anders, wie man durch eine unterlassene Hilfeleistung Schuld auf sich laden konnte.

Er hatte sie gehörig satt: die Schuld, den Zirkus in den Graben gesetzt zu haben; seine letzten Pferde diesem Schlächter von Eowin überlassen zu haben; gleichwohl seine Tochter. Und sich selbst. Was das Letzte betraf, hatte er richtig gehandelt mit seiner Abreise. Das andere war nicht mehr gutzumachen. Bislang war er ganz gut darin gewesen, seiner Schuld davonzufahren. Jetzt drohte sie ihn wieder einzuholen – in Gestalt eines Mädchens auf dem Kutschbock seines Hängers.

Als er sich nach Emily umsah, fiel sein Blick auf einen eingesunkenen kleinen Körper, der gefährlich hin- und herpendelte. Der Kleinen waren die Augen zugefallen, und vor lauter Müdigkeit konnte sie sich kaum noch auf dem Sitz halten. Josef hielt den Traktor an.

»Wegen mir musst du nicht anhalten«, versicherte Emily. »Ich pack's noch eine Weile.«

»Ich glaube es ist besser, du legst dich in den Hänger. Ist da auch viel gemütlicher«, sagte Josef mild.

Das Fahrrad lag noch so auf der Matratze, wie Josef es hineingeworfen hatte. Er nahm die Packtaschen ab und löste den Schlafsack vom Gepäckträger. Nachdem er die Habseligkeiten des Mädchens zwischen seinen Sachen verstaut hatte, band er das Fahrrad an der Rungenwand fest, sodass es noch Platz ließ für eine Schlafstätte.

Der Anhänger war wesentlich breiter als die Zugmaschine; als Weinbergtraktor war der Holder so konstruiert, dass er zwischen den Reihen von Rebstöcken hindurchpasste. Die Regale, die Josef an den zwei Tagen nach seinem fünfundsiebzigsten Geburtstag an den Rungen angebracht hatte und die ihm zur Unterbringung seiner Siebensachen und Vorräte dienten, hingen hoch genug, dass darunter noch Platz für die Matratze blieb. Die Regalwand reichte bis unter die Plane, die zwischen den Rungen ein wenig durchhing, da es keine Firststange gab. Die Fächer waren mit einem Netz gesichert, wie man es auf Schiffen an Relings verwendete. Hinter dem Kopfende der Matratze befand sich noch Stauraum von einem halben Meter Tiefe, der in erster Linie als Garderobe diente; dieser Bereich war durch einen Vorhang vom ›Schlafzimmer‹ abgetrennt. Immerhin kamen auf diese Weise fast anderthalb Kubikmeter für die Unterbringung von Josefs mobilem Hausrat zusammen – den doppelten Boden für die Dieselvorräte nicht eingerechnet. Der einstige Luxus der Kabine – eine bequeme Liegestatt von zwei Metern Länge und hundertzwanzig Zentimetern Breite – erschien ihm eingedenk einer Mitreisenden nur noch als Notdurft, zumal das Fahrrad einen nicht zu vernachlässigenden Teil des Raumangebotes für sich beanspruchte. So schnell änderten sich die Verhältnisse …

»Wir haben viel erlebt heute, jetzt kannst du dich hinlegen und erst mal schlafen. Du kannst dich ja nicht mehr richtig auf dem Sitz halten«, entschied Josef, während er Emilys Schlafsack zwischen Fahrrad und Regalwand ausrollte.

»Bin gar nicht müde«, bestritt Emily und rieb sich die Augen.

Amüsiert stellte Josef fest, dass das Mädchen gerade so aufrecht im Hänger stehen konnte, während er sich ducken musste, um in dessen Inneres einzutauchen. Nachdem das Format des Hängers durch die Hinzunahme des Fahrrads geschrumpft war, schien er eher als mobile Behausung eines Kindes denn eines Erwachsenen geeignet: Josefs Domizil hatte den Besitzer gewechselt.

Dabei hatte er sich gerade so gut darin eingelebt! Die Aussicht, dass er nur dann in den Genuss eines – *seines!* - eigenen Bettes kommen würde, wenn Emily und er schichtweise schliefen, trug nicht zur Aufhellung seiner Laune bei.

Der Stopp gab ihm wenigstens die Gelegenheit, die topografischen Karten herauszuholen, um den weiteren Kurs festzulegen. Die gebotene Situation riet ihm, das Rhein-Main-Gebiet weitläufig zu umfahren, um von der Wetterau in den Spessart zu gelangen und eine der weniger frequentierten Brücken über den Main auszuwählen, möglichst außerhalb einer größeren Ansiedlung. Es empfahl sich auch, die großen Verkehrsadern zu meiden, um die Gefahr zu verringern, in eine Routinekontrolle zu geraten. Aber auf Feld- und Waldwege auszuweichen, wie er es bislang meist gehalten hatte, würde die Fahrt enorm in die Länge ziehen. Als Kompromiss zwischen unauffälligem und schnellerem Vorankommen – aber was hieß schon ›schneller‹ bei der Fortbewegung mit einem Traktorgespann! – verlegte er sich auf Nebenstraßen. Es war schon seltsam, wie die gegebene Situation Josef innerlich beschleunigte. Natürlich konnte das Mädchen an jedem Ort entdeckt und aufgegriffen werden. Dennoch würde er sich sicherer fühlen, wenn er möglichst rasch Distanz zu Emilys letztem Aufenthaltsort gewinnen könnte. Die Bummeltour war jedenfalls zu Ende.

Auf ebener Straße erreichte das Gespann bei Vollgas um die achtundzwanzig Stundenkilometer. Allerdings war der Knicklenker bei diesem Tempo nur noch durch ebenso gefühlvolle wie energische Lenkbewegungen in Zaum halten. Der Anhänger machte es nicht besser, und so blieb es – vorausgesetzt es gab keine Steigungen zu bewältigen – bei einem Maximum von zwanzig Kilometern, die Josef binnen einer Stunde zurückzulegen vermochte.

Immerhin schaffte er es in dieser Nacht noch bis in den Odenwald mit einer Landschaft, die reichlich Möglichkeiten bot, sich zu verstecken. Er entschied sich für einen beliebigen Waldweg und bog nach einigen hundert Metern an geeigneter

Stelle ab, um querfeldein zwischen den Bäumen hindurch einen möglichst uneinsehbaren Stellplatz zu finden. Unterholz und Gestrüpp stellten nur bedingt Hindernisse für den allradgetriebenenTraktor dar, der sich selbst durch dichte Brombeerhecken pflügte. Für alle Fälle war am vorderen Rahmenholm ja immer noch die Seilwinde angebracht.

Der Motor blubberte aus. Von dem Gerüttel durch den Wald war Emily wach geworden und kletterte aus dem Hänger.

»Du kannst ruhig drinbleiben«, empfahl Josef. »Wir werden tagsüber schlafen und die Nacht abwarten, um weiterzukommen.«

»Muss aufs Klo«, antwortete eine schläfrige Emily.

»Hast du Papier?«, wollte Josef fürsorglich wissen.

Wenig später kroch er im Wagen herum, um das Mädchen mit Klopapier für seine Verrichtung auszustatten. Derweil bereitete er sich auf dem Waldboden ein kärgliches Lager. Eine Isomatte als Unterlage für den Schlafsack hatte er nicht im Gepäck; es lag nicht in seinem Plan, auf die Matratze im Innern des Wagens zu verzichten. Immerhin hatte ein Platz im Freien zum Vorteil, dass Josef es frühzeitig bemerken konnte, falls sich jemand näherte – ein Waldarbeiter etwa oder der Förster, ein Spaziergänger, der neugierig der Bresche folgte, die das Gespann ins Unterholz gerissen hatte, am Ende gar der Pilzsammler, der ansonsten immer die Leiche fand. Gefunden werden konnte man überall. Da bot der Wald immer noch das beste Versteck.

Als Emily zurück war, verkroch sie sich still in den Wagen. Josef wunderte sich nicht darüber, dass das Mädchen nach diesem Tag komplett durch war. Wie auch er selbst.

Das metaphorische ›Nacht‹lager, das er für die Tagruhe weniger gewählt hatte als dass es ihm übrig geblieben war, hätte unbequemer kaum ausfallen können. Doch das machte sich erst bemerkbar, als das Mühlrad der Gedanken sich totzulaufen begann. Bis dahin hielten ihn Sorgen vom Einschlafen ab. Etwa, wie es weitergehen sollte mit dem Mädchen. Eine Weile würde er es versteckt halten können. Womöglich würde sie mit ihm sogar Toulouse erreichen; was aber dann? Er kannte dort ja niemanden, dem er sich hätte anvertrauen oder der die Angelegenheit würde in die Hand nehmen können. Gemessen an Emilys Schicksal erschienen ihm die Motive für seinen Auf- und Ausbruch geradezu lächerlich geringfügig. Die Verschiebung der Relationen drückte, was sich bislang als heroischer Akt der Selbstbefreiung angefühlt hatte, auf das Niveau der Übersprungshandlung eines verbiesterten Alten herab. Ein ihm zugelaufenes Kind glaubte er retten zu müssen, während er zugleich ›sein Mädchen‹ in der Diaspora fehlender Nestwärme und in den Fängen eines emotionsgebremsten Mannes und dessen seelenlosem Vater zurückgelassen hatte. Das Leben war nicht gerecht. Anderen gegenüber noch weniger als zu Josef.

Das Karussell der Gedanken bescherte Josef einen heißen Kopf und kalte Füße, während die Strahlen einer trügerischen Sonne sich durch das übersättigte Grün eines Blätterdachs Bahn brachen, um den anbrechenden Tag für freundlich auszugeben.

Mühsam ruckte Josef mit dem Schlafsack vor und zurück, um eine Position zu finden, in der der Unterboden ein einigermaßen körpergerechtes Profil aufwies. Es gab aber keines. Die Hubbel und Kuhlen befanden sich stets an den falschen Stellen. Und irgendwo gab es immer ein Stöckchen, das unsanft durch den Schlafsack piekste. Er fühlte, wie ein Insekt über die Hand des einen Armes kroch, der ihm zur Unterfütterung seines Kopfes diente. Die Sensation spiegelte sich in spontan auftretendem Juckreiz an diversen anderen

Körperpartien. ›Stiefel aus ist das halbe Bett‹, erinnerte er sich eines Zitats aus einem Roman, in dem es sinnigerweise um eine gestrandete Theatergruppe ging. Gestrandet fühlte er sich irgendwie auch. Für die Zufriedenheit damit, dass seine Füße nicht mehr in den Schuhen steckten und langsam aus der Taubheit von den unentwegten, stundenlangen Vibrationen erwachten, fehlte ihm die andere Hälfte vom metaphorischen ›Bett‹. Die Vögel sangen heute bloß zur Schikane. ›Two to Toulouse‹ – das waren Emily und Josef. Das Mädchen hatte recht: Es war ein schlechter Witz. Darüber schlief er endlich ein.

Josef erwachte am frühen Nachmittag. Noch hielt er die Augen geschlossen, um die Fetzen schwerer Träume festzuhalten, bevor der erste Wimpernschlag ihre Chimären aufschreckte und vertrieb, dass sie im Vergessen ertranken. Das Flirren der Taghelle vor den Augendeckeln beschleunigte den Prozess ihres Entkommens. Das schlafträge Bewusstsein tastete vergeblich nach den Motiven der bleiernen Schwere in Josefs Gliedmaßen. Erst nach dem Öffnen der Lider stand ihm das Problem vor Augen: Emily. Und das war kein Hirngespinst, kein Traumgebilde, sondern Brief und Siegel auf die Ausweglosigkeit seiner Lage.

Das Mädchen war lange vor Josef auf den Beinen, nachdem es schon einen Großteil der Fahrt schlafend zugebracht hatte. Die kleine Gestalt kauerte vor dem Campingkocher und nahm erst von Josefs Erwachen Notiz, als der sich schwitzend aus seinem Schlafsack schälte.

»Guten – Morgen?«, grüßte Emily mit einem kurzen Zögern vor dem ›Morgen‹. »Hast du gut geschlafen?«

Josef war nichts weniger gewohnt, als unmittelbar nach dem Aufstehen, gewissermaßen noch im Aufwachkoma, mit freudiger Stimme angeredet zu werden. Anders als noch vor gar nicht allzu langer Zeit mit Knud, war er keiner Erwiderung fähig. Er zog es vor zu schweigen, zumal seine Antwort nichts Erfreuliches zum Gegenstand gehabt hätte.

»Ich hab großartig geschlafen«, plauderte Emily munter in Josefs Verkaterung hinein. »Es ist wie in einem richtigen Hexenhäuschen. Und was du alles hast! Guck doch mal, ich hab uns ›Frühstück‹ gemacht; Mittagsfrühstück«, verkündete sie stolz und glücklich. »Das Wasser kocht auch gleich.«

Tatsächlich hatte Emily auf der von zwei kurzen Spannseilen in der Waagrechten gehaltenen Bordwand ein kleines Vesperbüfett aufgebaut. Josef indessen tröstete sich über die Zumutungen des Lebens damit hinweg, dass ihm der Verbleib in seiner Kleidung – die Schuhe ausgenommen – das Anziehen ersparte.

»Guck mal was ich gefunden habe …«, hielt die neue Reisegefährtin ein Glas in der Hand. »Marmelade!«

Daran hatte er gar nicht gedacht, als es gestern etwas Vegetarisches als Brotbelag aufzutreiben galt.

Emily streute einige Löffel Kaffeepulver in das kochende Wasser.

»Reicht das? Oder soll ich mehr nehmen?«, wollte sie es Josef recht machen.

»Reicht«, grunzte er vor sich hin.

»Die Brötchen sind noch ganz weich«, kommentierte Emily ihre Druckprobe zwischen Daumen und Fingerkuppen.

»Emily«, ging es Josef in nahezu drohendem Tonfall von den Lippen, »könntest du dir vorstellen, für die nächste halbe Stunde einfach die Klappe zu halten? Ich brauch wirklich keine Alleinunterhalterin zum Wachwerden.«

Josef sah, wie das Mädchen die Klappe nicht in dem Sinne hielt, wie es die Redensart nahelegte, sondern sie ihr einfach herunterfiel, sodass er die schroffe Art der Zurückweisung auf der Stelle bedauerte. Er fühlte sich jedoch außerstande, das zum Ausdruck zu bringen – außer durch ein leichtes Senken der Schultern, in denen sich die Spannung löste.

»Nett, dass du Frühstück gemacht hast«, sagte er stattdessen. Doch dem Mädchen war die gute Laune verhagelt.

»Magst du mir einen Kaffee einschenken?«, bot er mehr an, als dass er darum gebeten hätte.

Bei dem Versuch, mit der einen Hand das Sieb, mit der anderen den zangenähnlichen Greifer des henkellosen Topfes zu halten und Kaffee in den Becher zu gießen, machte Emily eine falsche Bewegung und schickte Josefs Morgenmedizin in die ewigen Jagdgründe des Odenwaldes.

»Tut mir leid«, murmelte Emily verlegen. »Ich kann gleich neues Wasser …«

»Nicht nötig, ich muss jetzt los in die nächste größere Stadt; da kann ich mir unterwegs einen Kaffee kaufen«, zerschlug Josef beiläufig Emilys Hoffnung, das Missgeschick ausbügeln zu können.

»Ich kann auch draußen schlafen, wenn du lieber in den Wagen willst«, rang sie um ein Alternativangebot.

Josef ging nicht darauf ein, erklärte stattdessen: »Wir sind jetzt zu zweit, verstehst du? Da muss ich Dinge für uns einkaufen. Du bleibst hier und rührst dich nicht vom Fleck, bis ich wieder da bin! Das ist leider notwendig. Wird wohl 'ne Weile dauern; allein für die Fahrt brauche ich über zwei Stunden. Ich muss los, sonst schaff ich es nicht, bevor die Geschäfte schließen.«

Damit begann er, den einachsigen Hänger mit Holzblöcken in der Waagrechten abzustützen, wenn er vom Traktor abgekuppelt war.

Bergab ins Neckartal flog Josef nur so dahin. Die landschaftlichen Reize zu genießen verbot ihm das Spiel des Lenkgetriebes, das es erschwerte, den schlingernden Rudi Holder auf Kurs zu halten; der hatte nun mal seine ganz eigene Art, sich hohen Tempos zu erwehren.

Behangen mit einer voluminösen Stofftüte brachte Josef die Einkäufe zum Abschluss. Er hatte die wenigen Geschäftsstraßen dafür abgrasen müssen, war aber fündig geworden, was die meisten Gegenstände auf seiner Liste anbelangte. Jetzt musste er nur noch tanken.

Vollsperrung zwischen Kreuz Walldorf und Anschlussstelle Rauenberg, tönte aus dem Lautsprecher über den Zapfsäulen, halten Sie eine Rettungsgasse für die Einsatzfahrzeuge frei. A6 in der Gegenrichtung: fünf Kilometer Stau durch Schaulustige. Bitte umfahren Sie diesen Autobahnabschnitt möglichst weiträumig.

Josef hatte erfreulich wenig mit diesem Teil der Welt zu tun, denn er umfuhr jede Autobahn möglichst weiträumig. Mit dem, was danach kam, hatte er entschieden mehr zu tun: *... und eine Suchmeldung der Polizei: Vermisst wird seit Dienstag die zwölfjährige Emily Kunik aus Bad Homburg. Das Mädchen ist ...*

Was folgte, war eine Personenbeschreibung, die auf Emily zutraf. Die Durchsage endete mit: *... und ist möglicherweise mit einem roten Fahrrad unterwegs. Sachdienliche Hinweise nimmt jede Polizeidienststelle entgegen.*

Eine kurze Meldung nur, in der Josefs übelste Befürchtungen kulminierten. Und die eine weitere Besorgung erforderlich machte ...

Als Josef zurückkehrte, fand er die Vermisste mit ihrem iPhone beschäftigt.

»So, hab alles bekommen, was wir für die nächste Zeit brauchen. Und womit hast du dich vergnügt? Computer gespielt wahrscheinlich ...«, begrüßte Josef seine Mitreisende, nachdem er durch den Wald geholpert – oder eigentlich geholdert – war und den Wagen erreicht hatte.

»Nein. Film geguckt«, sagte Emily, als sie sich vom Display losriss.

»Ah. Hoffentlich nicht so ein Splatter-Movie.«

»Was denkst *du* denn! 'nen Kinderfilm: *Hände weg von Mississippi.*«

»Worum ging's denn?«, gab Josef Emily das Wort. Von der Suchmeldung sagte er nichts, um das Mädchen nicht zu beunruhigen. Deshalb ließ er es lieber erzählen, obschon er diese Erzählungen von Kindern ziemlich nervig fand, bei denen man am Ende noch weniger wusste als zuvor. Aber damit gäbe er dem Mädchen Gelegenheit, etwas von seinem Tag zu erzählen, während er in Ruhe die Einkäufe sortieren und im Wagen verstauen konnte.

»Also«, holte Emily aus, »ein Mädchen fährt in den Ferien zu seiner Oma auf's Land, wo es auch einen Freund hat. Die Oma kauft dem Mädchen ein Pferd ...« und so weiter.

Josef registrierte beim Auspacken und Einräumen sehr wohl, dass Emily entgegen seiner Erwartung zusammenhängend und verständlich erzählte.

Seine Miene verdunkelte sich an der Stelle, wo Emily fortfuhr: » ... und der Mann will das Pferd aber nur zurückhaben, um es dem Pferdemetzger mitzugeben. Aber die Kinder schaffen es, Mississippi zu retten, so heißt nämlich das Pferd, weil der Mann sich den Namen nicht richtig merkt und einen Vertrag mit dem falschen Namen ›Missouri‹ unterschreibt. Deshalb ist der Kauf ungültig, und sie haben den Mann einfach ausgetrickst. Das Pferd kann bei den Kindern bleiben und wird nicht geschlachtet «

»Den Film kenn ich«, merkte Josef mit bitterer Ironie an, »aber mit einem anderen Ausgang – auch so ein Grund, weshalb ich unterwegs bin.«

»Echt?«, hakte Emily nach, für die Josef in Rätseln sprach. »Wegen Mississippi?«

»Nein. Aber das erzähle ich dir später. Jetzt müssen wir erst mal sehen, dass wir weiterkommen«, drängte Josef zum Aufbruch.

»Jetzt schon?«, wunderte sich Emily. »Es ist doch noch ganz hell …«

»Muss leider sein«, entschuldigte er sich vorsorglich für die Zumutung: »Du bleibst während der Fahrt sowieso im Wagen.«

»Ich würd aber gern was seh'n. Kann ich nicht wenigstens hinten rausgucken?«, bettelte das Mädchen.

»Damit der Erste, der uns überholt, die Polizei anruft?«, überließ Josef dem Mädchen die Antwort selbst.

Beim Verstauen eines Tellers hielt er inne: »Schau mal: Hab ich für dich gekauft.«

Er hatte ihn wegen des Motivs ausgewählt, das eine Giraffe und zwei Affen zeigte. Die Giraffe fraß an den Wedeln einer Palme. Während ein Affe aufgeregt auf die Kokosnüsse deutete, war der andere dabei, am Hals der Giraffe nach oben zu klettern, um an die Leckereien heranzukommen. Wegen des Motivs hatte sich Josef ausnahmsweise darauf eingelassen, Porzellan zu akzeptieren, während er ansonsten nur Geschirrteile aus unzerbrechlichem Material wie Blech, Holz oder Kunststoff mit sich führte.

»Hm«, meinte Emily, als sie den Teller betrachtete, »na ja. Ist mehr was für kleine Babys«, war ihr vernichtendes Urteil.

Im ersten Augenblick schien Josef tatsächlich leicht ange-
säuert, doch er selbst hatte ja auch keine Freude über das Geschenk des Aufsitzmähers geheuchelt.

»Macht nichts«, schaffte Josef das Problem aus der Welt.
»Dann nehme ich ihn, und du bekommst mein Vesperbrett-
chen.«

»Okay«, staunte Emily. »Danke.«

»Und hier ist das Beste: *Ta–taaa!*«

Damit hielt er zwei Fleischerhaken in die Luft. »Rätst du,
wofür die gut sind? Ich geb dir 'nen Tipp: Mit den zwei Din-
gern muss keiner von uns mehr im Freien schlafen!«

»Klar!«, triumphierte Emily und riss die nachdenklich zu-
sammengekniffenen Augen wieder auf. »Du hängst das Fahrrad dran auf – über'm Bett!«

Bereits in der vergangenen Nacht hatte er darauf bestanden, das verräterische Fortbewegungsmittel im Hänger verschwinden zu lassen, und diese Praxis würde er erst recht
nach der ausgegebenen Suchmeldung beibehalten. Josef war
richtig stolz auf diese Lösung, mit der er es dem Mädchen ersparte, sich von ihrem Fortbewegungsmittel trennen zu müssen. Das rote Fahrrad war für Emily mit Sicherheit das Symbol von Freiheit, nicht anders als Rudi Holder für ihn – so
viel war ihm nach dem Gerangel vom Vortag um den fahrba-
ren Untersatz des Mädchens klar. Wenn er dem Mädchen die
Freiheit zu geben schon nicht imstande war, so durfte er sie
ihm auch nicht nehmen.

Bis zum Aufdämmern des nächsten Tages – es war Samstag,
der 29. Juli – fanden Josef und seine kleine Begleiterin ein ge-
eignetes Versteck im nördlichen Schwarzwald. Denn so weit

hatten sie es geschafft. Aber auch nicht weiter. Josef haderte mit der Kürze der Nacht zu dieser Jahreszeit. Das Schlafen bei Tageslicht war nicht sein Problem: Die Zirkusnächte waren auch stets lang gewesen, im Sommer mehr noch als im Winter. Er war von Kindesbeinen an daran gewöhnt, versäumten Nachtschlaf tagsüber nachzuholen – zumindest soweit dies die Schule zuließ, die er ja trotz alledem zu besuchen hatte. Weit günstiger wäre es allerdings für diese Fahrt, den ganzen Tag zum Vorankommen zur Verfügung zu haben.

Während des Abendbrots, bei dem Josef sich eines neidischen Blicks in Richtung seines Vesperbrettchens nicht erwehren konnte, griff Emily zu ihrem iPhone und wischte darauf herum.

»Leg das bitte während des Essens weg«, mahnte Josef.

»Ich will dir doch nur was zeigen«, verteidigte sich Emily und hielt Josef das Display vor die Nase. »Ich hab während der Fahrt im Internet nachgeguckt. Da hab ich rausgefunden, dass es anders viel kürzer nach Toulouse gewesen wäre. Wir fahr'n den Hammer-Umweg!«

»Hast du die ganze Zeit Internet gemacht im Wagen?«, fürchtete Josef, der dem Medium kritisch gegenüberstand – wie allem, das er nicht kannte.

»Nein. Danach war mir schlecht.«

Das ist gut, dachte Josef, sagte aber stattdessen, einem plötzlichen Verdacht folgend: »Kann man dich eigentlich über das Ding auch orten?«

Emily überlegte kurz: »Keine Ahnung. Aber das kann eigentlich alles; das ist ein *iPhone*. Ich hab zum Beispiel 'ne App, die zeigt an, wo der ist, der gerade mit mir telefoniert.«

Diese Feststellung genügte Josef als Bestätigung seiner Befürchtungen. »Dann geht das auch umgedreht …«

»Klar. Aber nur, wenn einer dieselbe App hat. Und ein iPhone.«

»Das ist mir sowieso ein Rätsel: Warum muss es denn unbedingt ein iPhone sein? Ist doch einfach nur teurer.«

»Und besser!«, schwor Emily auf ihr innigstes Besitztum, das wichtiger noch war als das Fahrrad: Mit dem iPhone konnte sie überall dort schon längst sein, wo sie mit dem Fahrrad erst noch hinkommen musste.

»Das ist ein Mythos«, bestand Josef auf seiner Ansicht. »Du bezahlst nicht für die bessere Technik, sondern weil es von Apple ist! Sie haben die Verführung ihrer Kundschaft ja schon im Firmenlogo mit dem angebissenen Apfel.«

»Mir doch wurscht!«, verteidigte sich Emily – reichlich unbeholfen, wie sie selbst fand.

»Funktioniert die Ortungsfunktion nur während eines Anrufs oder auch, wenn das Ding ausgeschaltet ist?«, interessierte Josef brennend.

»Ist mir auch wurscht!«, blieb Emily trotz ihrer inneren Selbstkritik der einmal eingeschlagenen Argumentationslinie treu.

»Das sollte es aber besser nicht«, rüttelte Josef an der Pforte von Emilys Einsehen. »Falls du«, befleißigte sich Josef bewusst des Konjunktivs, »als vermisst gemeldet bist, wäre das die einfachste Möglichkeit, dich wieder aufzutreiben. Willst du es denen so leicht machen?«

»Nö«, brachte Emily widerwillig hervor. Gekränkter Stolz nagte an ihr: Erst wird ihr das iPhone madig gemacht, dann auch noch ihre Kurzsichtigkeit unter die Nase gerieben.

»Ohne iPhone bin ich *tot*«, nutzte kindlicher Trotz diese beiden Kränkungen, das Wort zu ergreifen. »Frag mich gar nicht erst, ob ich mich davon trenne …«

»Nein«, sagte Josef mit bedeutungsvoller Stimme, »ich frage dich wirklich nicht danach.«

Der Rest sprach aus seinem Blick, der auf Emilys brauner Retina ruhte.

Mit einem tiefen Seufzen erklärte Emily ihre Kapitulation vor dem besseren Argument. Was sie damit alles aufgeben würde, musste sie Josef jedoch in der gebotenen Ausführlichkeit darlegen. Dabei sorgte sie sich noch viel mehr um die Funktionen, deren Fehlen sie überhaupt erst dann bemerken würde, wenn sie sie brauchte.

»Du kannst noch einmal darüber schlafen, bevor du den Notwendigkeiten gehorchst«, verschraubte sich Josef in eine umständliche Formulierung.

Mit düsterer Miene legte Emily das iPhone beiseite.

»Wenn's unbedingt sein muss, kannst du mein Handy benutzen«, bot Josef zur Versöhnung mit der widrigen Wirklichkeit an.

»Das ist nicht dasselbe«, monierte Emily. »Meine ganzen Kontakte sind futsch!«

»Na und? Wie viel sind die denn wert, deine Kontakte? Haben *die* dir geholfen, um bis hierherzukommen? Man kann nur bedauern, *Freunde* hinter sich gelassen zu haben. Aber Internetkontakte? Gespeicherte Daten sind keine Menschen, die man vermissen kann. Und von denen, die dir wirklich wichtig sind, kannst du dir immer noch die Telefonnummern aus dem Speicher abschreiben. Und sie von meinem Handy aus erreichen. Auch ohne irgendwelche Pillepalle-Funktionen«, wusste Josef die besseren Argumente auf seiner Seite.

Allerdings fischte er im Trüben, was seine Kenntnisse über die Implikationen von Mobilfunknutzung anbelangte. Würde man nicht auch sein Handy orten können? Solange er es nicht benutzte vielleicht nicht – aber wenn doch? Er verwarf all diese Gedanken für den Augenblick, da hoffentlich noch niemand das Verschwinden Emilys mit dem seinen in Verbindung brachte. Und für Emily hoffte er, dass dieser App-Kram womöglich unverfänglich war, solange sie nicht ständig im Netz herumsurfte. ›Netz‹ – ein wirklich treffendes Wort für Fangmethoden, auch außerhalb der industriellen Fischerei.

»Also soll ich mein iPhone einfach so wegschmeißen?«, folgerte Emily ängstlich.

»Nein, wo denkst du hin!«, widersprach Josef in gespielter Entrüstung, und ließ einen Schimmer der Hoffnung über Emilys sorgenvolles Gesicht huschen, die noch immer nicht einzuschätzen vermochte, welche Seelenqualen der iPhone-Entzug für sie bereithielt.

»Du wirst dich nicht ›einfach so‹ von deinem Lieblingsspielzeug trennen. Sondern mit einem Ritual. Wie es sich für ein Opfer gehört«, verjagte Josef den Hoffnungsschimmer wieder. »Wir werden deinem Handy eine würdige Beisetzung zuteil werden lassen.«

»Meinem *iPhone;* das *ist* kein Handy!«

Josef beschloss den Dialog mit einer Erklärung: »Wir müssen vorsichtig reisen – *du* musst vorsichtig reisen.«

»So, jetzt gehören wir aber beide in die Klappe«, lud Josef zur Bettruhe ein und überließ Emily den Vortritt: »Du zuerst, junge Dame.«

Emily kletterte in den Wagen und zog die Plane zu.

»Fertig!«, signalisierte sie Josef, dass der in den Wagen kommen konnte.

Beim Einsteigen hatte Josefs Kopf erst mal eine unsanfte Begegnung mit dem Pedal von Emilys Fahrrad.

»Au!«

»Hast du dir wehgetan?«, fragte Emily fürsorglich.

»Geht schon«, rieb sich Josef die betroffene Stelle. Wenigstens kein Blut; aber eine Beule würde es schon geben.

»Die Aufhängung ist noch verbesserungsfähig«, lautete sein lapidarer Kommentar.

Emily nahm es als selbstverständlich hin, dass er in voller Kleidung in seinen Schlafsack kroch, um sich erst dann auszuziehen. Dies gestaltete sich umso mühsamer, da er dem Vorsatz folgte, es mit dem Mädchen zu keiner Berührung kommen zu lassen – und sei sie auch unabsichtlich. Dies schuldete er dem Respekt vor einer Begleiterin, die derzeit in mehreren Epochen simultan lebte. In der einen war sie noch ganz Kind und auf die Begleitung durch einen Erwachsenen angewiesen. In der anderen war sie werdende Frau und hauste in einem Körper, der dem eines Kindes in beängstigender Geschwindigkeit entwuchs und sich in Vorgängen verselbständigte, die seine Bewohnerin nicht zu kontrollieren vermochte. Deutlich zeichneten sich die knospenden Brüste durch das T-Shirt ab, und der Po zeigte unverkennbar die Wölbungen eines Apfels. Hüfte und Taille hinkten der Entwicklung hinterher, wirkten noch knabenhaft und machten doch die Kontur erahnbar, in die sie sich später fügen würden. Und zwischen Kind und Frau stand das einsame Mädchen, schon geweckt und blitzgescheit und doch noch voller Naivität. Josef war daran gelegen, keinen dieser Persönlichkeitsaspekte irgendwie zu kränken oder Misstrauen zu rechtfertigen, indem er durch irgendeine Unachtsamkeit an schon einmal Erlebtes rührte. Diese Unsicherheit machte ihn im Umgang befangen – was er mit seiner eigenen Tochter Isabell in keiner Lebensphase gewesen ist. Wo die Stimme des Herzens stumm blieb, mussten Regelungen her.

»Damit eines klar ist«, ließ Josef seine Begleiterin wissen, »du hast *deine* Hälfte, ich habe *meine* Hälfte der Matratze. Das ist sehr entgegenkommend von mir, da ich der Größere von uns beiden bin. Du bleibst auf deinen sechzig Zentimetern, ich auf meinen«, wurde er konkreter.

»Schon gut. Hab's kapiert«, quittierte Emily frohgelaunt.

»Und gekuschelt wird nicht. Ich kann Körperkontakt nicht ausstehen beim Schlafen«, merkte er der Deutlichkeit halber an.

»*Phhh!*«, schnaubte Emily verächtlich. »Ich bin ja auch kein Baby mehr!«

Nachdem alles Wichtige geregelt war, drehte sich Josef der Bordwand zu.

Es tat ihm leid, das Mädchen wie eine Gefangene halten zu müssen, während sie unterwegs waren. Es musste einfach eine andere Lösung geben … –

Emilys Stimme verhinderte, dass Josef sich erneut in schlafmindernden Gedankenschleifen verlor.

»Du, Josef«, ertönte dieser kindliche Singsang in seinem Rücken. »Sagst du mir jetzt den Grund, warum du von zuhause abgehauen bist?«

»Moment mal«, setzte er zur Richtigstellung an. »Nicht ich bin von zu Hause abgehauen, sondern *du*. Was bei mir eine Reise ist, ist bei dir eine Flucht.«

»Und warum bist du also auf Reisen?«, ließ das Mädchen sich gar nicht erst auf Haarspaltereien ein.

»Weil ich etwas von mir wiederentdeckt habe«, umschiffte er die Klippe, unmittelbar auf Liese und Peters Schicksal einzugehen.

»Und was?«

»Was ich wiederentdeckt habe? Meine alte und neue Identität – eine Seinsweise, die sich von der vor meiner Abfahrt unterscheidet.«

»Ich kapier' null, was du meinst.«

»Ich war früher schon mal unterwegs, allerdings mit vielen Wagen. Mit vielen großen Wagen und großen Zugmaschinen. Mit dem Circus Copernicus.«

»Boah! Echt?«, versetzte die Eröffnung Emily in helles Erstaunen. »Ein richtiger Circus?«

»Ja. Ein ziemlich großer sogar«, bestätigte Josef.

»Da wär ich gern dabeigewesen!«

»Das glaube ich dir«, nahm ihr Josef ab.

»Gab's da auch Tiere?«, wäre auch die erste Frage anderer Kinder gewesen.

»Jede Menge!«

Und so erzählte Josef von den Tieren.

» – und mit dem Traktor, der unseren Wagen jetzt zieht, wurde das Futter zu den Käfigwagen gebracht. Er heißt übrigens Rudi.«

»Wer?«, wunderte sich Emily »Der Traktor? Hat der denn einen Namen?«

»Ja«, bestätigte Josef. »Einen Vor- und einen Nachnamen: Rudi Holder. Hat dein Fahrrad etwa keinen?«

»Nö. Drahtesel vielleicht?«

»Keine Ahnung, wie du dein Fahrrad nennen willst. Du kannst es dir ja noch überlegen«, empfahl ein schmunzelnder Josef.

»Ich nenn es Copernicus. Wie den Circus«, hatte Emily viel schneller zu einer Antwort gefunden, als Josef erwartet hätte. »Dann sind wir der neue Circus! – Tut's noch weh?«

»Was?«, wollte Josef wissen, den die Frage verwunderte; schließlich hatte er ja noch gar nichts vom Ende des Zirkus' erzählt.

»Na, da, wo du dir den Kopf an meinem Fahrrad gestoßen hast.«

»Nein. Das hatte ich schon wieder vergessen«, wiegelte Josef ab. Doch etwas in seinem Herzen verkrampfte sich wehmütig.

»Und du?«, hatte Emily sich jetzt erst so richtig eingeplaudert. »Was hast du beim Circus gemacht?«

»Ich war der Direktor.«

»*Eeecht?*«, war Emily mit einem Mal so mobilisiert, dass sie vor Staunen die Augen aufriss und den Kopf hochnahm, um ihn auf einen Arm zu stützen.

»›Echt‹: Ich heiße Josef Kopernikus und war Direktor des Circus Copernicus.«

»Boah! Ein echter Zirkusdirektor! Wie bist du denn *das* geworden?«

»Das geht sehr einfach«, erklärte Josef. »Man wird gegebenenfalls dazu geboren, so wie ich. Mein Vater hat den Zirkus gegründet. Und später hat er ihn mir vererbt.«

»Und was hast du vorher gemacht?«, war Emily vom Thema ganz fasziniert. »Als du noch nicht Direktor warst?«

»Ich bin zur Schule gegangen. Wie du auch – Apropos: Was ist denn mit der Schule, wenn du hier jetzt …«

»*Ferien!*«, sagte Emily gedehnt und verdrehte dabei gelangweilt die Augen. »Und weiter? Warst du schon als kleiner Junge mit in der Manege?«

»Nein. Bei uns war es anders als in anderen Zirkusfamilien, wo jedes Kind etwas können muss: Artistik, Jonglieren, ein Musikinstrument, Clownerie – meistens gleich mehrere Sachen davon. Und in den meisten Zirkusfamilien gibt es viele Kinder. Ich war der einzige Sohn und habe nur eine Tochter.«

»Und wie heißt sie?«

»Isabell.«

»Der Name gefällt mir. Ist sie jetzt Zirkusdirektorin?«

»Nein. Es gibt keinen Circus Copernicus mehr«, war Josef gezwungen, der Wahrheit halber festzustellen. Doch die Erläuterung der näheren Umstände, warum es keinen Circus Copernicus mehr gab und was danach gekommen ist, wollte er dem Mädchen ersparen. Und sich selber auch.

»Und deine Frau? Was hat die früher im Zirkus gemacht?«

Josef überhörte die Frage Emilys. Seine Gedanken hingen an der Ähnlichkeit seines Findelkindes mit Isabell. Nachdem Isabells Augen grün, die von Emily braun waren und das Gesicht des Mädchens einen dunkleren, südländischen Teint hatte, erschöpften sich die äußerlichen Affinitäten in den glatten schwarzen Haaren, die Josefs Tochter aber wesentlich länger trug. Eher war es diese kindliche Begeisterungsfähigkeit und Lebendigkeit Emilys, in der Josef ›seine‹ Isabell von damals wiedererkannte.

»Mein Vater hatte andere Pläne mit mir, als mich für die Manege auszubilden«, erzählte Josef weiter, nachdem er von seiner vergleichenden Studie wieder in die Gegenwart des Gesprächs zurückgekehrt war. »Er wollte, dass ich Abitur mache und studiere. Weil er selbst gerne studiert hätte, nehme ich an. Aber studiert habe ich nie – trotz Abitur. Mein Papa hat mir das nicht krummgenommen. ›Du brauchst nicht zu studieren‹, hat er manchmal gesagt, ›du bekommst ja mal all dies.‹ Mit ›all dies‹ hat er den Zirkus gemeint.«

Konrad Kopernikus, Josefs Vater, war der Ansicht, dass es für einen Zirkusdirektor genügte, Direktor zu sein. Dass es bergab ging mit der gesamten Branche, hatte er sein Leben lang erfolgreich verdrängt. Er glaubte, seinem Sohn als Kronprinzen eine Goldgrube zu hinterlassen, die es erlaubte, seinen Nachkommen Bildung zu ermöglichen, was er für das Wichtigste überhaupt hielt.

»Er war stolz auf sein Werk«, fuhr Josef fort, »und auf mich. Auch wenn aus dem Studium nichts geworden ist. Dafür habe ich mir selbst eine eigene Nummer draufgeschafft, denn ich wollte mich unbedingt nützlich machen für die Vorstellung. Ich habe auf der Singenden Säge *Somewhere, over the Rainbow* gespielt. Ich habe die Singende Säge sogar hier dabei«, entsann sich Josef.

»Au ja, spiel mir das Lied vor!«, jubelte Emily.

»Nein, jetzt nicht.

»Später?«, wollte Emily hoffnungsvoll wissen.

»Nein«, bekam sie als enttäuschende Antwort. »Nicht heute, und später auch nicht. Sie ist für mich nur noch ein Erinnerungsstück. Alte Menschen wie ich brauchen manchmal Reminiszenzen an ihre jungen Jahre; das ist nun mal so. Und jetzt schlafen wir lieber, bevor ich noch ganz sentimental werde. Morgen Nacht schaffen wir es vielleicht bis nach Frankreich. Gute Nacht. Träum was Schönes.«

Es dauerte eine ganze Weile, bis das aufgekratzte Mädchen sich damit abgefunden hatte, dass die Plauderstunde vorbei war.

»Nacht«, hörte Josef dann neben sich.

In Gedanken hing er noch dem Vergangenen nach. *Poesia* hatte eines der Programme des Circus Copernicus geheißen. Und das war es auch gewesen: eine Poesie unter der Zirkuskuppel. Einer von den schönsten Träumen, wie er sie Emily gewünscht hat. Und der Zirkus war ein wahrgewordener Traum. Das konnte Josef eigentlich erst jetzt erkennen, aus dem temporären Abstand heraus. Für ein Kind hatte das, womit es aufwuchs, ja stets eine Selbstverständlichkeit, vor der einem das eigene Leben als das am wenigsten aufregende erschien. Emilys Neugier führte ihm den Schatz vor Augen, den er mit seiner Zirkusvergangenheit hütete. Es war ein Traum gewesen, den man mit anderen hatte teilen können. In den man das Publikum hineinzog. Mit dem man die Menschen für zwei Stunden ihres schnöden Alltags beraubte und sie den Zumutungen des Lebens entzog. Für diese Reise in eine Welt, in der alles ebenso virtuos wie rein und zauberhaft erschien, erwies das Publikum sich dankbar im Applaus, indem der gegen die Zeltwände brandete, die ihn sacht auffingen und zurückwehen ließen in die Manege. Das war der eigentliche Lohn für die Entbehrungen und Strapazen, die die Künstler auf sich nahmen, um ein winziges bisschen besser zu sein und traumhafter zu wirken als andere. Josef erinnerte Einträge im Gästebuch wie: ›Ihr seid die Besten!‹ Oder ›Wir lieben euch.‹ Auch: ›Ihr habt mir den schönsten Tag in meinem Leben geschenkt.‹ Und so etwas wie: ›Dreiundvierzig Jahre musste ich alt werden, um eines solchen Erlebnisses teilhaftig zu werden.‹

Wo war es eigentlich hingekommen nach der Auflösung des Zirkus', das Gästebuch, dieser überdimensionale Foliant, den zu transportieren einen einzelnen Mann überforderte? Fünf Bände waren über die Jahre zusammengekommen. Jetzt reute es Josef, sich nicht besser darum gekümmert zu haben.

»Du«, überprüfte Emily vorsichtig, ob ihr Reisegefährte bereits am Schlafen war.

»Auch wenn du keinen Zirkus mehr hast …«, fuhr das Mädchen mit verhaltener Stimme fort, obschon Josef kein Lebenszeichen von sich gegeben hatte. »… ich hab dich trotzdem lieb.«

Josefs Lider senkten sich über einen Blick, der mit einem Mal ganz glasig geworden war.

Der Sommer meinte es gut mit den beiden Reisenden. Seit ihrer ersten Begegnung war kein einziger Tropfen Regen vom Himmel gefallen, und die Quecksilbersäule pendelte tagsüber zwischen Werten von fünfundzwanzig und neunundzwanzig Grad Celsius. Zwar kühlte es in der Nacht ab, doch selten fiel das Thermometer unter die 20-Grad-Marke. Das machte den Fahrtwind für Josef erträglich.

Noch vor Morgengrauen rollte das Gespann tuckernd in Kehl ein. Josef wählte einen Abstellplatz am Rand der Zufahrt zu einem Campingplatz. Der Standort legte nahe, dass das Gespann am Vorabend nicht mehr rechtzeitig eingetroffen war, um Zugang zum Campingplatz zu erhalten, wo die Schranke schon recht früh niederging, um Störungen durch späte Gäste fernzuhalten. Wer immer hier vorbeikam, konnte nur Urlauber oder Zulieferer sein und musste den abgestellten Kleintraktor – so er überhaupt Notiz von ihm nahm – für das Relikt eines Problems anderer Leute halten, und niemand befasste sich gern mit den Problemen anderer Leute; das hatte schon Douglas Adams zutreffend erkannt, und die Tarnmethode funktionierte nicht nur bei Anhaltern in der Galaxis.

»Ich leih mir gerade mal dein Fahrrad«, sagte Josef nach dem Frühstück, »und fahr damit rüber nach Straßburg – was besorgen.«

Emily hatte keine Einwände, wollte nur wissen: »Muss ich so lange im Wagen bleiben?«

»Nein«, hörte Josef sich zu Emilys und seiner eigenen Überraschung sagen. »Du kannst so lange am Rhein spazieren gehen.«

In der Nähe eines Campingplatzes gab es so viele Mädchen, dass Emily kaum auffallen würde; zumal sie ohne Gepäck und Fahrrad nicht wie eine Ausreißerin aus 260 Kilometern Entfernung aussah.

Als Josef zurückkehrte, wartete Emily schon auf ihn.

»Was ich hier drin habe«, womit er auf die mitgeführte Einkaufstasche verwies, »wird dein Wagendasein während der Fahrten beenden. Außerdem können wir dann tagsüber reisen, und du siehst was von der Landschaft«, verkündete er und schränkte zugleich ein: »– vorausgesetzt allerdings, dass du dabei mitspielst.«

Emily legte den Kopf schief und sah Josef aus erwartungsvollen Augen an: »Und das soll heißen …?«

So legte Josef dem Mädchen seinen Plan auseinander, es in einen Jungen zu verwandeln: mit kurzen Haaren und der Kleidung eines Buben.

»Dein Fahrrad können wir ein andermal umlackieren; die Farbe hab ich schon im Odenwald besorgt«, stellte Josef als weitere Maßnahme zur Tarnung in Aussicht.

»*Was?* Copernicus *auch?*«, maulte Emily, was Josef mit strahlenden Augen als Zustimmung deutete – zumindest was den ersten Schritt betraf. Zurecht, denn – wiewohl widerwillig – ließ Emily sich auf die äußerliche Geschlechtsumwandlung ein.

Emily weinte schon ein wenig, als sie eine Strähne ihres schwarzen Schopfes um die andere auf den Wagenboden fallen sah, während sie mit der Schere vor dem Spiegel saß und mutig weiterschnitt.

»Stell dich nicht so an«, sagte Josef, um einen möglichst begütigenden Tonfall bemüht. »So viel ist es gar nicht, was du dir runtermachen sollst; die Haare gingen dir ja gerade so bis zu den Schultern.«

»Trotzdem!«, motzte Emily.

»*Das* soll ich anzieh'n? Nie im Leben!«, zeigte Emily Josef die Grenze ihrer Toleranz auf. Das großkarierte Hemd hätte sie noch durchgehen lassen. Nicht aber ein graues Trachtenjankerl mit Hirschhornknöpfen, der grüne Kragen bestickt mit zwei Edelweiß. Und was ja wohl mal gar nicht ging, war die kurze Krachlederne mit Hosenträgern, die auf der Brustpatte eine beinerne Spange mit dem Motiv des röhrenden Hirsches inmitten eines Ovals von Eichenblättern trug.

Josef hatte die Sachen in einem Second-Hand-Lädchen mit einer Buckligen als Verkäuferin gefunden. Es musste eines von diesen Geschäften sein, deren Kundschaft vorwiegend aus Trollen, Zwergen und jungen Zauberern bestand, wie sie die Romane Tolkiens, Pratchetts und Rowlings bevölkerten. Und am nächsten Tag wäre anstelle des Ladens entweder eine Spielhölle oder ein Bräunungsstudio an der betreffenden Stelle zu finden oder die in solchen Fällen eigentlich obligatorische fenster- und türenlose Backsteinmauer.

In jedem Fall kränkte Emilys Abwehrhaltung die Genialität von Josefs Checker-Qualitäten, der nur enttäuscht erwiderte: »Dann gefällt dir das hier bestimmt auch nicht …«

Josef setzte sich den spitzen Filzhut mit Gamsbart und Fasanenfeder auf, den er als Sonnen- und Regenschutz für den Kopf seiner Begleiterin ausersehen hatte.

Bei diesem Anblick kippte Emily rückwärts auf die Matratze, wo sie sich in einem Lachanfall, dessen sie sich nicht zu erwehren vermochte, hin- und herwälzte.

»Du siehst aus wie der Seppl im Kasperle-Theater«, brachte sie mühsam zwischen Prusten und Glucksen hervor.

»Und Rudi Holder spielt das Krokodil oder was?«, fühlte Josef sich zum Mitmachen angehalten, wo die Stimme der Vernunft ohnedies nichts mehr ausrichten konnte.

Nach einigem Herumgealber trug Emily die Sepplsachen.

»Da hätten wir auch gleich einen neuen Namen für dich: Seppl«, war Josef etwas zu schnell bei der Hand: »Nein, ›Josef und Seppl‹ – das geht nicht; das ist zweimal derselbe Name. Da machen wir's uns doch ganz leicht und taufen dich auf Emil – geht auch nicht; ist deinem eigenen Namen zu ähnlich. Wie wär's mit Felix? Felix, der Glückliche – das hat was, oder?«

Emilys Gesichtsausdruck bewog Josef zu einer Frage: »Oder hättest du einen eigenen Vorschlag für deinen Jungennamen?«

»Kevin …? Oder Justin? Dustin? Dennis vielleicht …«, überlegte Emily laut.

»In Ordnung: Wir bleiben bei Felix«, vertrieb Josef, was er als elterlichen Sadismus bei der Namensgebung für ihre Kinder ansah, aus seinen Gedanken.

»Und der Nachname?«

»Na ja, du bist mein Enkel und heißt auch Kopernikus, wie ich. Sag bloß nicht aus Versehen Kunik!«, sagte Josef aus Versehen und stockte.

Kritisch kniff Emily die Augen zusammen; sie hatte es auch bemerkt.

»Woher kennst du denn meinen Nachnamen? Den hab ich dir doch gar nicht gesagt!«

Da erzählte Josef von der Suchmeldung im Radio.

»Aber ich habe dich nicht belogen«, arbeitete Josef an der Restaurierung des Vertrauensverhältnisses zwischen dem Mädchen und ihm, »ich habe nur nicht alles erwähnt.«

»Die halbe Wahrheit ist auch eine Lüge!«, urteilte Emily hart aber gerecht.

Noch am selben Tag fuhren sie weiter und überquerten die Brücke nach Straßburg. Zum ersten Mal seit seinem Zusammentreffen mit Emily fühlte Josef sich wieder wie in einem unbefristeten und unbegrenzten Urlaub. Das zeit-räumliche Freiheitsgefühl wurde durch das Überschreiten der deutsch-französischen Grenze zusätzlich befeuert. Ob Emily hier weniger gesucht war als in Deutschland vermochte er nicht zu beurteilen, aber es fühlte sich alles danach an. Und seinen Gefühlen schenkte Josef augenblicklich mehr Vertrauen als seinen Sorgen, die sich ohnehin nur in ergebnisloser Grübelei totliefen.

»Wir haben noch was zu erledigen«, erinnerte Josef, nachdem Emily sich über den Namen *Longstross* für Lange Straße amüsiert hatte.

Als wäre es mit Emilys unaussprechlicher Verkleidung nicht schon genug für den Tag! Doch Emily wusste: Es ging um ihr iPhone. Mit dem heutigen Sonnenuntergang lief die Frist ab. Die Galgenfrist. In der virtuellen Welt würde sie heute Abend noch sterben. Man konnte darin viele Leben haben und tausendfach wiederauferstehen von den Verblichenen, aber man hatte nur ein iPhone. Mit dem würden all die leichtherzig verspielten wie die ungelebten Leben aus dem zweiten Dasein gelöscht. Einem Dasein, das zwar nicht wirklicher war als das wirkliche Leben, aber irgendwie gerechter. Und kontrollierbarer. Es fühlte sich jedenfalls so an. Im Leben wusste man nie so genau, woran man eigentlich war. Aber im Netz behielt man den Überblick und hatte gefühlt das meiste im Griff. Aber jetzt? Bonuspunkte: null. *Game over. No replay. Tilt.*

Noch war es nicht so weit. Josef steuerte das Gespann auf einen großen, unbefestigten Parkplatz und dort in den hinteren Bereich, wo keine Autos mehr standen und ein Industriegelände angrenzte. Hier würden sie ungestört sein, und Josef nahm Copernicus von den Haken, um ihn auf Lenkstange und Sattel überkopf abzustellen.

»Willst *du* oder soll *ich*?«, wollte er von Emily wissen, als er Pinsel, blaue Farbe, Terpentinölersatz und ein paar Lappen aus dem Hexenhäuschen kramte.

»Hast du noch einen Pinsel?«

Josef hatte, und bald darauf kauerten beide auf Klappschemeln vor dem Fahrrad und schwangen die Pinsel. Die Sonne schien. Ein lauer Wind wehte und machte die hohe Lufttemperatur erträglich. Außerdem trug er die Lackausdünstungen fort von den beiden Malermeistern. Und sie hatten alle Zeit der Welt. Alles war gut. Und wäre es auch geblieben.

Bis Emily zu plaudern anfing: »Hast du mit Isabell auch ein Rad angepinselt?«

»Wie kommst du denn darauf?«, lachte Josef.

»Weil es toll ist, mit dir ein Rad anzupinseln. Isabell hat es gut: Die hat einen Papa; ich hab keinen.«

»Hast du ihn denn nie kennengelernt, deinen Papa?«

»Nö. Ist vielleicht auch besser so.« Das klang dann doch eher altklug. Denn die Schlussfolgerung entsprang einer psychischen Strategie der Leidvermeidung, deren Bedeutung Emily noch nicht hätte abschätzen können. Es war eine Art des Nicht-wissen-Wollens zugunsten des Weniger-Leiden-Müssens. Doch weniger wissen, zumal über sich selbst, schien Josef stets der falsche Weg.

»Es ist nie besser, seinen Vater nicht gekannt zu haben«, brummelte Josef, während er versuchte, den Peugeot-Löwen unter blauer Farbe verschwinden zu lassen. »Das ist übrigens eine französische Marke, dein Fahrrad. Es ist hier gebaut. Du bringst es zurück zu seinem Ursprung.«

»Echt?«

»Ja«, bestätigte Josef und fügte ironisierend an: »Es ist ein ›echtes‹ Peugeot, und hier ist Frankreich, so ›richtig in echt‹, und wir sind ›echt jetzt‹ beide hier.«

»Boah!«, kommentierte Emily, als hätte sie die Spitzen erkannt, und blieb unbeirrt bei ihrem Thema: »Isabell ist bestimmt sehr glücklich. Dass sie so einen Papa hat.«

Josef hegte starke Zweifel, dass Isabell mit ihrem Vater so viel Glück gehabt hätte: »Ich denke, sie ist augenblicklich zumindest etwas glücklicher als sonst, weil sie gerade eben keinen Papa mehr hat, der sie nur nervt.«

»Mich nervst du nicht«, schmeichelte Emily. »Und Isabell weiß ja, dass du wieder zurückkommst.«

»Ich geh nicht zurück«, bemerkte Josef lapidar, ohne den Pinsel abzusetzen. »Du musst übrigens dünner streichen, sonst gibt es Nasen. ›Wenig Farbe, viel Bewegung‹ ist die Faustregel, egal was du anstreichst.«

»Auch nicht, nachdem du in Toulouse warst?«, blieb Emily hartnäckig.

»Auch nicht, nachdem ich in Toulouse war«, bestätigte Josef. »Wobei ich derzeit noch gar nicht in Toulouse *bin*, was man nicht vergessen sollte. Erst mal hinkommen und dann weitersehen, würde ich sagen.«

»Na ja, aber sie weiß ja wenigstens, wo du bist«, sagte Emily wie zu ihrer eigenen Beruhigung.

»Wer behauptet *das* denn? Dass sie weiß, wo ich bin? Hast du mich etwa verpfiffen, hm?«

»Heißt das, du bist einfach nur weg, ohne ihr was zu sagen?«, empörte sich Emily und unterbrach dafür sogar das hingebungsvolle Umlackieren ihres Fahrrads.

»Klar. Hab's genauso gemacht wie du: Narhallamarsch und ab.«

»Und du hast ihr keine Nachricht dagelassen?«

»Nein.«

»Aber das geht doch nicht …!«

»Klar geht das. Das könntest *du* eigentlich wissen.«

»Das ist doch ganz was anderes: Dass Kinder von ihren Eltern abhauen, das kommt öfter vor. Aber Eltern hauen doch nicht vor ihren Kindern ab. Und außerdem hab ich ja meiner Mama wenigstens einen Zettel auf den Tisch gelegt.«

Das Gespräch nahm einen Verlauf, der zunehmend Unmut aufseiten Josefs weckte.

»Du hast ja keine Ahnung«, kanzelte er seine Gesprächspartnerin kurzerhand ab. »Vom Leben und dem ganzen Rest.«

Emily schien angestrengt nachzudenken, bevor sie Josef zurückgab. »Ist es das, was meine Mama auch gemeint hat? Dass ich keine Ahnung davon hätte, wie das wahre Leben wär, und so?«

Josef überlief eine Gänsehaut. Er musste sich eingestehen, dass die Rollen zwischen Emily und ihm gewechselt hatten: Gerade spielte er das Kind und Emily die Rolle des Erwachsenen. Der Stimme der Vernunft war es soeben gelungen, die des Trotzes zu übertönen. Und nachdenklich zu machen.

»Emily …«, setzte Josef an.

»Felix!«, wurde er von Emily unterbrochen.

»Ja, natürlich: Felix – das ist so:«, versuchte er es noch mal, »da wo ich herkomme, da ging's mir gar nicht gut. Mir ging's so ähnlich wie dir, nur ganz anders und aus Gründen, die du gar nicht wissen willst, okay?«

»*Doch* will ich sie wissen!«, protestierte Emily energisch. »Ich hab dir ja auch alles von mir gesagt. Und du hältst immer alles geheim und so. Echt!«

Und Josef erzählte die Geschichte von Liese und Peter, die er Emily eigentlich hatte ersparen wollen. Aber er sah ein, dass dieses Mädchen besser mit der ganzen als der halben Wahrheit zurechtkam.

»Ach, *das* hast du gemeint mit dem anderen Ausgang des Films, den du gar nicht kennst – wegen Mississippi und so«, ließ Emily durchblicken, dass diese mit einer unbedachten Äußerung eröffnete Gestalt noch auf ihren Abschluss gewartet hatte.

»Dann bin ich also weg, bevor auch noch Rudi notgeschlachtet wird, und seither geht's mir besser. Ich fühl mich sogar sehr gut. Ich war vorher wie eingesperrt, ja, genau so hat sich's angefühlt: völlig nutzlos und wie eingesperrt. Weißt du, was ein ›Goldener Käfig‹ ist? So nennt man ein Gefängnis, das aussieht wie ein Palast. In dem man alles hat, was man sich nur wünschen kann. Von außen betrachtet geht es dem, der darinsitzt, besser als den meisten anderen. Aber es bleibt ein Gefängnis. Wie für den Vogel, der auch nichts davon hat, wenn die Gitterstäbe des Käfigs, in dem er sitzt, vergoldet sind.«

»Hat Isabell dich eingesperrt?«, kam es wie aus der Pistole geschossen, und das gezielt.

»Nein, *das* natürlich nicht«, versuchte Josef sich den von ihm selbst ausgelegten Fallstricken zu entwinden, »das ist nur eine Metapher mit dem Goldenen Käfig. Man selber ist es, der sich darin gefangen hält. Weil man zu bequem ist auszubrechen.«

»Dann ist es aber nicht fair, einfach wegzulaufen und der eigenen Tochter nichts davon zu sagen«, schlußfolgerte Emily.

»Ich hab ja einmal angerufen zuhaus – am ersten oder zweiten Tag, was weiß ich. Da hab ich aber nur ihren Mann am Apparat gehabt und ihm gesagt, dass ich unterwegs bin. Und sie weiß es von ihm«, führte Josef zu seiner Verteidigung an.

»Mit *ihr* hättest du reden müssen! Mit deiner Tochter! Nicht mit irgendwem, der es ihr dann sagt! Und schon gar nicht dem, der die Pferde umgebracht hat. Du bist doch ihr Papa!«, hallte Emilys Appell in Josefs Kopf wider.

Sein Mädchen. Er hatte ›sein Mädchen‹ im Stich gelassen …

»Weißt du, Emily …«

»*Felix!*«

»Mein’ ich ja! Wenn ich Isabell jetzt vor mir hätte, so wie dich gerade eben, und sie würde zu mir sagen: ›Paps, komm doch bitte wieder heim!‹ Was glaubst du, würde ich tun?«

»Heimgehen?«, mutmaßte Emily nach kurzem Überlegen.

»Richtig«, bestätigte Josef. »Ich würde heimgehen. Und wäre wieder unglücklich. Ich müsste es tun, obwohl ich weiß, dass es mir nicht guttäte. Mir den Lebenshauch der späten Jahre ausatmet. Es ist aber jeder selbst verantwortlich dafür, dass es ihm gutgeht. Damit er nachher nicht sagen kann: Die und der waren es, die mein Glück verhindert und mein Leben versaut haben. *Die* sind schuld, und *nicht ich*, dass ich den Sinn meines Lebens verfehlt habe. Das geht nicht, das ist Drückebergerei – vor dem Leben, vor sich selbst – und vor dem ganzen Rest. Manchmal muss man Dinge tun, die nicht besonders schön sind. Aber sie sind *wahr*. Die Wahrheit ist das höhere Gut vor der Schönheit. Und weil man umso wahrer wird, je mehr man sich dem Traum annähert, den man von sich selbst hat, musste ich gehen. Und wenn es auch nur der Traum ist, mit dem Traktor nach Toulouse zu fahren: indem ich ihn wahr mache, werde ich selbst ein bisschen wahrer, wirklicher. Weil ich aus meinem Traum zur Welt erwache. Ich wollte nicht mehr tot sein, bevor ich sterbe. Kannst du das verstehen?«

»Trotzdem musst du Isabell anrufen«, insistierte Felix-Emily Kunik streng. »Am besten jetzt gleich.«

»Das ist dasselbe, wie wenn ich vor ihr stehen müsste. Dann dreh ich um. Geh mit heim. Pack's nicht mehr weiterzufahren.«

Josef geriet in die vor seinen eigenen Augen unethische Situation, als Beschützer des Mädchens Schwäche eingestehen zu müssen.

»Und was würde dann aus dir?«, münzte Josef diesen Gedanken in ein Argument um. »Wenn Isabell jetzt käme und ich mich entscheiden würde umzukehren …«

»Das ist mein Problem«, blieb Emily ihrer Rolle der Unparteiischen treu. »Also: Rufst du sie jetzt an? Du kannst ihr ja 'ne SMS schicken.«

»Ich weiß nicht, wie das geht.«

»Aber ich«, zog Emily auf der Stelle das iPhone hervor.

»Steck das wieder weg«, warnte Josef, »und schalt' es nur ja nicht an! Hier, ich hab selbst ein Handy …«

Josef reichte es Emily.

»Meinetwegen, also eine SMS«, gab Josef endlich nach und begann Emily zu diktieren: »Liebe Isabell! Es tut mir leid, wenn ich dich mit meinem Verschwinden in Angst und Schrecken ...«

»Langsam!«, fuhr Emily auf. »Ich komm gar nicht mit!«

»Angst – und – Schrecken – versetzt – haben – sollte.«

Fasziniert sah Josef zu, wie die Finger des Mädchens über das Tastenfeld huschten und mysteriöse Kombinationen eingaben, wie viermal die 7, dreimal die 6, zweimal hintereinander dreimal die 5, einmal die 8 und zweimal die 3. Es ging in einer Geschwindigkeit, mit der andere auf einer Schreibmaschine tippten.

»›Ich erwarte kein Verständnis, möchte aber, dass du weißt‹ –«, diktierte Josef jetzt in langsamerem Tempo.

»Dass SMS *short message* heißt, weißt du aber schon, oder?«, zweifelte Emily. »Das kommt von *Kurz*mitteilung«, betonte sie die erste Silbe.

»Ja, ja – ›dass es mir gutgeht.‹«, machte er eine Kehrtwendung von der erklärenden auf die beschreibende Ebene. »›Und dasselbe wünsche ich auch dir: dass es dir gutgeht. Dein dich immer und überall liebender Paps.‹«

Der letzte Satz wehte Josef die Schamröte ins Gesicht.

Einmal die 7, einmal die 2, einmal die 7 und viermal die 7 tippte Emily in das Handy und jubilierte: »*Das* hab ich gemeint: So etwas muss eine Tochter doch wissen, dass sie liebgehabt wird!«

»Geh noch mal an den Anfang«, verlangte Josef. »Kann man das?«

»Na klar!«

»Dann schreib statt ›Liebe Isabell‹: ›Mein Mädchen‹ Ausrufezeichen.«

»Soll ich statt des Ausrufezeichens nicht besser einen Smiley machen?«, schlug Emily vor.

»Ist mir wurscht«, sah Josef seine Kräfte für weitere Auseinandersetzungen erschöpft und flüchtete sich in eine von Emily entlehnte Vermeidungsformel.

Nach einem matten Nicken, mit dem Josef seiner kleinen großen Begleiterin seine Zustimmung zu den Textzeilen auf dem Display bestätigte, drückte Emily auf ›Senden‹. Wenig später quittierte das Handy, dass die Nachricht auf Isabells Smartphone eingegangen war.

»Und? Hat's wehgetan?«, bemerkte das Mädchen schnippisch – und bereute es doch sogleich beim Gedanken an sein iPhone.

Um Mitternacht standen Emily und Josef nebeneinander in der Mitte der Fußgängerbrücke, die Kehl und Straßburg miteinander verband. Der Rheinübergang war zur gemeinsamen Landesgartenschau beider Städte geschaffen worden und stellte damit den idealen Ort für eine rituelle Verabschiedung von Emilys *iPhone* dar. Ein großer Fluss musste es sein, denn es war ja auch ein großer Abschied für das Mädchen.

»Eigentlich ist das ja Umweltverschmutzung«, rügte Emily das Vorhaben in einem letzten Aufbegehren.

»Dann nimm den Akku raus«, forderte Josef.

»Der Rest ist aber immer noch Elektroschrott und gehört nicht in die Natur«, bockte sie weiter.

»Na gut«, lenkte sie dann doch ein, als sie Josefs Blick unter vorwurfsvoll hochgezogenen Augenbrauen heraus begegnete.

»Hältst du eine Rede?«, fand das Mädchen etwas Neues, um einen Aufschub zu erwirken.

»Hmhmmm!«, räusperte sich Josef, nahm eine betont aufrechte Körperhaltung ein und richtete den Blick flussabwärts.

»Liebes iPhone! Du warst wie ein guter Freund für die kleine Emily ...«

»Den kleinen *Felix!*«, fiel ihm Felix ins Wort.

»Hör mal, Frau Neunmalklug: Hier geht's um dein Handy ...«

»*iPhone!*«

»... iPhone meinetwegen, und nicht um *dich!*«

»Aber du hast doch selbst gesagt, dass ich ab jetzt nur noch ...«

»Ich weiß, was ich dir gesagt habe! Und das gilt vor allem für *dich*. Was mich anbelangt, kann ich dich nennen, wie ich will – solange du weißt, wer damit gemeint ist. Wenn du alles besser weißt, kannst du dir gerne selbst einen Abgesang auf dein Handy ...«

»iPhone!«

»... iPhone oder Handy, ist doch wurscht, verdammt! – machen.«

»Was: ›machen‹?«

»Abgesang! – Sei jetzt still, das ist mein Auftritt«, hatte Josef aus dem Disput mit Felix-Emily neues Material bezogen – und aus dem Anblick des iPhones, das eine schwarze Haarsträhne als Verzierung trug. Wie ein Schleifchen.

»Liebes iPhone! Du warst einem Mädchen namens Emily stets eine treue Begleitung gewesen. Warst verlässlich und immer da, wenn sie dich brauchte. Du hast mit ihr gespielt und – was noch viel wichtiger ist – warst Zugang zu ihren Freunden. Du warst es, der stets den Kontakt vermittelt hat. Bei dem vielen, was du für dieses Mädchen getan hast, ist es dir vielleicht gar nicht verständlich, warum du jetzt plötzlich gehen sollst. Wir wollen dir in diesem Nachruf die Erklärung nicht schuldig bleiben: Es gibt es nicht mehr, das Mädchen namens Emily. Denn jetzt ist da dieser kleine, mutige Junge, der Felix, der ein ganz anderer ist als Emily, und dabei doch alle ihre Qualitäten in sich trägt. *Der* hat noch nie ein iPhone gehabt und braucht es auch nicht. Er hat keine Not, sich vor der einen, nicht so schönen, in die andere, vermeintlich angenehmere Welt zu flüchten. Er erhebt keine Ansprüche mehr gegen dich, ihm zu Gefallen zu sein, Tippen und Wischbewegungen in Information zu übersetzen: Bilder – Texte – Spiele – Filme – Kontaktdaten – Wetterberichte – Landkarten – all dies wird nicht mehr gebraucht. Es wäre eine Zumutung für dich als wahres Wunderwerk der Technik, dich einfach nur mitschleppen zu lassen und zum bedeutungslosen Requisit degradiert zu sein, in einem Stück, das vom Spielplan abgesetzt wurde. Einer unserer Zirkuskünstler – es war ein Pantomime – hat gesagt: ›Wenn du nicht mehr brauchst als Schnauze, Ohren und Rute, um einen Hund überzeugend darzustellen, dann bist du ein *begabter* Spieler. Wenn du auch das weglässt und den Hund immer noch genauso überzeugend darstellst, dann bist du ein *begnadeter* Spieler.‹

Felix ist der Glückliche, weil er ungeteilt ist in der Welt. Du bist das letzte Accessoire, das er hergeben kann, um ohne dich ein begnadeter Spieler zu sein: begnadet in der Kunst zu leben – als Felix.«

Als er geendet hatte, legte Josef in andächtiger Geste die Hände ineinander und gab in einem Seitenblick auf Felix mit einem unmerklichen Nicken das Zeichen, dass es jetzt so weit war. Felix verstand und ließ das iPhone mit der Haarsträhne über die Geländerbrüstung fallen, wo es beider Blicke in die Dunkelheit entschwand. Man konnte sich das Platschen nur einbilden, das beim Aufprall auf der Wasseroberfläche im gleichmäßigen Rauschen des Stroms unterging. Lange standen der Alte und das Mädchen ans Geländer gelehnt, um in die glitzernde Schwärze zu blicken, die sich unter ihnen hindurchwälzte.

Bis Emily Josefs Hand ergriff, zu ihm aufsah und sagte: »Ist echt gut jetzt, glaube ich. Außerdem wird mir kalt.«

Hand in Hand schlenderten beide zurück ans Straßburger Ufer.

Noch in derselben Nacht fuhren sie weiter. Nach etwas über fünfunddreißig Kilometern Fahrt fanden sie Unterschlupf in einem Waldstück in den Nordvogesen.

Emily war noch ganz aufgekratzt von den Erlebnissen des Tages auf ihren sechzig Zentimetern Matratze neben Josef.

»Wie kommt es, dass du nur so wenige Nummern in deinem Addressbuch hast?«, plauderte das Mädchen munter und meinte damit natürlich das Verzeichnis auf Josefs Handy. »Du musst doch ganz viele Freunde haben als Zirkusdirektor.«

»Als Zirkusdirektor«, erklärte Josef, »hat man Kollegen oder Konkurrenten und Beschäftigte; ansonsten ein paar Künstleragenturen, Leute von Kulturämtern, und das war's dann. Die Nummern von denen brauche ich nicht mehr. Und Klassenkameraden hatte ich keine, da ich ja von Schule zu Schule zog; nirgendwo sind wir viel länger geblieben als zwei oder drei Wochen. Alle hielten mich für hochbegabt, dass ich so überhaupt das Gymnasium geschafft habe.«

»Ich geh auch aufs Gymnasium«, verkündete Emily stolz, wobei es ihr in erster Linie auf die Feststellung einer Ähnlichkeit mit Josef ankam. »Aber hochbegabt bin ich, glaube ich, nicht.«

»Ist auch besser so! Das mit der Hochbegabung hat so seine Haken.«

»Warum?«, hakte das Mädchen nach.

»Weil Hochbegabte in den seltensten Fällen Genies sind«, meinte Josef. »Zu meiner Zeit hat man Anpassung mit Intelligenz gleichgesetzt. Wer das Gelernte so abspulen konnte, wie es die Lehrer am liebsten hörten, bekam die besseren Noten. Damals galt als begabt, wer brav war. Wer aber brav ist und sich an das Vorgegebene hält, traut sich weniger, kreativ zu sein. Die eingefahrenen Bahnen zu verlassen. Eigene Lösungen zu finden. Dem bereits Gewussten etwas Neues hinzuzufügen. Anstatt nachzuplappern, selbst auszuprobieren und nachzudenken. Wer das macht, erntet eher Skepsis und wird als störend erlebt. Statt ihn in seiner Genialität zu fördern oder diese überhaupt erst zu erkennen, wird er eher für seine mangelnde Anpassung bestraft.«

»Ist mit auch schon passiert«, gestand Isabell und fügte zweifelnd an: »Aber ich glaub, ich bin trotzdem auch nicht genial.«

»Macht nix!«, musste Josef lachen. »Dein Abi wirst du schon schaffen, und nachher kannst du studieren. Was ich dir im Übrigen wärmstens empfehlen würde.«

Eine Weile blieb es still neben Josef.

»Sagst du das jetzt, weil du selbst nicht studiert hast? Oder dein Papa?«, überraschte Emily Josef mit ihrer Frage.

»Vielleicht«, fühlte sich Josef auf eine ganz hintergründige Weise ertappt. »Das liegt daran, dass man sich für Menschen, die jünger sind als man selbst und die man mag, wünscht, sie sollten es mal besser haben als man selbst. Bessere Voraussetzungen für's Leben mitbringen und so.«

»Dann magst du mich also auch«, folgerte Emily.

»Ja«, gestand Josef seiner kleinen Begleiterin, »ich mag dich auch.«

Eine Weile blieb es still im Hexenhäuschen. Josef wunderte sich über das Talent des Mädchens, das Gespräch immer wieder zum Wesentlichen zurückzuführen, vom Äußeren auf das Innere zu bringen. Es erinnerte ihn an die Weisheit des Herzens, zu der jeder gelangen konnte – ob hochbegabt oder genial oder keines von beidem.

Dann war es wieder Emily, die sagte: »Ich kann immer noch nicht schlafen. Erzählst du mir eine Geschichte?«

»Ich weiß keine«, musste Josef gestehen.

»Dann denk dir doch eine aus«, ließ Emily nicht locker.

»Für's Erfinden bin ich nicht genial genug«, versuchte Josef sich etwas krampfig aus der Affäre zu ziehen.

»Das weißt du doch gar nicht, solange du's nicht probiert hast.«

»Morgen vielleicht. Heute bin ich zu müde, noch irgendetwas auszuprobieren«, entzog sich Josef der Anforderung. »Schlaf jetzt. Gute Nacht, Emily. Träum was Schönes.«

Mit einem leichten Seufzen verabschiedete sich das Mädchen von der Aussicht auf eine Gute-Nacht-Geschichte und erwiderte stattdessen nur: »Du auch.«

Trotz seiner Müdigkeit lag Josef noch eine Weile wach. Was ihn vom Schlafen abhielt war der Versuch, einer Geschichte erinnerlich zu werden, die er sich einmal für seine kleine Isabell ausgedacht hatte. Wie lange mochte das wohl her sein? Es war eine ... Zirkusgeschichte? Nein: ein Gauklermärchen eher ...

»Emily?«, flüsterte Josef in den Wind, der leise über die Plane strich. »Schläfst du schon?«

»Nö. Warum?«

»Ich glaube, ich hab jetzt eine Geschichte für dich. Willst du sie noch hören?«

»Au ja! Wie heißt sie denn?«

»Sie heißt: *Die Wanderbühne*.«

Und Josef fing zu erzählen an.

Die Wanderbühne
Ein Gauklermärchen

Das Märchen handelt von Philipp dem Gaukler. Mit seinen drei Freunden Eberhard, Franz, Maria und zwei Katzen zieht er im Pferdewagen durch das Land. Wo es ihnen gefällt, schlagen sie ihre Zelte auf und bauen die Bretterbühne zusammen. Ihnen gefällt es überall dort, wo die Straßen noch schmal und staubüberzuckert sind, die Häuser klein und die Menschen freundlich. Und wo viele Kinder sind und die Tiere frei und glücklich herumlaufen. Ihre Heimat ist der blaue Himmel, ein Zeltdach, der Pferdewagen oder ein verträumter Marktflecken zwischen Überall und Nirgendwo, auf dessen Dorfanger oder Festwiese sie ihre Vorstellung geben. Zuhause sind sie in den Herzen der Menschen, vor allem in denen der Kinder.

Eberhard ist ein besonders lieber, ruhiger und fleißiger Kerl. Er kann Gemüsesuppe kochen, Kostüme nähen und Lieder dichten. Dabei lässt er sich immer was Neues einfallen – beim Nähen und Dichten jedenfalls. Ganz besonders gut gefällt Philipp der aus lauter kleinen Pelzstücken zusammengenähte Hexenmantel, den er für Maria gemacht hat. Eberhard ist groß von Gestalt, verbringt die meiste Zeit, wenn sie unterwegs sind, auf dem Kutschbock und kann fiedeln. Er hat einen dicken Bart und teilt sich mit Franz die bärtigen Rollen.

Franz ist auch sehr lieb und ruhig, aber nicht so fleißig in den praktischen Dingen. Dafür kann er sehr gut nachdenken.

Er hat viele Ideen für neue Stücke. Franz hat einen lustigen Ziegenbart und spielt seinen Gauklerkollegen oft auf seiner Mundharmonika vor. Weil er der Liebling von Maria ist, müssen Eberhard und Philipp zusehen, dass sie nicht zu kurz kommen. Schließlich sind die ja auch noch da! Aber Hauptsache ist, dass Maria sie auch liebhat.

Maria ist ein lustiger Spring-ins-Feld. Sie kann sehr gut tanzen, hat blaue Augen und ist die beste Gauklerin, die Philipp kennt – und das will schon was heißen! Sie hat eine Flöte, auf der sie den anderen manchmal vorspielt, rote Haare und lauter Sommersprossen. Eine Eigenart von ihr ist, dass sie sich für zu dick hält. Dann macht sie ihr Hemdchen ein bisschen hoch, kneift sich in den Bauchspeck und sagt: »Guckt mal, ich bin viel zu fett!«

Aber Philipp findet Maria so, wie sie ist, gerade recht. Und die anderen finden das auch. Sicher sagt das Maria nur so, dass sie zu fett sei, und will bloß von allen hören, wie sehr sie ihnen gefällt.

Philipp selbst schließlich ist ein rechter Narr und sieht den ganzen Tag unrasiert aus. Er hat den Eindruck, dass er es am besten von allen habe, weil er jedes Mal die lustigen Rollen spielen darf. Aber von den Gauklern hat eigentlich jeder das Gefühl, die besten Rollen zu spielen, und das ist gut so. Philipp kann Laute zupfen und Lieder singen, außerdem ist er verliebt in Marias rote Haare, ihre glänzenden blauen Augen und ihre Sommersprossen. Weil alle einander sehr lieb haben, macht es nichts, dass sie drei Männer und eine Frau sind.

Außer den Menschen sind da noch Bomber und Paganini, die beiden Kater, und Liese und Peter, die beiden Gäule. Bombers Fell ist fast so rot wie Marias Haare. Er hat ein rundes Gesicht und ist ziemlich fett. Deshalb heißt er Bomber. Paganini ist ganz zierlich und hat schwarzes, glänzendes Fell. Seine

Augen sind grün. Er sitzt am liebsten bei Eberhard auf dem Kutschbock und hört ihm auch gerne beim Fiedeln zu. Deshalb heißt er Paganini.

Liese und Peter sind zwei alte Klepper und ziehen den Gauklerwagen. Manchmal, wenn es über einen steilen Berg geht, müssen alle aussteigen und den Wagen ziehen helfen, so alt und schwach sind die beiden Pferde. Aber die Gaukler wollen keine anderen Gäule als Liese und Peter, um keinen Preis der Welt! Sie sind nämlich ihre Freunde.

Bei manchen Stücken dürfen auch die Tiere mitspielen. Nur die Liese nicht, weil sie jedes Mal ihre Rolle vergisst. Philipp glaubt ja, sie will gar nicht so gerne mitspielen. Die Katzen sind sehr eigensinnige Leute und verändern ihre Rollen nach Gutdünken. Das macht aber nichts, weil alle andern das auch tun.

Ihre Stücke denken sich die Gaukler unterwegs aus. Auf dem gemütlich durch die Landschaft schaukelnden Pferdewagen ist ihnen schon so mancher gute Einfall gekommen. Sie spielen lustige, manchmal auch traurige Stücke, und nie spielen sie zweimal genau dasselbe Stück. Sie spielen das Leben und die Träume.

Die Gaukler besitzen sehr wenig, und weil sie fast nichts zum Leben brauchen, sind sie reich. Sie sind Gaukler, weil sie sich schrecklich gerne gegenseitig anmalen und verkleiden, nicht gerne arbeiten und jeden Tag an einem andern Ort sein wollen.

In den Sommernächten wird es manchmal sehr romantisch. Da sitzen die Gaukler noch lange vor dem Pferdewagen beisammen, und ihre Gesichter glänzen im Schein des Lagerfeuers. Sie erzählen sich Geschichten, singen, machen Musik auf der Flöte und auf der Laute, auf der Mundharmonika und der Fiedel, trinken roten Wein, und ab und zu, wenn sie ganz lustig sind, wird auch getanzt. Und Peter, Liese, Bomber und Paganini tanzen mit.

Das Allerwichtigste ist, dass alle einander so furchtbar lieb haben. Deshalb brauchen sie keine Angst zu haben, vor nichts und niemandem. Und sie sind glücklich.

Natürlich haben die Gaukler auch manchmal Streit, ziemlich oft sogar, um ehrlich zu sein. Philipp streitet am liebsten mit Maria, das macht ihm am meisten Spaß. Vielleicht liegt das ja daran, dass er in sie verliebt ist. So ein Streit mit Maria kann herrlich sein. Und danach versöhnen sich Maria und Philipp wieder, obwohl sie einander gar nicht ernstlich böse waren. Aber das Versöhnen macht ihnen eben großen Spaß, und Philipp findet, es gehört zu einem richtigen Streit dazu.

Wichtiger als das Streiten und Versöhnen sind den Gauklern ihre Wanderbühne und der Pferdewagen, Liese, Peter, Bomber und Paganini, ihre Spielstücke, die Menschen und Menschenkinder, die ihnen zuschauen, ihre gute Laune und die schöne Welt mit ihren kleinen Häusern und den schmalen, staubigen Straßen, über die sie fahren.

Willst du die Gaukler einmal besuchen kommen? Es geht ganz einfach. Stell dich in einer klaren Sternennacht vor das offene Fenster, und schau in den Himmel. Ganz hoch oben über dir, ungefähr drei Daumensprünge links vom Mond, da steht ein kleiner Lichtfleck, der, wenn du ganz genau hinsiehst und die Augen klein machst, ein wenig flimmert. Das ist ihr Lagerfeuer! Wenn du es entdeckt hast, dann mach die Augen ganz fest zu und wünsche dich zu ihnen, in ihren Pferdewagen, eines ihrer Zelte oder wo immer du hinmöchtest. Wenn du vor dem Einschlafen dann noch ein Weilchen wach liegst und an sie denkst, dann hast du schon zu ihnen gefunden und bist in dem Land, wo alle Tiere frei und glücklich herumlaufen, die Straßen schmal und staubüberzuckert, die Häuser klein und die Menschen freundlich sind.

Als Josef geendet hatte, hörte er an dem gleichmäßigen Atmen, dass das Mädchen schlief.

Aufgeregt stürmte Isabell zu Eowin ins Büro.

»Er hat mir gesimst!«, unterstellte sie ihrem Mann, dass der wusste, wen sie mit ›er‹ meinte. »Lies doch nur …«

Damit hielt sie ihm das Smartphone vors Gesicht.

»Weiter weg, sonst kann ich gar nichts erkennen«, beklagte sich Eowin. »Und halt still oder gib es mir.«

»Es geht ihm gut, schreibt er!«, konnte Isabell nicht verhehlen, was ihr das Wichtigste an der Mitteilung war.

»Das glaube ich gern«, murmelte Eowin, als er zu den letzten Zeilen der Kurzmitteilung weiterscrollte.

»Was soll *das* denn jetzt wieder heißen?«, brachte Isabell ihre Irritation über den schnellfertigen Kommentar ihres Mannes zum Ausdruck.

»Ich meine ja nur, dass er mit Sicherheit längst zurück wäre, wenn es ihm nicht gut ginge«, beeilte sich Eowin nachzusetzen, der es sich insgeheim krummnahm, Isabells Euphorie mit seiner unbedachten Bemerkung abgelöscht und sich mal wieder selbst zum Problemträger gemacht zu haben.

»›Keine Nachricht – gute Nachricht‹, heißt es doch. Uns täte es übrigens auch gut, mal rauszukommen. Dein Vater macht's richtig. Aber wann haben wir das letzte Mal Urlaub gemacht?«

»Sag mal: geht's noch? Paps ist spurlos verschwunden, und da denkst du an Urlaub?«, empörte sich Isabell.

»Doch nicht jetzt gleich – aber überhaupt sollten wir mal an Urlaub denken – du auch. Jeder muss irgendwann auch mal raus; das ist es, was wir von deinem Paps lernen können«, blieb Eowin krampfhaft um eine Nachbesserung seiner Ansage bemüht. »Er macht uns vor, wie's geht: einfach mal weg und was anderes sehen. Etwas anderes riechen als Pferde, Heu und Sägespäne. Was ja noch angeht, aber ich stecke meine Nase ja nur noch ins Papier. Deinem Paps geht es gut – nicht *obwohl*, sondern *weil* er weg ist. Es ist Quatsch, sich um ihn Sorgen zu machen. Stattdessen sollten wir uns lieber mit ihm freuen und ihm die Daumen drücken, dass es weiter gut läuft für ihn – was hast du denn?«

Eowin brach seine Flucht nach vorn ab, weil er sah, wie seine Frau sich weinend auf einen Bürostuhl fallen ließ.

»Es tut mir leid, wenn ich …«, beeilte er sich aufzustehen und seinen schweren Leib um den Schreibtisch herum neben seine eingesunken dasitzende Frau zu schieben. »Ich wollte nicht – ich rede ja nur dummes Zeug, ich …«

»Das ist es nicht!«, heulte Isabell schluchzend auf.

Eowin wagte nicht, sie anzurühren, als sie mit vor Weinen stockender Stimme fortfuhr: »›Dein dich immer – und überall lieben- – liebender – Paps‹ hat er geschrieben. Und – ›*mein Mädchen*‹ hat er mich – genannt!«

»Sei nicht traurig … – «

»Ich bin – gar nicht – traurig! Ich bin – so gerührt. Ich weiß gar nicht – mehr, – wann er mich das letzte Mal so genannt hat …!«

Eowin kniete sich vor seine Frau, ergriff ihre Hände und sah ihr in die verheulten Augen.

»Was … was – machst du da? Deine Knie …!«

»Meinen Knien geht es gut, Isa«, versicherte Eowin.

»Willst du mir etwa noch mal einen Antrag machen, du alt-modischer Idiot?«, preßte sie in einer Art Lachweinen hervor.

»Wenn du willst: Ja«, sagte er ohne den Blickkontakt zu lösen. Und fügte an: »Wenn du mich nur ein Zehntel von dem so liebst wie deinen Vater – dann bin ich ein glücklicher Mann.«

Isabell errötete.

»Ich glaube nicht, dass man die Liebe teilen kann«, sagte sie dann. »Und erst recht nicht zehnteln. Und wenn ich dich lieben würde wie meinen Paps, dann hätten wir nie heiraten können. Das wär doch wirklich schade, oder?«

Es war das Schönste, was Eowin seit Langem von seiner Frau gehört hatte, die mit verheulten Augen zu ihm hinuntersah.

»Das wäre mehr als schade«, bestätigte Eowin. Und auch wieder nicht.

Am nächsten Tag genossen Emily und Josef eine geruhsame Fahrt. Josef wählte Nebensträßchen und Feldwege, nach-dem sie die Vogesen hinter sich gelassen hatten. Die Umwege nahm Josef gerne in Kauf, verlängerten sie doch die Fahrt auf angenehme Weise und erhöhten den Genuss, unterwegs zu sein in leicht hügeliger Landschaft, die Sonne über den bei-den Reisenden, den kühlenden und zugleich milden Fahrt-wind im Gesicht, vorbei an Wäldchen und entlang der Ufer kleiner Seen, die spiegelglatt unter der unbewegten Luft lagen. *Der Weg ist das Ziel*, hatte Josef geantwortet auf Emilys Frage, wie weit es denn noch wäre bis Toulouse. Eine ganze Weile vergnügten sie sich mit dem Spiel, das beide aus einem Zei-chentrickfilm kannten:

»Sind wir schon daaa?«, wobei Emily das letzte Wort zu ei-nem fragenden Singsang dehnte.

Wie es seine Rolle in der Vorlage vorsah, gab Josef vorgeblich genervt über die Schulter hinweg: »Nein, ich hab dir doch gesagt, es ist noch ganz weit weg!«

Wenig später: »Sind wir schon *da-ha-haaa?*«

»*Na–hain*, es ist noch *gaaanz weit weg*«, und so weiter.

Bis Emily nicht mehr fragte, sondern sich von ihrem Sitz schob und so weit über die Deichsel kraxelte, dass sie ihr Gesicht langsam neben das von Josef schieben konnte, um ihm ihre freche Nase zuzuwenden und ihm aus unmittelbarer Nähe ein *Blblllblllblllll!* ins Ohr zu blubbern.

»Hör auf damit, dummer Esel!«, hielt sich Josef an die Spielregel und stachelte Emily dadurch nur noch mehr an.

»Hör jetzt wirklich auf, sonst kommst du mir noch unter die Räder«, beendete Josef Emilys Herumgeturne auf der Deichsel, und das Mädchen verdrückte sich folgsam auf den Kutschbock.

»Mir ist so heiß. Können wir nicht baden gehen?«, kam das Mädchen mit einer neuen Idee.

»Klar«, sagte Josef, »wenn du deine Badehose dabeihast ...«

Emily errötete.

»Das ist gemein«, rügte sie dann. »Das sagst du nur, weil ich ein Mädchen bin!«

Josef ließ sich schließlich erweichen und fand mitten in einem Waldstück einen einsam gelegenen See, dessen Ufer flach in das Wasser abfiel. Emily zog sich bis auf die Unterhose aus und wollte so baden gehen.

»Kommt gar nicht infrage, dass du so herumläufst!«, musste sie sich von Josef zurückpfeifen lassen.

»Wieso denn? Ich bin doch jetzt ein Junge«, wandte Emily ein.

»Zieh dir wenigstens das Hemd drüber«, verlangte Josef.

»Das sieht doch bescheuert aus! Wer badet denn in einem Hemd?«

»Keine Diskussion! Mach's einfach, weil ich es sage, und fertig«, wollte Josef jeder weiteren Auseinandersetzung aus dem Weg gehen.

Er fragte sich, ob der unbekümmerte Umgang Emilys mit Nacktheit auf eine Unverletztheit schließen ließ oder ein dahinterliegendes Trauma verbarg, verwarf diese Überlegungen aber sofort wieder, da sie im Augenblick irrelevant waren.

»Aber es ist doch sonst gar niemand da!«, blieb das Mädchen hartnäckig.

»Erstens kann jederzeit einer kommen und zweitens bin ich immer noch ›jemand‹; du nix zeigen – ich nix gucken, kapiert? Das ist eine Frage des gegenseitigen Respekts vor der Körperlichkeit des anderen«, sah er sich dann doch noch zu einer Erklärung gerufen.

»Aber das ist doch blöd! Nachher ist das Hemd nass …«, quengelte Emily.

»Das trocknet in der Sonne in ein paar Minuten. Und außerdem laufen nur Babys nackig herum, aber keine Teenager!«

Das letzte Argument Josefs stach. Ohne weiteren Widerspruch zog Emily das Felix-Hemd über und hüpfte ins Wasser.

Josef nutzte die Gelegenheit, um Wäsche zu waschen, wobei er es vermied, das schmutzige Seifenwasser aus der Waschschüssel in den See zu gießen, sondern es lieber auf der anderen Seite des Wagens entsorgte. Bis Emily vom Baden zurückkam, lagen die nassen Sachen schon zum Trocknen ausgebreitet auf der Grasnarbe zwischen Weg und Seeufer.

Am späten Nachmittag setzten beide ihren Weg fort und erreichten gegen Abend einen weiteren der zahllosen Seen des Lorraine. Das Ufer lud mit hellen Kieseln und Schilfbesatz zu einer Vesper ein. Sie störten sich nicht an dem großen schmiedeeisernen Tor, denn dessen Flügel standen weit offen und schienen geradezu eine Einladung auszusprechen. Erst mit dem Abstellen ihres Gefährts an der Uferlinie wurden sie des altherrschaftlichen Gebäudes gewahr, dessen breite Front mit dem Treppenaufgang der Eingangspforte zum See hin gelegen war. Der gepflegte Rasen zwischen Haus und Ufer ließ keinen Zweifel daran bestehen, dass es sich um ein bewohntes Anwesen handelte. Es regte sich aber nichts.

»Meinst du, das ist für die Leute hier okay, dass wir da sind?«, zeigte sich Emily unsicher.

»Wenn sich einer dran stört, wird er sich schon melden; wir wollen ja schließlich nicht hier einziehen, sondern nur einen Imbiss einnehmen. Eine Nudelsuppe wird man uns schon gönnen«, beschwichtigte Josef sie.

Josef war gerade mit dem Aufsetzen von Wasser beschäftigt, als ein Schuss über den See hallte und beide aufschrecken ließ.

»Galt uns nicht«, stellte Josef fest, als er eine Ente vom Himmel trudeln sah, die im Schilfgürtel des gegenüberliegenden Ufers niederging.

Bald darauf schob sich ein Nachen aus dem Schilf. Auf die Entfernung war die Kontur zweier Männer zu erkennen, von denen einer das Boot stehend durch das flache Wasser stakte, während der zweite saß. Im Näherkommen konnte man die Flinte erkennen, die auf seinen Oberschenkeln ruhte, wie auch den Jagdhund, der aufmerksam dasaß und in dieselbe Richtung blickte wie sein Herrchen, das fraglos der Mann mit Flinte war. Im Gegenlicht zeichnete sich die dunkelgraue Silhouette des lautlos dahingleitenden Kahns vor dem Lichtgrau von Himmel und Wasser ab, voneinander geschieden einzig durch das ockergraue Band des Schilfsaums. Filigrane Linien zogen sich vom Bug des Nachens zitternd über die ansonsten unbewegte Wasserfläche zum Ufer hin.

Ein Aufflattern zwischen den Schilfkolben gab Felix und Josef Gelegenheit, das Schauspiel der Entenjagd nun vollumfänglich mitzuerleben: Der Hund schlug an, der Mann in der Mitte des Bootes erhob sich, legte an, zielte, ein Knall zerriss die Luft, das Boot schaukelte leicht vom Rückstoß, die Flugbahn des Wasservogels endete in einem Federwölkchen, der Jagdhund sprang zeitgleich mit dem Aufprall des leblosen Körpers auf der Wasseroberfläche aus dem Boot, das daraufhin noch ein bisschen mehr schwankte, und apportierte die Beute. Bis der Hund, die Ente im Maul, zurück war, hatte sich der erfolgreiche Schütze wieder hingesetzt und der Fährmann seine Stange abgelegt. Nachdem der Jäger die Beute aus dem Maul des paddelnden Hundes entgegengenommen hatte, wurde Letzterer von dem anderen Mann ins Boot gezogen. Dort schüttelte sich der Jagdhund erst mal exzessiv, womit er sich für Sekunden in die Aura glitzernden Wasserstaubs einhüllte.

Der Nachen glitt weiter, jetzt die Bugspitze pfeilgerade auf Felix und Josef gerichtet. Nichts geschah, außer dass die Kontur des sich annähernden Gefährtes in unmerklicher Stetigkeit größer wurde.

Der Jäger legte den Feldstecher an und »wenigstens nicht die Flinte«, wie Josef mit ironischem Unterton anmerkte.

»Hätte sowieso nicht gedacht, dass die Schonzeit schon vorbei ist«, murmelte Josef. »Aber vielleicht kann der Herr es sich ja leisten, zu machen, was er will.«

»*C'est proprieté privée!*«, rief es vom Nachen, als der sich auf Hörweite angenähert hatte.

»*No camping!*«, erhob Josef sich winkend und kramte in den Schubladen seines Gedächtnisses nach den spärlichen Resten des ihm von der Schulzeit verbliebenen französischen Wortschatzes. »*Nous seulement voulez manger un peut e aprés departis! Ici ne dormir pas!*« Er hoffte, damit in etwa das ausgedrückt zu haben, was er zuvor Felix erklärt hatte.

Wortlos erwiderte der Entenjäger Josefs Gruß und ließ sich dem nahen Steg zutragen, der sich einige zehn Meter seitlich befand.

»Wollen wir nicht lieber wegfahr'n?«, schlug Felix ungewohnt ängstlichen Blickes vor.

»Nein«, widersprach Josef, »das wäre unhöflich.« Und eine Kapitulation noch dazu; aber das sagte er nur zu sich selbst.

Der Jagdhund erreichte Josef und Felix vor seinem Herrchen, lief schnuppernd um beide herum, umrundete dann auch das Gespann, um mit dem Ergebnis ›Keine Ente!‹ zu seinem Herrn zurückzulaufen.

»*Vous ête Allemands?*«, eröffnete der Jäger das Gespräch ohne Grußformel. Der Mann mochte Josefs Alter um geschätzte zehn Jahre überbieten.

»*Oui*«, bestätigte Josef ebenso grußlos und fuhr in radebrechendem Französisch fort: »Das ist mein Enkel Felix, ich bin sein Großvater, Josef Kopernikus.«

Der andere nahm die ausgestreckte Hand Josefs an.

»Victor«, sagte er nur. Und dann: »Sie können Deutsch mit mir sprechen; ich verstehe Deutsch.«

»*Merci*, sehr entgegenkommend«, bemühte sich Josef, eigenes Entgegenkommen zu zeigen.

»Wir entschuldigen uns, falls wir Sie gestört haben sollten. Wir haben keinen Zaun gesehen, und das Tor stand offen; außerdem gab es kein Schild …«

»Kein Schild!«, echote der Mann in einem Auflachen, dem das Verbot implizit war, sich davon anstecken zu lassen. »Das hätte natürlich alles geändert: ein Schild. Ihr Deutschen braucht eben für alles ein Schild. Schlaft ihr beide etwa da drin?«

Mit verächtlicher Miene deutete er eine Bewegung in Richtung des Hexenhäuschens an, während er aus dem Augen-

winkel sah, wie Felix vor dem Hund kauerte und ihn hingebungsvoll hinter den Ohren kraulte, was sich das Tier ebenso
hingebungsvoll gefallen ließ.

In aller Seelenruhe unternahm der Monsieur namens Victor
die drei Schritte bis zum Campingkocher und stieß ihn mit
dem Fuß an, dass er samt Topf umkippte und das kochende
Wasser sich in den Kies ergoss.

»Den braucht ihr nicht. Ihr seid bei mir zum Abendessen
eingeladen. Und auf eine Übernachtung in einem anständi-
gen Bett. Es würde mich freuen, wenn Sie meine Einladung
annähmen, *Monsieurs*.«

Josef hörte eher das Nicht-Gesagte heraus: dass Monsieur
Victor nämlich eine Ablehnung seiner Einladung ganz und gar
nicht erfreuen würde.

Monsieur Victor fuhr fort: »Sie können nach drüben kommen, sobald Sie hier fertig sind. Den Traktor können Sie bis
morgen so stehen lassen.«

Mit einem Pfiff entrissß der Mann den Jagdhund seiner
›Ich-werde-gekrault‹-Emphase und entfernte sich gemesse-
nen Schrittes ›nach drüben‹, wo er den verwunderten Blicken
seiner Gäste durch die reichverzierte Pforte entschwand.

»Lass uns lieber verduften«, wiederholte Felix seinen Vorschlag von vorhin, sah dem Fährmann beim Entladen der
Jagdbeute zu und fing sich dabei einen nicht gerade freundlichen Seitenblick ein.

»Nein«, entschied Josef. »Wir packen unser Wasch- und
Nachtzeug zusammen und gehen hin. Wir müssen keine
Angst haben: Ich halte ihn für einen Mann, der ständig gibt
und niemals lächelt. Wovor du Angst hast, das ist seine Einsamkeit.«

»Ich hab gar keine Angst!«, dementierte Felix den ihn betreffenden Teil von Josefs Aussage.

»Na also …«

Nachdem sie ihre Siebensachen gepackt hatten, folgten die beiden ihrem Gastgeber durch die Pforte, hinter der sie ihn hatten verschwinden sehen. Obschon die Tür offen stand, betätigte Josef vorsorglich die Glocke. Ein schwarzgekleideter Herr erschien – wahrscheinlich der Butler – und forderte die Gäste auf, ihm zu folgen.

Nachdem die Eingangstür ins Schloss gefallen war, schirmte der Flur die Taghelle vollständig ab. Das spärliche Licht der Deckenleuchten schien eher noch zur Dunkelheit beizutragen, nicht anders die schulterhohe Wandtäfelung aus Tropenholz. Die Wandbekleidung oberhalb der Täfelung zeigte ein Paisleymuster in dunklem Blau und Rotbraun auf beigefarbenem Grund. Der Flur mündete in eine ähnlich gestaltete Empfangshalle, unter deren hoher Decke ein Kristalllüster an einer massiven schmiedeeisernen Kette baumelte. An allen vier Wänden hingen als Jagdtrophäen Hirschgeweihe mit beinweißen Stirnplatten, dazwischen ein ausgestopfter Elchkopf, dessen vom Staub der Jahre getrübten Augen nur noch matt im Schein des Lüsters aufspiegelten. Unfähig, seinen Blick von der Monstrosität zu lösen, tastete Felix' Hand nach der von Josef.

»Hübsch ungemütlich, was?«, raunte der seinem kleinen Begleiter zu und baute darauf, dass der Butler am Ende nicht auch Deutsch verstand.

»Mhm«, gab Felix sehr verhalten zurück.

Der Butler öffnete eine der insgesamt sechs Türen, die von der Empfangshalle abgingen, und hielt sie den Besuchern auf. Mit einer Geste der freien Hand und einem Senken seines Hauptes bedeutete der Bedienstete den Gästen seiner Herrschaft einzutreten, doch weder Geste noch Miene hatten etwas Einladendes. Er erschien als Meister in der Kunst, jegliche

145

Andeutung von Freundlichkeit in seinem betont höflichen Habitus zu ersticken.

Indessen kam den Besuchern der Jagdhund von vorhin entgegen, um rutewedelnd Felix zu begrüßen und ihn erwartungsvoll anzuhecheln, bis wieder dieser herrliche Griff hinter die Ohren kam.

Nach der geradezu niederdrückenden Atmosphäre von Flur und Halle, staunten Josef und Felix umso mehr über das strahlende Ambiente, in das Licht und Ausstattung die lange Tafel kleideten, um die acht Stühle bereitstanden, obschon durchaus Platz für mehr gewesen wäre. Das Strahlen der frühabendlichen Sonne brach sich in den cremefarbenen Raffbögen der Vorhänge an drei Fenstern, deren von Speichen gegliederte Glasflächen von der Decke bis auf Kniehöhe herabreichten und von bodenlangen, pastellgrünen Volants gerahmt waren. Die dezenten Streifen der Textiltapete unterstrichen die Höhe des Raumes – zumindest oberhalb seiner Taille, die von einer Stuckleiste auf Brusthöhe markiert wurde. Der gewachste Parkettboden zeigte Intarsien aus Edelhölzern und lenkte Josefs Blick auf sein und Felix' Schuhwerk, das einen geradezu verstörenden Kontrast zu dem feinen Ambiente lieferte. Die Umgebung gab Josef Anlass, an dem Outfit zu zweifeln, das er Felix verpasst hatte; was ihn selbst anbelangte, hatte er keine Scheu, den Clochard zu geben, obschon – oder gerade *weil* – die respektvolle Behandlung von Menschen sich im fortgeschrittenen Lebensalter immer enger an deren äußerem Erscheinungsbild orientierte. Sein rebellischer Geist widersetzte sich der Unterwerfung unter einen *common sense*, der ihm ein Verkleiden außerhalb der Manege nahezulegen versuchte. Zudem fühlte Josef sich nicht heruntergekommen in Jeans mit Gebrauchsspuren, einem langärmeligen Trekkinghemd in

Dunkelgrau, dessen Gewebe den Schweiß unsichtbar hielt, und Schuhen, die eben dadurch erst bequem wurden, dass man sie ausgelatscht hatte.

Womöglich rührten Josefs Widerstände gegen feines Tuch auch daher, dass sein Schwiegersohn stets wie aus dem Ei gepellt daherkam, als hänge davon die Qualität seiner Geschäftsabschlüsse ab. Nein! Josef war *kein* Clochard; der Selbstvergleich mit einem Tippelbruder war dem überzogenen Ambiente geschuldet und nicht seiner tatsächlichen Erscheinung, die sogar auf dem Traktor noch etwas zumindest ansatzweise Aristokratisches hatte – für den, der *innere* Aristokratie zu erkennen vermochte. Das war für Josef die Aristokratie der Straße – in Abgrenzung von der seines Schwiegersohnes.

In der nun einmal gegebenen Situation entschied sich Josef für Einklang anstelle von Hader. Nur um Felix, der in seinem Trachtenjankerl vor sich hin brütete, tat es ihm ehrlich leid.

»Sie können gerne einstweilen Platz nehmen«, unterbrach der Butler auf Französisch Felix' und Josefs stille Betrachtung der opulenten Stuckrosette über dem zehnarmigen Kronleuchter aus venezianischem Glas. »Monsieur wird gleich kommen.«

Mißbilligend nahm Josef zur Kenntnis, dass am einen Ende der Tafel rechts und links der Stirnseite vollständig eingedeckt war, wo gewiss der Hausherr seinen angestammten Platz innehatte. Kurzerhand räumte Josef das eine Gedeck auf die andere Seite, sodass er und Felix nebeneinander statt einander gegenüber und durch die Aura der Herrschaft separiert sitzen würden.

»Ich muss mich dafür entschuldigen, dass die Sitzordnung des treuen Jean nicht ihren Bedürfnissen entspricht«, kommentierte die Stimme des Gastgebers Josefs Bemühungen.

Weder Felix, der mit dem Hund beschäftigt war, noch Josef, dessen Aufmerksamkeit der Ordnung des Bestecks galt, hatten das Eintreten Monsieur Victors bemerkt. Der trug eine cognacfarbene Kniebundhose aus Cord und ein olivgrünes Hemd. Seine Füße steckten in Hausschuhen aus Filz.

»Felix zählt zu jenen Menschen, die ein Zeichen der Verbundenheit darin sehen, dass man in dieselbe Richtung blickt«, war Josefs Konter auf Monsieurs doppelbödige Entschuldigung. Wenn diese Einladung auf ein mentales Armdrücken bei Tisch hinauslaufen sollte, fürchtete Josef eine Magenkolik davonzutragen.

Ohne auf Josefs Erwiderung einzugehen, bat Monsieur zu Tisch.

»Sie sind aus Bayern?«, mutmaßte Monsieur, als alle Platz genommen hatten.

»Ich komme aus Regensburg, mein Enkel Felix wohnt bei seinen Eltern in Passau«, log Josef.

»Diese Tracht, das nennt ihr Deutschen – wie war das Wort gleich? – *zünftig*; ist es nicht so?« Ohne eine Reaktion abzuwarten, schloss er an: »Und Sie sind die ganze Strecke mit diesem Gefährt bis vor meine Haustür gelangt? Respekt! Eine Kontinentalreise auf einem Weinbergtraktor hätte ich eher einem britischen Exzentriker zugetraut als einem humorlosen Bayern – noch dazu unter Cloppenburger Kennzeichen ...«

»Nur kein übertriebener Argwohn!«, stellte Josef ohne mit der Wimper zu zucken fest. »Das Fahrzeug wurde nie umgemeldet.«

Es war Josef ein Leichtes, eine andere Herkunft anzugeben, da er jede Stadt in Deutschland, in der er einmal mit dem Zirkus gastiert hatte – und dazu gehörten durchaus auch Regensburg und Passau – desto eher als Heimat betrachtete, je weiter sie vom Gestüt derer von Lüdershagen entfernt lag.

»Sehen Sie mir mein Misstrauen nach«, erbat Monsieur in versöhnlichem Ton, »doch ich gehöre unseligerweise zu den Franzosen, die nicht auf die besten Erfahrungen mit den *boches* zurückblicken, wenn Sie wissen, worauf ich anspiele.«

»Mein Vater war im Frankreichfeldzug«, scheute Josef nicht den Schritt auf vermintes Terrain. Und fügte vorsichtshalber an: »Man hatte ihn gegen seinen Willen eingezogen. Er war auch nie in der Partei.«

»Da ging es ihm ja fast wie uns Franzosen: Wir wurden auch gegen unseren Willen in diesen Krieg hineingezogen«, merkte Monsieur mit bitterer Ironie an, während Jean als ersten Gang Entenpastete auf jeden der Teller vorlegte und Scheiben gewärmten Baguettes anreichte.

»Und als die Deutschen den Krieg verloren hatten, wollte keiner von ihnen je von ›der Partei‹ gehört haben!«, setzte er sarkastisch hinzu. »Wie dem auch sei: Ich erfreue mich im hohen Alter eines guten Gedächtnisses, da ich nie vergessen habe. Leider ist dies um den Preis des Vergebens erkauft. Du musst das nicht essen, wenn es dir nicht schmeckt«, wechselte Monsieur das Thema, als er sah, dass Felix wie hypnotisiert auf die Pastete starrte, ohne sie anzurühren.

»Er ist Vegetarier«, sprang Josef für Felix ein.

Sogleich ordnete Monsieur ein fleischloses Gericht für den jungen Gast an. Die betonte Langsamkeit, mit der sich Jean durch die zweite Tür aus dem Raum entfernte, sollte wahrscheinlich die Missbilligung einer solch absurden Bestellung andeuten.

»Sagen Sie nicht, es könnte nicht wieder dazu kommen«, kehrte Monsieur zum Thema Krieg zurück. »›Wir haben dazugelernt‹ und all das Gerede …«

»Ich sage das nicht«, gab Josef mit ruhiger Stimme zu wissen. »Ich mag Deutscher sein, aber ich bin nicht ›die Deutschen‹.«

Monsieur überging Josefs Stellungnahme und knüpfte lieber an seinen eigenen letzten Satz an: »Was mich angeht, habe ich meine eigene Lehre aus der Vergangenheit gezogen. Sie vermissen den Zaun um mein Grundstück? Wundern sich über das weit geöffnete Tor? Finden kein Schild? Ich will Ihnen sagen, warum: Einbrecher knacken nur verschlossene Türen; Verbotsschilder wecken Begehrlichkeiten; und wenn die Deutschen anrücken, helfen weder Schlösser noch Schilder oder Zäune. Ich verfüge über andere Mittel, mich zu schützen, glauben Sie mir!«, beließ er es bei der Andeutung seiner Wehrhaftigkeit.

Jean trug das Sorbet auf.

»Rein vegetarisch«, betonte Monsieur Victor mit Blick auf Felix.

»Sie haben Angehörige im Krieg verloren?«, hörte Josef sich sagen und verfluchte sich zugleich dafür, wie ein Kamikaze-Pilot mit voller Bombenlast auf das dünne Eis der Verständigung hinabzustoßen.

»*Parlez vous Francais?*«

Nach dem französischen Entrée, das er sich mit Monsieur gegeben hatte, empfand Josef die Nachfrage nahezu als kränkend.

»*Un peu*«, räumte er kompromissbereit ein.

Monsieur schlug vor, die Konversation in seiner Muttersprache fortzusetzen, vorgeblich um Felix zu schonen, der seiner Ansicht nach zu klein war, um zu verstehen. Felix indessen meditierte auf die gedünstete Möhre im Gemüsebukett, während die alten Männer sich an den Gräten ihres Hechtfilets abarbeiteten.

»Nicht aus diesem See!«, betonte Monsieur, womit er den Hecht meinte. »Das Wasser ist viel zu warm.«

Dann berichtete er vom Mord der deutschen Invasoren an seinen Eltern.

»Meine ältere Schwester hat alles mit angesehen«, führte er seinen weitgehend emotionslos vorgetragenen Bericht zu Ende. »Sie war damals fünfzehn und hat das Trauma nicht verkraftet. Sie starb dreißig Jahre später in der Anstalt.«

Monsieur nahm einen tiefen Schluck Wein.

»Ein veritabler Tropfen!«, lobte er freudlos, ohne einem seiner Gäste den Blick zuzuwenden.

»Mir ist es weit besser ergangen als meiner Schwester«, fuhr der alte Mann fort. »Ich habe mein Heimatdorf verlassen, um hier nach dem Krieg eine neue Existenz aufzubauen. Ich erlernte die Sprache meiner Feinde und machte mir ihre Korrektheit und Verlässlichkeit für meine Geschäfte mit ihnen zu eigen. Ich verkaufte ihnen Holz aus meinen Sägewerken, was mich heute in die beneidenswerte Lage versetzt, nicht mehr mit Gelddingen befasst zu sein. Ich widme mich ausschließlich wohltätigen Zwecken und meinem Hobby: der Jagd. Ich habe Sie nur nicht gleich vom Gelände gejagt, da sich das schlecht mit meinem Selbstbild als Philanthrop hätte zur Deckung bringen lassen. Und dann war da noch ihr Enkel. Er ist ohne Arg«, erklärte er mit einem Seitenblick auf Felix, der unterm Tisch verschwunden war, um mit dem Hund zu schmusen, der ihm von größerem Interesse erschien als eine gedünstete Möhre. »Sonst hätte mein Hund ihn nicht akzeptiert. Bruno lässt sich von keinem anfassen außer von mir. Der Instinkt irrt nicht. Ein Hund verfügt über mehr Menschenkenntnis als wir. Ich habe selten Gäste. Ich hätte mir nicht träumen lassen, dass einmal Deutsche darunter sein könnten – zumindest hier, auf meinem Privatsitz.«

Mit diesem Satz warf er die zerknüllte Serviette auf die Servierplatte und erhob sich unvermittelt.

»Sie können gerne weiter dinieren und den Nachtisch abwarten – der junge Herr hat ja bislang so gut wie nichts zu sich genommen. Zu gegebener Zeit wird mein Kammerdiener Ihnen Ihr Zimmer zeigen. Ich habe veranlasst, ein zweites Bett dazuzustellen«, merkte er mit dem Unterton der Kritik an, dass der alte Querkopf aus Deutschland seinem Enkel eine derart primitive Art des Reisens zumutete, die es mit sich brachte, in einem Hasenkasten zu nächtigen.

»Sie mögen mir die Unhöflichkeit nachsehen, mich vorzeitig zurückzuziehen«, war sein Abschied, indem er sich zum Gehen wandte und den Raum verließ, nicht ohne den Hund herangepfiffen zu haben.

Das versprochene Zimmer, in das Felix und Josef von dem Kammerdiener namens Etienne geführt wurden, war so licht wie der Tafelsaal, aus dem sie gerade über die Treppe heraufkamen. Trotzdem lastete auf dem Raum eine bleierne Atmosphäre, die sich auch durch Öffnen der zweiflügeligen Loggiatür nicht vertreiben ließ. Weil es Josef und Felix noch viel zu früh schien, sich schlafenzulegen, entschlossen sich beide zu einem Spaziergang um den See.

»Was hat denn Messjöh Victor mit diesem Wort gemeint: ›Bosch‹ oder so?«, wollte Emily wissen. »Und was habt ihr überhaupt so lange besprochen?«

»›Boches‹ ist ein Schimpfwort für die Deutschen während des Zweiten Weltkriegs und heißt so viel wie ›Schweinehunde‹ – weil sich die Deutschen auch entsprechend aufgeführt haben.«

Josef respektierte Monsieurs Maßgabe, dass die Inhalte seiner Schilderung nicht für Felix' Ohren bestimmt waren, und enthielt sich einer detailgenauen Wiedergabe des mit Bedacht auf Französisch Gesagten. Stattdessen berichtete er, was er durch seinen Vater vom Frankreichfeldzug des Zweiten Weltkriegs wusste.

»Mein Vater war Fahrer des Kompaniechefs einer deutschen Einheit. Der ließ sich nach dem Einmarsch von Haus zu Haus fahren, schickte einen Trupp Soldaten hinein und ließ alles herausholen, was irgendwie von Wert erschien: Teppiche, alte Möbel, so vorhanden Ölgemälde – eben alles. Die Sachen wanderten auf die Lastwagen, um sie für das Deutsche Reich sicherzustellen – ›im Namen des Führers zu konfiszieren‹, wie der Kompaniechef es genannt hat. In Wahrheit ließ er die Sachen zu sich nach Hause bringen und hat verscherbelt, was sich nicht in seiner Wohnung unterbringen ließ.

»Das ist gemein!«, urteilte Emily. »Ist es das, was Messjöh Victor mit den Deutschen erlebt hat?«

»Ja«, gab Josef zur Antwort. »Und Schlimmeres.«

Josef schwieg über die von Monsieur Victor geschilderten Details ebenso wie über Berichte seines Vaters, wie etwa den vom Zwischenstopp des Kompaniechefs bei einem gefallenen Soldaten, um dessen Leiche zu fleddern, wobei er auch ein unscheinbares Säckchen zutage förderte. Es enthielt eine Handvoll Reiskörner, die der Soldat womöglich als Notration mit sich führte. ›Riech mal‹, hatte er Josefs Vater damals aufgefordert, während er den Reis durch die Finger in das Säckchen zurückrieseln ließ, ›wie süß das duftet! Wie ich es liebe, das Parfum des Todes!‹

»Die Geschichte ist noch nicht zu Ende«, fuhr Josef fort. »Nach Kriegsende suchte der vormalige Kompaniechef meinen Vater auf und flehte ihn an, ihm einen ›Persilschein‹ auszustellen – der wurde so genannt, weil er seinen Inhaber vor den amerikanischen Kriegsgerichten vom Verdacht eines Kriegsverbrechens reinwusch. Nun erhoffte der vormalige Vorgesetzte von meinem Vater die Bestätigung, dass er sich im Rahmen seiner Dienstbefehle stets korrekt verhalten und keinerlei Übergriffe auf Zivilisten habe zuschulden kommen lassen. So ein Zeugnis konnte nämlich nur ausstellen, wer nie in der nationalsozialistischen Partei Mitglied gewesen war. Und mein Vater gehörte zu diesen wenigen.

»Und? Was hat dein Papa gemacht?«

»Viel später hat er mich gefragt, wie ich an seiner Stelle gehandelt hätte. Ich setzte meinem Vater auseinander – und das würde ich heute noch unterschreiben –, dass der Kompaniechef morgen nicht anders handeln würde als gestern, wenn seine Situation das zuließe. Nicht Reue oder Einsicht hatten ihm den Weg zu seinem vormaligen Fahrer gewiesen, sondern nackte Angst. Wenn der Krieg schon ein Unrecht an und für sich ist, darf der Glaube an ein letztes Bemühen um Gerechtigkeit nicht erlöschen. ›Er hat nicht vor dir gestanden und ‚bitte‘ gesagt‹, war die Erwiderung meines Vaters gewesen. Denn der hatte den Schein unterschrieben. Ich respektiere die Haltung meines Vaters. Aber ich verstehe es gut, wenn jemand nicht verzeihen kann.«

»Also, ich glaube, ich hätte den Schein gegeben, wenn er alles wiedergutmacht und den Leuten zurückbringt, was er sich genommen hat.«

Josef dachte bei diesen Worten Emilys an die vielen Leben, die genommen worden waren und nicht mehr zurückgebracht werden konnten.

»Und entschuldigen muss er sich auch bei jedem«, fuhr Emily fort. »Und versprechen, dass er so was nie wieder macht. Dann hätte ich ihm, glaube ich, so ’nen Waschmittelschein gegeben.«

Den Rest des Weges verbrachten Josef und Emily in Schweigen.

Als sie schon fast die Runde um den See vollendet hatten, fiel Emily auf: »Du, Josef: Dein Beispiel mit dem Schein passt gar nicht. Da geht es darum, ob ein Verbrecher bestraft wird, aber bei Messjöh Victor, ob er verzeihen kann.«

Am darauffolgenden Morgen – es war Montag, der 31. Juli – trafen Emily und Josef Monsieur Victor nicht mehr an, stattdessen Jean, der seine Herrschaft entschuldigte und auf das *petit dejeuner* hinwies, das für die beiden im gleichen Saal gerichtet war, wo sie am vorangegangenen Abend mit ihrem Gastgeber diniert hatten.

»Meinst du, ich soll es hier auf den Tisch legen?«, fragte Emily; gestern noch hatte sie vor dem Einschlafen ein Bild für Monsieur Victor gezeichnet. Es zeigte zwei Männer, von denen einer als Josef, der andere als Monsieur Victor gedacht war. Zwischen beiden standen ein kleinerer Junge in Tracht und ein schlappohriger Hund. Alle blickten in dieselbe Richtung, frontal dem Betrachter entgegen, und lächelten – auch der Hund, und – was noch viel unwahrscheinlicher erschien – Monsieur Victor. Unter dem Bild stand in schnörkeliger Schrift und mit einem Herzchen als i-Punkt:

Merci

»Nein«, gab Josef auf die vorangegangene Frage Emilys zur Antwort. »Dann wird das Bild womöglich mit dem Frühstück abgeräumt, und Monsieur bekommt es nicht einmal zu sehen. Besser, wir vertrauen es Jean mit der Bitte an, es Monsieur Victor zu übergeben. Meinst du nicht, das Herz auf dem ›I‹ sieht verdammt nach Mädchen aus?«

»Nö«, befand Emily. »Ich find's nur schade, dass ich die Buntstifte zuhause gelassen hab.«

Tatsächlich hatte Emily an Schreibzeug zum Mitnehmen gedacht, darunter auch ein Bleistift und ein paar Bögen unlinierten Papiers.

»Die Farbe fehlt mir nicht«, entschied Josef fachmännisch. »Ich finde es so, wie es ist, auf das Wesentliche konzentriert. Du solltest noch ein paar Bilder mehr machen von unterwegs«, schlug Josef vor, in der einen Hand Emilys Zeichnung, in der anderen ein Croissant mit Entenpastete. Er lächelte nach innen. Er hielt das Bild für wirkungsvoller als jede diplomatische Note.

Wenig später waren Josef und Emily unterwegs.

»Ich freu mich schon drauf, das nächste Mal wieder im Hexenhäuschen zu schlafen!«, rief Emily nach vorn, nachdem das Gespann von der Einfahrt zu Monsieur Victors Anwesen auf den Mineralbetonweg eingebogen war, wo es eine lange Staubfahne hinter sich herzog.

»Was du nicht sagst!«, bestätigte Josef nickend.

Der Fahrtwind ließ den Schatten der vorangegangenen Begegnung keine Chance und blies sie einfach weg.

Der weitere Weg führte durch eine Welt, die Josefs Märchen entlehnt schien, durch Dörfer mit kleinen Häusern und freundlichen Menschen, über schmale Straßen, von Staub überzuckert.

Zu Mittag rasteten sie auf einer Wiese abseits der Landstraße. Josef fiel auf, dass Emily sogleich ihr Schreibzeug hervorholte und etwas zu notieren begann.

»Was schreibst du denn?«, wollte er wissen.

»Tagebuch«, sagte Emily, ohne dabei aufzublicken. »Ich hab noch ganz schön viel nachzuholen seit dem ersten Tag. Will nämlich nicht in Toulouse ankommen als Mädchen ohne Geschichte.«

Josef wusste erst nicht, ob er die Essenvorbereitungen unterbrechen sollte, um es dem Mädchen gleichzutun, entschied sich dann aber anders. Mit seiner Reise nach Toulouse wollte er ja gerade einen Abstand zwischen sich und seine Geschichte legen, die sich mehr und mehr zu einer Gefangenschaft entwickelt hatte.

Vergiss, vergiss ...

Der Anfang einer Verszeile geisterte hinter seiner Stirn vorbei und zerstob im hellen Glanz des Sonnenlichts.

Als er Emily über die Schulter lurte, war die gerade dabei, eine Lücke im Text mit einer Bleistiftzeichnung zu füllen. Josef bewunderte die Gabe des Mädchens, mit wenigen Linien und hauchzart schattierten Flächen Stimmungen einzufangen.

»Das war eine gute Idee von dir heut früh, dass ich mehr zeichnen soll«, lobte sie. »Ohne iPhone kann ich ja keine Fotos mehr machen. Gibt's eigentlich schon Essen?«

»Dauert noch«, fühlte sich Josef an den eigentlichen Grund für den Zwischenstopp erinnert.

»Was'n Glück. Da kann ich noch weitermachen«, freute sich eine schaffensdurstige Emily.

Nachdem die Zubereitung einer Mahlzeit offenbar noch Zeit hatte, kramte Josef sein Handy hervor und las zum wiederholten Mal die Kurzmitteilung, die er von Isabell empfangen hatte:

›Mein Paps!

Eowin und mir geht es gut. Lucky Loser untröstlich über dein Verschwinden :(

Dein Mädchen.‹

Von Emily wusste Josef, was der Doppelpunkt mit offener Klammer zu bedeuten hatte. Es musste Isabell einige Überwindung gekostet haben, ihren Gefühlen projektiv über das Pferd Ausdruck zu verleihen. Immerhin hatte sie es so vermieden, ihn direkt zu einer baldigen Rückkehr aufzufordern. Er schätzte diesen Respekt vor seiner freien Entscheidung – nein, nicht die Entscheidung als solche war frei; es war eine Entscheidung *zur* Freiheit.

»Wie geht das noch mal?«, unterbrach Josef Emily in ihrer Hingabe an das neu eröffnete Tagebuch, um eine SMS an seine Tochter abzusetzen: ›Mein Mädchen! Sag Lucky, dass ich mich einmal wöchentlich bei ihm melde. Und vergiss den Loser. Paps.‹

Die beiden Globetrotter fuhren ohne Mittagessen weiter. Josef hatte ohnehin nur um der Vermutung willen angehalten, dass ein zwölfjähriges Kind geregelter Mahlzeiten bedurfte. Wie in diesem so in anderen Belangen brachte die Präsenz Emilys weit weniger Einschränkungen für ihn selbst mit sich, als er befürchtet hatte. Das Mädchen war ein echter Kumpel.

Josef hielt das Gespann im nächsten größeren Ort an, um die Vorräte zu ergänzen, ein zweites, diesmal weniger auffälliges Jungenoutfit für Emily zu besorgen und vor allem Papier und Stifte, die im Augenblick wichtiger erschienen als regelmäßig zu essen. Er kannte diesen Zustand von sich selbst, dass während eines kreativen Schubs das Drängen der gewöhnlichen physischen Bedürfnisse eine Pause einlegte. Ein Imbiss, zu dem Josef das Mädchen einlud, würde genügen als Ausgleich für den ausgefallenen Mittagstisch.

Die beiden waren noch immer unterwegs, als ein sonniger Tag seinem Abend entgegenging. Die Sonne war bereits hinterm Horizont verschwunden und erhellte mit goldenen Strahlen den wolkenlosen, von weißlich-grauer Gaze verhangenen Himmel, der sich den ganzen Tag meerblau über die Landschaft gespannt hat. Ein leiser Dunstschleier lag über Wiesen und Feldern in der lauen Luft.

Nach einem leichten Anstieg durchquerten sie eine kleine Ortschaft, die gerade Kirmes feierte. Neben der Straße reihten sich ein Karussell, eine Schießbude und ein Autoscooter aneinander. Die schmale Dorfstraße quoll förmlich über von Menschen und Fahrzeugen, dass es einen Polizisten brauchte, das Gedränge zu regeln. Aus den umliegenden Gemeinden war man offenbar hier zusammengeströmt, um sich zu amüsieren. Halbwüchsige standen in Grüppchen beisammen, hier die Jungs, dort die Mädchen, wobei Letztere die Aufmerksamkeit auf sich zu ziehen versuchten, indem sie sich betont desinteressiert gaben; was schon eine Kunst für sich war. Die Jungs riskierten immer wieder auffallend unauffällige Blicke zu den Mädchen, verstohlen nach ihrer Herz-Dame ausspähend, die sie später auf den Tanzboden führen würden. Mit lautstarkem Imponiergehabe machten sie sich selber Mut, vereinzelt gab es eine freundschaftliche Knufferei, während die Mädchen gerade austauschten, wer mit wem ging und wer gerade verkracht war. Ein, zwei Jährchen älter noch vielleicht, und Emily hätte gut dazu gepasst.

Der Geruch von Zweitaktabgasen und Crêpes zog an Felix und Josef vorüber. Lichterketten spannten sich durch die Abenddämmerung, und man konnte das nervöse Geknatter frisierter Mopeds hören.

Es waren nur Eindrücke von Sekunden. Dann lag das Dorf hinter ihnen, wie im Traum verhuscht. Das Gedudel des Orchestrions, vermischt mit stampfendem Hip-Hop, verklang.

Noch in derselben Woche erreichten sie Clermont-Ferrand. Der Sommer war den Reisenden hold: Noch immer war kein Tropfen Regen gefallen, und es blieb angenehm warm; die

Höhe im Zentralmassiv und die Nähe des Südens glichen einander in dieser Hinsicht aus.

Neun Tage waren Emily und Josef mittlerweile unterwegs als *two to Toulouse*. Das gemeinsame Reisen hatte sie zu einem Team verschmolzen. Längst konnte sich Josef das Mädchen als Begleiterin nicht mehr wegdenken. Er sah die Schönheit der Landschaft mit zwei Paar Augen: seinen eigenen und noch ein weiteres Mal durch die Emilys, für die alles neu und irgendwie abenteuerlich war. Die Wahrnehmung Josefs erlebte eine Verjüngungskur vom Alles-schon-mal-Dagewesenen zum Zauber des ersten Males. Es war herrlich, dieses Mädchen bei sich zu haben!

Emily indessen fühlte sich unter den Fittichen des alten Mannes so geborgen wie nie zuvor in ihrem Leben. Er war ihr erster erwachsener Freund. Am schönsten war es, wenn Josef ihr mit ruhiger Stimme von der Wanderbühne erzählte, wie sie es schon oft von ihm gefordert hatte – eigentlich fast jeden Abend. Wenn die Nacht heraufkroch und ihren Teppich seltsamer Geräusche über sie breitete. Einmal hatten sie eine Nachtigall schlagen hören, und Emily konnte sich noch immer ihrer Melodie entsinnen. Wenn sie Seite an Seite mit Josef in dem Hexenhäuschen lag, verlor die Dunkelheit alles Beängstigende, umhüllte sie vielmehr als schützendes Gefäß und kaschierte diskret Emilys stille Ekstase der Glückseligkeit. Wenn Mama doch nur so etwas hätte einmal erleben können …

Das Erzählen des Märchens ging nach einem eingespielten Ritual vonstatten, das in Emilys Behauptung, sie könne nicht einschlafen, seinen Anfang nahm. Josefs Part bestand darin nachzufragen, ob sie eine Gute-Nacht-Geschichte hören wolle, worauf sie sagte: ›Ja, noch mal die von gestern.‹ – ›Warum denn immer die gleiche?‹ würde Josef sodann nachforschen, und ihre Antwort wäre: ›Weil sie so schön ist.‹ Josef zweifelte:

›Woher willst du das denn wissen, wenn du noch nicht einmal das Ende kennst?‹, denn tatsächlich war Emily jedes Mal schon während des Erzählens eingeschlafen. Trotzdem würde sie versichern, dass sie jetzt schon um den guten Ausgang wüsste, da es sonst ja keine *Gute*-Nacht-Geschichte wäre; das war dann das letzte Stichwort, und Josef würde seine Stimme erheben: *Die Wanderbühne* ...

Es war gar nicht das Märchen selbst, sondern Josefs Stimme, die Emily mit der Aura einer nie gekannten und zugleich doch altvertrauten Behutsamkeit umschmiegte. Es war verrückt. Und fühlte sich nach wenigen Tagen doch so normal an, dass Emily sich kaum mehr vorzustellen vermochte, es könnte jemals anders werden oder gewesen sein. Das Mädchen schwamm im Ozean der Wonne und hoffte mit angehaltenem Atem, dass keiner den Stöpsel rauszog ...

Es war Sonntag, der 6. August, als der Stöpsel sich löste; und das ganz von selbst. Doch anstatt das Mädchen langsam austrocknend zurückzulassen, stürzte sich der Ozean vom Himmel und drohte es mitsamt seinem Begleiter zu ersäufen.

Es hatte mit einem Nickerchen begonnen, das die beiden Reisenden einer Weiterfahrt vorgezogen hatten. Drückende Schwüle hatte das Thermometer über die 30-Grad-Marke gejagt. Das Hexenhäuschen lud mit seinem Schatten zum ruhevollen Verweilen auf einer Matte aus vergilbtem Gras am Rande einer Passstraße in den Monts du Livradois ein.

Es war gegen halb drei, als fernes Donnergrollen Josef aus dem Schlaf holte. Wind zerrte an der Plane des Hängers und trieb eine blau-violette Wolkenbank vor sich her, hinter der sich die Sonne in Sicherheit gebracht hatte. Josef beeilte sich, das Mädchen zu wecken und auf eine rasche Weiterfahrt zu drängen. Er hoffte darauf, unterwegs einen geeigneteren Rastplatz zu finden, um dort das Wetter abzuwarten, im Schutz vor dem Wind und den Blicken Vorbeifahrender.

Das Gefährt holperte von der Grasnarbe auf die Passstraße und nahm bergab rasch an Fahrt auf, wobei dreißig Stundenkilometer bereits hart am Limit waren. Wie ein Formel-1-Pilot orientierte sich Josef auf kurvenreicher, abschüssiger Strecke an der Ideallinie, was dadurch nicht leichter wurde, dass das hinter Rudi Holder herschwänzelnde Hexenhäuschen beherzt mitzulenken versuchte – dies stets gegensinnig zu dem von Josef eingeschlagenen Kurs; ein Weinbergtraktor war eben wirklich auf Wendigkeit getrimmt und nicht auf hohe Endgeschwindigkeiten. Dem Piloten in seinem Monoposto war geraten, das Gefährt mit Standgas rollen zu lassen. Das schonte auch die Bremsbeläge. Im Übrigen gab sich Josef kaum Mühe, das Tempo zu drosseln.

Bald fielen die ersten Tropfen. Zunächst störte Josef das wenig, denn der war vom Schweiß längst unter seinem Regenzeug pitschnass. Doch dann explodierte der Himmel und übergoss die Reisenden aus vollen Kübeln mit seiner Regenlast. Emily und Josef zogen das Genick ein und pressten das Kinn an die Brust als wollten sie sich unter dem Guss wegducken, doch Fahrtwind und Sturmböen sorgten dafür, dass die Nässe aus allen Richtungen gleichzeitig auf ihre Opfer einprasselte. Durch schmale Augenschlitze behielt Josef die Fahrbahn im Blick so gut es eben ging.

Die Vernunft hätte geraten, gar nicht erst loszufahren oder spätestens jetzt einen zumindest halbwegs geschützten Platz aufzusuchen. Aber es gab keinen entlang dieser in den Hang gekerbten Route. Außerdem folgte Josef schon lange nicht mehr den Prämissen der Vernunft. Sonst wäre er gar nicht erst zu dieser Reise aufgebrochen. Es entsprach auch nicht der Vernunft, dass Josef sich in Bewegung besser aufgehoben fühlte als im Stillstand, doch er hatte einfach viel zu lange aus Vernunftgründen stillgehalten, um jetzt stehen zu bleiben.

Der bergseitige Flutgraben reichte längst nicht mehr aus, die den Hang herabstürzenden Wassermassen aufzunehmen, die das schmale Band der Straße zu schlucken schienen.

Die enge Kurve, in der das Bergsträßchen den Sturzbach über-querte, der sich tief in die Bergflanke gefressen hatte, war fast erreicht – das heißt: Die Straße hätte den Bach überqueren sollen, doch durch die herabschießende Sturzflut war, was als Brücke gedacht war, in eine Furt verwandelt. Voller Empö-rung über den viel zu engen Querschnitt für den Durchfluss bäumte sich das Wasser auf, um in einer Kaskade über den Fahrweg zu gischten.

Josef brachte das Gefährt vor der Gefahrenstelle zum Ste-hen. Der Gedanke an Umkehr wurde unterbrochen von ei-nem Krachen und Tosen, das von einem Baum herrührte, der den Widerstand gegen das Zerren des Windes aufgegeben hatte. Mit einem fulminanten Peitschenhieb drosch das Na-delgewächs keine zwanzig Meter hinter dem Traktor auf die Fahrbahn und blockierte den Rückweg. Hier aber, in der Keh-le des sich sammelnden Starkregens, konnte die Flut binnen Kürze derart anschwellen, dass sie das Gespann in den Ab-grund fegen würde.

Ohne zu zaudern legte Josef einen der mittleren Gänge ein, um den Wasserschwall auf Gedeih und Verderb zu durchque-ren.

»Stell dich auf die Anhängerkupplung«, brüllte Josef über die Schulter hinweg Emily zu, »und halt dich an mir fest! Nicht auf die Deichsel stellen, klar?«

Der Traktor allein würde durchkommen, davon war Josef überzeugt; immerhin brachte Rudi Holder mit seinen an den Felgen montierten Radgewichten an die siebenhundert Kilogramm auf die Waage. Aber was würde aus dem Hänger? Wenn dessen Räder denn auf der Straße blieben und nicht gleich weggewischt würden wie ein Radiergummi vom Blanken Hans, so war es die Plane, die dem Wasserschwall die größte Angriffsfläche bot.

Jedes Zögern hätte das Aus für die Reisegefährten bedeuten können – was Josef tat, indem er die Kupplung kommen ließ, allerdings auch. Mit einem unsanften Ruck fuhr der Holder an. Josef drückte den Gashebel bis zum Anschlag durch. Blauer Qualm und ein Funkenregen mischten sich in das brandende Wasser.

Eine eigentümliche Wandlung ging mit dem Anfahren in dem alten Mann vor. Er *saß* nicht mehr auf dem Traktor, er stand; Hauptsache, er spürte noch Emilys Arme um seine Hüfte. Ein Schub von Adrenalin setzte ihn von einem Atemzug zum andern unter Droge. Nicht, dass er ab jetzt *versucht* hätte, durchzukommen; er *tat* es einfach. Oder eigentlich: Er ließ es geschehen. Denn längst handelte er nicht mehr. Es tat mit ihm. *Es* – das war die Entschlossenheit, sich nicht unterkriegen zu lassen, einerlei wie dick es kam. Es war der Mut der Verzweiflung, der auf dem Zenit der Krise Berge versetzte. Nicht Rudi Holder war es, der den Zug auf die andere Seite bringen würde, sondern Josefs eiserner Wille.

In Josef fand dieser Wille die grotesk anmutende Ausdrucksform, dass er das Unheil anlächelte. Sein Gesicht verzog sich zu einer Grimasse des Hohnes: keine Gnade den aufsässigen Elementen! Auch wenn die keinen Verstand besaßen und als nicht-rationale Phänomene grundlos auftraten, um zur Ungerechtigkeit der Welt noch ihren überflüssigen Beitrag zu leisten – wie ein Erdbeben, das die Ärmsten der Armen trifft, oder ein Hurricane, ein Tsunami oder was auch immer –, würden sie als Lehre hinnehmen müssen, dass es keine grausamere Macht gab in diesem Kosmos, als einen alten Mann, dessen Mundwinkel sich so weit zu den Ohren hochzogen, bis man die Zähne sah. Josef war zu einer Art Kampfmönch permutiert.

Wenn ich jetzt draufgeh, ist es voll okay, dachte ein Emily-Wesen, das seine Finger krampfhaft durch das Plastik einer Regenjacke in die Hüfte eines Kampfmönchs eingrub.

Solange ich bei Josef bin, kann mir nichts geschehen. Solange ich bei Josef bin, kann *ihm* nichts geschehen. Weil es einfach nicht sein *darf*. Wenn die Chancen eins zu einer Million gegen den Helden stehen, dann *muss* er durchkommen. So ist es in den Filmen. Und die Helden kommen durch, weil sie nämlich nicht heulen, wenn alles verloren scheint. Und ich heul auch nicht, pah! Es gibt genug in meinen zwölf Jahren, worüber ich heulen könnte und schon geheult habe. Aber das hier wird mich ganz bestimmt nicht zum Heulen bringen. *Das* nicht!

»*Aaaaahhh!*«, schrie Emily auf, als ein Blitz in unmittelbarer Nähe einschlug und der Donner ihr zeitgleich in die Glieder fuhr.

Ich heule nicht!, sagte sie sich. Der Himmel heult ja schon vor lauter Schiss, der *Loser!*

Josef merkte es gar nicht, dass eine der Lenkradspeichen abriss, während er, beide Hände am Lenkradknauf, den Traktor auf Kurs hielt, an dessen Heck der Hänger zerrte und den Knicklenker zur Abgrundkante zu zwingen versuchte. Jetzt waren es nur noch zwei Lenkradspeichen, an denen das Schicksal hing.

Energisch wühlten sich die Stollen der Reifen in rostbraunen Schwemmsand und Geröll, gruben sich immer tiefer und – mahlten auf der Stelle. Der Traktor steckte fest – zumindest was die Vorwärtsbewegung anbelangte. Seitlich driftete er mit jeder Radumdrehung naher an die Abrisskante der Fahrbahn. Dabei war es schon so gut wie geschafft: Der Traktor war durch das Gröbste durch. Der Hänger war es, der festhing. Mit einem Rad war er unter dem Druck des anbrandenden Wassers über die Fahrbahnkante gerutscht und hing so erbärmlich schief auf der Kippe, als hätte er Angst vor der Steigung, mit der sich die Straße vor der Zugmaschine bergan schlängelte – was freilich kaum zu sehen war durch den blickdicht gewebten Vorhang aus Dunkelheit und Regen.

»Vor! Auf den Fahrersitz!«, herrschte Josef Emily an und turnte an dem Mädchen vorbei auf den hinteren Kotflügel, um den Kupplungsbolzen zu lösen. Wenn es für Josef jemals einen Moment geben sollte, sich von seiner mobilen Behausung zu verabschieden, dann war der jetzt gekommen.

Der Bolzen war verkantet. Und steckte fest. Das Kupplungsmaul wollte ihn ums Verrecken nicht freigeben.

Josef sprang vom Kotflügel auf die überflutete Straße; oberhalb des Hauptstroms der Wassermassen glaubte er, das riskieren zu können. Außerdem konnte er sich ja am Traktor abstützen.

»Hoch!«, schrie er Emily an, dass die sich wie von selbst auf die Fußplatten stellte – nicht viel anders als ein Radfahrer, wenn er sich bei einer steilen Steigung mit vollem Gewicht in die Pedale stemmte.

Josef klappte den Sitz nach vorn, um an das darunter verborgene Werkzeugfach heranzukommen. Dem entriss er einen großen Karabinerhaken und den Zapfwellenadapter, den er sich für die Seilwinde hatte schmieden lassen. Dann klappte er den Sitz wieder zurück, und Emily konnte sich wieder setzen. Josef schob sich bis zum Motorblock vor, um mittels des Adapters Zapfwelle und die Achse der Seilwinde miteinander zu koppeln. Dann lief er los, den Karabiner in der einen, die Schlaufe des Stahlseils in der anderen Hand durch das hier nur noch knöcheltiefe Wasser. Er legte das Seil um einen Baum, der ihm stabil genug erschien, und hakte Seil und Schlaufe in den Karabiner ein.

Als er versuchte, sich an dem Fichtenstamm hochzuziehen, wollten seine Füße nicht mehr so wie er; der Kampfmönch hatte ihn verlassen. Zurück blieben Schwindelgefühl und Schwäche. Josef war so ziemlich am Ende.

»Kupplung!«, brüllte er, an den Stamm gekauert Emily durch Regenvorhang und Sturm zu. »Tritt das linke Pedal ganz durch! Mit allem Gewicht aufs linke Pedal!«

Emily setzte ihren linken Fuß von der Fußplatte auf das Pedal davor, das träge gegen den Federzug nach unten sackte.

»Zapfwelle rein!«, brüllte Josef erneut – wohl wissend, dass Emily mit dieser Anweisung kaum etwas würde anfangen können. »Den rechten Hebel nach oben ziehen! Weiter unten! Gelber Griff!«

Emily zog den Hebel nach oben.

Josef entschloss sich, die Arbeit der Seilwinde mit dem Einlegen des niedrigsten Vorwärtsgangs zu unterstützen: »Gang rein! Schaltknüppel direkt vor dir nach links drücken und gleichzeitig nach vorn!«

Glücklicherweise befand sich der zweite Schalthebel schon in Position ›L‹ für die drei langsameren Gänge; die richtige Stellung zwischen ›S‹ für schnell und ›R‹ für rückwärts war nur mit Fingerspitzengefühl und Routine zu finden.

»Lenkrad festhalten! Nimm den Knauf! Keinesfalls loslassen! Und in meine Richtung drehen! Und jetzt: Fuß von der Kupplung!«

Im selben Augenblick ruckte die Zugmaschine hart an. Die Vorderreifen des Holders radierten unterm Zug der Seilwinde missgelaunt schräg zur Fahrtrichtung durch die Sedimente auf der Fahrbahndecke.

»Differentialsperre rein! Das ist das kleine Pedal mit dem runden Teller vor dem Kupplungspedal! Links vorn! Neben dem Vorderreifen! Lass den Fuß drauf!«

Das Rad des Hängers ratschte an der Fahrbahnkante entlang und pflügte damit durch das, was der Wasserstrom vom Splitt des Banketts übrig gelassen hatte.

»Der Motor brennt!«, übertönte Emilys Kreischen das Toben der Elemente.

Josef konnte sehen, wie der Qualm, der aus dem Auspufftopf quoll, weiß wurde und der Funkenregen dichter. Dann schoss eine Flamme aus dem gekrümmten Auspuffstutzen. Zugleich permutierte das Hämmern des Motors zu einem sonoren Blubbern.

»Hat nichts zu sagen!«, brüllte Josef zurück, ohne jede Ahnung, was das zu sagen hatte. Funken aus dem Auspuffstutzen – ja, das war er gewohnt von Rudi. Aber eine Flamme?

Noch tat der Motor seine Arbeit. Das rechte Rad des Hängers schob sich wieder auf die Fahrbahndecke, dass der sich aus gefährlicher Neigung wieder aufrichtete.

»Gleich haben wir's geschafft!«, brüllte Josef.

Bevor die Seilwinde den Traktor in den Seitengraben zog, rief Josef der Fahrerin zu: »Kupplung und Bremse treten! Rechtes und linkes Pedal gleichzeitig! Und draufbleiben, hörst du!«

Emily tat wie ihr geheißen und verhinderte so, dass das Gespann zurückrollte in das Inferno, während Josef Seil und Schlaufe aus dem Karabiner löste und das Verbindungsstück zwischen Seilwinde und Zapfwelle entfernte, um beides unterm Sitz des Traktors zu versenken. Der Traktor indes spuckte weiter beherzt Feuer.

Der Auspufftopf war das Einzige, das stets trocken blieb, obschon der Regen unvermindert weiterpeitschte. Der gesamte Blechzylinder glühte rot, und die herabprasselnden Tropfen schienen schon verdampft zu sein, bevor sie ihn hätten benetzen können.

Der fliegende Fahrerwechsel zwischen Emily und Josef gestaltete sich nicht ganz einfach. Wenigstens waren die Kräfte einigermaßen wieder zu Josef zurückgekehrt, dass er sich – das Kupplungspedal zuerst übernehmend – auf den Fahrersitz schwingen konnte, während Emily zur anderen Seite abstieg. Das Mädchen erschrak, als das Gespann eine Viertel Radumdrehung nach hinten rollte, bis Josef auch die Bremse übernommen hatte. Als Josef das Mädchen auf der Sitzschale des Kutschbocks wusste, ließ er die Kupplung kommen, und das Gefährt ruckte an. Im Schneckentempo kroch Rudi Holder in die Steigung. Die Stollenreifen teilten den Wasserfilm, der noch immer die Fahrbahn überzog. Falls kein weiterer Baum auf die Straße fiel, war die Gefahr aufs Erste überwunden.

Endlos zogen sich die letzten Meter, bevor Josef auf die sanfte Wölbung eines mit Gras bedeckten Bergsporns von der Straße abbiegen konnte. Hier erst brachte er den Traktor zum Stehen. Emily stand neben Josef und verfolgte mit dem gleichen Interesse das Erlöschen des Auspuffbrandes, nachdem der Motor ausgetuckert war. Ob der jemals wieder anspringen würde, war beiden im Augenblick weitgehend egal. Sie sahen einander an. Als Josef sich dann vollständig zu dem Mädchen herumdrehte, weit vorgebeugt und beide Hände auf die Knie gestützt, war er sich dessen kaum bewusst, dass eine weitere

Herausforderung für Emily darin bestand, das wahnwitzige Lächeln eines alten Mannes auszuhalten. Denn die Mentalität des Kampfmönchs war noch einmal zu Josef zurückgekehrt, um Besitz von ihm zu ergreifen.

»Wir haben's geschafft!«, jubelte er in Emilys Gesicht.

»*Du* hast's gerockt! Ohne dich hätten wir keine Chance gehabt! Aber *du* hast den Karren aus dem Dreck gezogen, alter Haudegen!«

Josef fasste das Mädchen bei den Händen, um mit ihm in einem Kreistanz des Triumphes über die Wiese zu wirbeln.

»Wir haben's geschafft!«, tönte Josef dem Regen entgegen. »Wir haben's tatsächlich geschafft!«

»Wir haben denen da oben den Stinkefinger gezeigt!«, wollte Emily keinesfalls hinter der Begeisterung ihres Kompagnons zurückstehen. Und lachte, dass ihr die Tränen aus den Augen spritzten. Aber das war wahrscheinlich doch nur der viele Regen.

Vorausgesetzt, es hätte dort oben irgendjemanden gegeben, den Emilys Geste hätte stören können, so hätte der einen alten Mann und einen Jungen in Trachtenjankerl und Lederbuchse gesehen, wie sie Hand in Hand im Regen tanzten. Und auch den doppelten Regenbogen hätte er gesehen, der sich mit den ersten Sonnenstrahlen, die sich den Weg durch das aufreißende Wolkenzelt bahnten, über der Wiese mit den beiden tanzenden Gestalten aufspannte.

Während die Regenfäden sich ausdünnten und das Rollen des Donners sich entfernte, meldete sich jene mentale Instanz des Bewusstseins zurück, die für die allgemeine Lebensbewältigung unter Normalbedingungen zuständig war – zu Lasten jener, die exklusiv in existenziellen Krisen und ungerufen wie diese die Handlungssteuerung übernahm. In anderen Worten: Der gröbste Adrenalinflash war vorüber. Zwar litt Josef weder einen Kater noch war er auf *cold turkey*, doch die Rückkehr der Vernunft und der Rückzug des Größenwahns relativierten die Heldentat zu der fast kränkend bescheidenen Einsicht, verdammtes Schwein gehabt zu haben. Denn er war es ja immerhin, der seine ungerufene Schutzbefohlene und sich selbst in Lebensgefahr gebracht hatte. Was auch immer dem Mädchen zugestoßen wäre, er hätte die Schuld gehabt. Schuld …

Wenig später hatte sich das Unwetter vollständig verzogen. Der Himmel riss auf, dampfend stieg die Wärme aus dem Gras und überzog die Landschaft mit ihrem lichtdurchfluteten Dunst. Nur das zornige Rauschen des Sturzbachs, den Emily und Josef überquert hatten, blieb als letzter Zeuge des Starkregens.

Als ersten Akt nach der Wiederkehr der Vernunft holten Emily und Josef das Fahrrad namens Copernicus aus dem Hexenhäuschen, um danach die Wassersäcke aus der eingesackten Plane zu drücken. Die regnete – altersschwach wie sie nun einmal war – bis dahin noch immer ins Wageninnere ab, da die Imprägnierung dem Wasserdruck nicht standhalten konnte: Alles, aber auch alles im Wagen war durchweicht, was Josef besonders beim Blick auf die Matratze höchst bedauerlich ankam. Die Transportkisten in der oberen Regalreihe standen randvoll mit Wasser. Den beiden Reisenden blieb nichts anderes übrig, als ihre ganzen Habseligkeiten auf der Wiese auszubreiten und der intensiven Sonne auszusetzen. Papierne Dinge hatten arg gelitten. Vorsichtig trennte Emily die einzelnen Blätter ihres Tagebuchs voneinander. Der Text war weitgehend noch lesbar; stärker gelitten hatten die Zeichnungen mit ihren zarten Schraffuren.

Beim Ausräumen des Anhängers ging Josefs Hand beiläufig zur Gesäßtasche seiner Jeans. Es war der typische Kontrollgriff vieler Männer, wenn sie sich mit dem Ertasten der Ausbeulung vergewissern wollten, dass das Portemonnaie noch da saß, wo sie es zuletzt hingesteckt hatten. Das wäre bei Josef die rechte Tasche gewesen. Doch der Griff ging ins Leere. Oder besser gesagt: ins Flache und Feuchte. Links auch. Josef wurde ein wenig blass um die Nase, und ein flaues Gefühl breitete sich in der Magengrube aus, als er zum Traktor eilte und den Sitz hochklappte. Immer, wenn ihn der prall gefüllte Geldbeutel drückte – immerhin enthielt er die gesamte Reisekasse und alle Papiere – parkte er das während der Fahrt lästige Requisit im Werkzeugfach. Da waren auch der Zapfwellenadapter und der große Karabiner. Josef schoss das Blut in den Kopf, während er zwischen Arbeitshandschuhen und Gabelschlüsseln wühlte. Doch vom Geldbeutel keine Spur. Es musste beim eiligen Herausnehmen der Utensilien für die Seilwinde passiert sein, dass er ihn unbemerkt mit herausgerissen und den Regenfluten überlassen hatte, die ihm höchstwahrscheinlich ein nasses Grab in einem namenlosen Tal der Monts du Livradois bereiteten.

Eine beliebte Übersprunghandlung bei der Entdeckung derartiger Verluste besteht darin, verlorene Dinge an Orten zu suchen, wo sie sich mit Sicherheit nicht befinden. Das tat auch Josef, indem er zunächst die Taschen sämtlicher mitgeführter Kleidungsstücke durchwühlte, sodann einen Kontrollblick in jede der Transportkisten warf, den Wagenboden scannte, zuletzt das Gras zwischen den bereits zum Trocknen gelagerten Dingen und noch einmal das Werkzeugfach unterm Fahrersitz, womit die nächste Runde auf dem Karussell eingeläutet war. Am liebsten hätte er auch noch die Matratze aufgeschlitzt. Wahrscheinlich gaben diese ganz und gar überflüssigen da a priori aussichtslosen Suchbewegungen der Seele eine Schonfrist, sich an den Verlust zu gewöhnen, sorgten gewissermaßen für einen temporären Puffer zwischen Zweifel und Verzweiflung. Und die gewann allmählich die Oberhand in Josefs Bewusstsein. So nah also konnten Triumph und Niederlage beieinander liegen …

Es blieb nur noch eine – die letzte! – Chance, und selbst die war verschwindend klein: »Ich muss noch mal zurück«, verkündete Josef seiner Mitreisenden. Und schränkte sogleich ein: »falls der Traktor überhaupt anspringt. Hat wahrscheinlich einen Kolbenfresser. Und ist abgeraucht.«

»Aber wieso denn?«, kam Emily vom Sortieren ihrer Habseligkeiten hinzugelaufen und sah zu, wie Josef den Hänger abkuppelte.

»Portemonnaie verloren«, brachte Josef seine Antwort auf den kleinsten Nenner. »Muss aus dem Werkzeugfach gerutscht sein, als wir stecken geblieben sind. Unterm Sitz. Da war's zuletzt. Und jetzt ist es weg.«

Brav nahm Rudi Holder das Gas an, nachdem der Motor ohne Mucken und wider alle Erwartung gestartet war.

»Eine Lenkradspeiche ist auch gebrochen«, stellte der alte Mann mit Grabesstimme fest, der sich nicht einmal mehr über das vertraute Tuckern des Weinbergtraktors freuen konnte.

»Dafür haben zwei gehalten«, steuerte Emily den lichten Schatten zur Schadenaufnahme bei.

»Du bleibst hier und passt auf unseren Kerschel auf«, entschied Josef, als er das Kupplungspedal wenig einfühlsam hochschnalzen ließ.

»Nein«, warf er seine Entscheidung sogleich wieder um, »besser, du kommst mit; vier Augen sehen mehr als zwei.«

Wozu auch hätte es eine Aufpasserin brauchen sollen, wenn alles ohnehin so gut wie verloren war? Wer hätte sich interessieren sollen für mobilen Hausrat, der wie nach einem Bombeneinschlag über eine Wiese verstreut lag?

Emily und Josef teilten sich den Fahrersitz mit jeweils einer Pobacke, wobei jeder die Füße auf seiner Seite des Knickgelenks behielt. Für Josef war das kaum möglich, ohne dass das Stollenprofil der Reifen summend an seinen Schuhen raspelte. Bei der rasanten Bergabfahrt hielt er mit der rechten Fahrzeugseite das Monopol für das Bremsen inne, während er Emily überließ, das Gas so zu regulieren, dass Rudi nicht zu schnell wurde und zu schlingern anfing.

»Genau so hab ich mir das schon gedacht!«, gab Josef in fatalistischer Tonlosigkeit zu Gehör, als die Talsohle des Passsträßchens erreicht war.

Gedacht hatte er sich nämlich ein Anschwellen der sich durch die Hangkehle pressenden Wassermassen infolge des Unwetters. Es war wie mit der Rotbuche auf dem Hofgut derer von Lüdershagen, unter der es mit Verzögerung zu regnen begann – manchmal erst dann, wenn der Himmel schon längst damit fertig war. Mittlerweile wäre an ein Durchqueren des zum Mahlstrom erstarkten Sturzbachs nicht einmal mehr zu denken gewesen. Das Einzige, was noch unwahrscheinlicher erschien, war das Auffinden einer Geldbörse am unteren Totpunkt des vor Kurzem noch für glücklich bestanden gehaltenen Abenteuers. Es war nicht möglich, sich der Stelle auch nur anzunähern, an der der monetäre Rückhalt des Unterfangens über Bord gegangen war, ohne ›Tschüss‹ zu sagen. Selbst der Stamm des Baumes, an dem Josef Anker für Mensch und Maschine gesetzt hatte, war mittlerweile von Wasser umspült.

»Mach dich sofort da raus!«, blaffte Josef das Mädchen etwas schärfer an, als es das verdient hatte, wie er es bereits knietief mit suchendem Blick durch die Strömung waten sah.

»Wir machen den Verlust nicht kleiner, indem wir uns meinem Portemonnaie hinterherwerfen!«

Das war zugleich das Signal zum Abbruch der Suchaktion. Und die hatte zu keinem anderen Ergebnis geführt, als Josef es erwartet hatte.

Die Rückfahrt, die sich mit Rudis Gezuckel bergan in die Länge zog, verbrachten die beiden Reisenden in Schweigen. Josef hatte im Stillen und für sich beschlossen, Emily erst nach der Rückkehr an ihren Lagerplatz mit der unausweichlichen Konsequenz dieses Einschlags zu konfrontieren – sofern die ihr nicht ohnedies klar wäre, was er im Grunde genommen unterstellte.

»Tja«, setzte er an, als der Traktor stillstand und der Motor schwieg, »das ist dann also das Ende unserer Reise.«

Emily, soeben abgestiegen von ihrer Seite Rudi Holders, stand da wie vom Schlag gerührt.

»Waaas?!«, brachte sie mit einer Mischung von ungläubigem Staunen und Entsetzen hervor.

»Du hast richtig gehört: Die Reise ist zu Ende. Wir lassen unsere Sachen noch trocknen, dann räumen wir zusammen und machen uns auf den Rückweg.«

»Das geht doch gar nicht«, weigerte sich Emily, diese Ansage zu akzeptieren, »wir haben's doch gerade selbst gesehen!«

»Kapier's halt«, rumpelte Josef, dem es lieber gewesen wäre, das Mädchen hätte ganz unbekümmert zugestimmt. Auch wenn das nach allem am wenigsten zu erwarten war. »Wir fahren zurück. Über welche Straße auch immer. Die Kürzeste am besten. Es ist vorbei.«

»Aber – warum denn?«

»Weil wir ohne Geld aufgeschmissen sind. Darum kehren wir um, klar?«, ließ Josef keinen Zweifel an der Entscheidung.

Wobei es aus seiner Sicht gar nichts zu entscheiden gab, denn dafür hätte es eines Spielraums bedurft, der in der gegebenen Zwangslage nicht existierte.

»Wegen Geld?«, empörte sich Emily.

»Ja. Wegen Geld«, bestätigte Josef bitter.

Die Bestandsaufnahme des Verlustes begann bei dem, was die bisherigen Einkäufe und Tankstopps von viertausend Euro übrig gelassen hatten. Ferner eine Bankkarte. Darüber hinaus eine Kreditkarte, die mit Eowins Bonität abgedeckt war, denn Josef hätte von der Bank keine erhalten. Desweiteren: Personalausweis, Führerschein, Zulassungspapiere für Traktor und Hänger.

Natürlich war es völlig irrational, alles Wichtige am selben Ort aufzubewahren. Und noch dazu in derselben Brieftasche. Aber so hatte Josef es ein Leben lang gehalten, und es hatte geklappt. Nach dem Prinzip ›Never change a running system‹ war er der bewährten Praxis treu geblieben, auch wenn die Besonderheiten dieser Reise etwa die Verwendung eines Bauchgurts nahegelegt hätten. Oder zumindest eine getrennte Aufbewahrung von Bargeld und Papieren. Immer mal wieder in der Vergangenheit hatte Josef seine Geldbörse verlegt. Doch abhandengekommen war sie ihm noch nie. Die Börse steckte immer in der rechten Gesäßtasche der Hose, die er gerade trug. Unvermittelt war das System, das er nie geändert hatte, weil es ja stets funktionierte, zusammengebrochen. Und mit ihm er selbst. Die Illusionsblase der grenzenlosen Freiheit war geplatzt. Es war offenbar doch nur eine geliehene, eine gekaufte Freiheit. Und mit einem Mal waren Leihfrist und sämtliche Kredite, aus denen sie finanziert wurde, abgelaufen.

Müde ließ er sich auf die Ladefläche des Hängers sinken, der – so ohne Plane und weitgehend ausgeräumt – kein Hexenhäuschen mehr war. Er wirkte eher wie das Geripppe eines gestrandeten Wals.

»Aber ...«, wehrte sich Emily gegen die Situation, wie sie nun einmal war, »... Geld: Das ist doch das Unwichtigste überhaupt!«

»Ja«, stimmte Josef zu, »allerdings nur, solange man genug davon hat. Und ohne geht nichts mehr.«

Er erinnerte sich an das Schicksal des ›Helden‹ in Brechts *Aufstieg und Fall der Stadt Mahagonny*, dessen Name er nicht einmal mehr erinnerte. Der wurde für das schlimmste Verbrechen, das einer auf sich laden konnte, zum Tode verurteilt: kein Geld zu haben. Und Josef starb zum zweiten Mal den sozialen Tod: erst den in Gefangenschaft, nun den in der Freiheit – nein: Es war bereits das dritte Mal. Schon damals war es so weit gewesen, als der Zirkus in die Pleite geraten war. Nie hatte Josef sich sonderlich für Geld interessiert. Aber als er keines mehr hatte, war er zum Opfer geworden, zu einer Unperson, die man nach Belieben herumschubsen und mit Demütigungen überziehen konnte.

»Es tut mir leid, Emily«, vernahm Josef die eigene verzagte Stimme wie aus weiter Ferne. »Mit den Dieselvorräten schaffen wir es vielleicht gerade so über die Grenze. Dann lasse ich mir Geld anweisen oder mich abholen oder was weiß ich und wir liefern dich in diesem Heim ab – falls du's dir inzwischen nicht anders überlegt hast und doch lieber wieder nach Hause willst.«

»Ich hab's mir längst überlegt«, stieß Emily trotzig hervor. »Ich will bei *dir* bleiben! Ich kann uns unterwegs alles klauen, was wir brauchen.«

»Kommt gar nicht in die Tüte!«, entschied Josef in redlichem Bemühen um einen strengen Ton.

»Aber ich kann das gut! Die erwischen mich nicht. Ehrlich!«

»Du bist wirklich die Einzige, die ich kenne, die ›klauen‹ und ›ehrlich‹ im selben Atemzug nennt!«, erboste sich Josef, den es nervte, nun auch noch diese Diskussion führen zu müssen, und das zum zweiten Mal. »Klauen – so was macht man einfach nicht! Und selbst wenn man noch so weit unten ist: Klauen geht nicht!«

»Aber wenn wir es bis zur Grenze schaffen, dann schaffen wir es doch auch bis Toulouse, oder? Und da wolltest du doch hin.«

»Und was soll ich da? Noch dazu mit dir an der Backe? Mit 'nem Mädchen, das klaut – ich glaub's ja nicht!«, war Josef noch immer über Emilys Vorschlag verärgert.

»Ist es eigentlich noch sehr weit bis Toulouse?«, umschiffte Emily jedes Eingehen auf das ungeliebte Thema.

»Keine vierhundert Kilometer, wenn man die Hauptstraßen nimmt«, schätzte Josef. »Hätten wir in drei Tagen schaffen können – unter anderen Umständen.«

Da zupfte das Mädchen ein zerknittertes, feuchtes Etwas aus seiner Hosentasche, faltete es auf und hielt es Josef mit den Worten hin: »Ist nicht viel. Aber bis nach Toulouse …«

Es war ein 10-Euro-Schein, den Emily von zu Hause mitgenommen hatte – alles, was sie am Tag ihres Aufbruchs an Taschengeld übrighatte. Also nicht geklaut.

»Kannst du haben. Vielleicht reicht's ja für einen von uns. Mich kannst du hier zurücklassen, ich schlag mich schon irgendwie durch. War ja vorher auch nicht viel anders. Und eigentlich war ich dir doch sowieso immer zu viel, stimmt's oder hab ich recht?«

Josefs Blick klebte für einige Sekunden an dem Schein, der in der kleinen Hand vor seinen Augen zitterte. Dann vergrub er das Gesicht in den Händen und begann zu weinen. Zuerst zuckten nur seine Schultern. Nach den Ereignissen des Tages lagen seine Nerven ohnedies blank. Doch die Geste des Mädchens brachte den dünnen Faden der Selbstbeherrschung zum Reißen, und die aufwallenden Gefühle schwemmten Josef weg, wie es zuvor der Regen vergeblich versucht hatte.

Josef spürte, wie kleine Fäuste auf ihn eintrommelten – stetig und so kraftvoll, wie es diesen kleinen Fäusten – mit denen er durchaus schon einmal Bekanntschaft gemacht hatte – eben möglich war, und das hieß so viel wie: im Ergebnis schmerzhaft. Doch es tat ihm längst nicht so weh wie beim ersten Mal. Diesmal war es die Strafe dafür, dass er aufgegeben hat, schlappgemacht. Und dafür, dass er sich gehen ließ, zu allem Überfluss vor einer Schutzbefohlenen. Würde Emily ihn nicht prügeln, er hätte es selbst tun müssen. Es war nur eine Hilfe, sein Versagen zu sühnen. Schuld und Strafe addierten sich gewissermaßen zu null.

Für Emily gewann das den Anschein, ihre Hiebe wären praktisch wirkungslos. Jetzt wäre sie wirklich gern ein Junge gewesen – oder auch nicht. Sie hatte schon so viele Jungs verprügelt, wenn die ihre Mutter eine Hure oder Schlampe genannt haben. Jungs waren einfach mit zwölf noch nicht so weit wie Mädchen.

Bei Josef blieb die Strategie ohne Wirkung; das hätte sie eigentlich wissen können. Also brauchte es eine Neue.

»Du *musst* nach Toulouse!«, setzte sie die Prügelei verbal fort. »Du hast es versprochen! Ein Versprechen muss man halten! Wenn du nicht nach Toulouse fährst, dann glaube ich dir nie mehr irgendwas – *keinem* glaub ich dann mehr was! Wenn *du* nicht nach Toulouse fährst, dann tu ich's! Rudi Holder wirst du nicht vermissen, du brauchst ihn ja nicht mehr! Du kannst meinetwegen Copernicus haben! Und heimradeln! Feigling! Wortbrecher! *Verräter!*«

Mit dem letzten Wort brachen auch bei Emily alle Dämme, und so standen – was Emily betraf – und saßen – das war Josef – ein heulendes Mädchen und ein heulender Alter einander gegenüber. Das Bild wurde wirkungsvoll durch das Skelett des gefledderten Hängers und die auf der Wiese verteilten Habseligkeiten untermalt und konnte als Ausdruck einer Lage gelten, wie sie hoffnungsloser kaum hätte sein können.

»Entschuldige bitte, dass ich mich habe gehen lassen«, brachte Josef aristokratisch unter Aufbietung seiner Selbstbeherrschung hervor. »Ich wollte dich nicht enttäuschen – ich wollte dich wirklich nicht enttäuschen. Und du hast schon recht: Jetzt, wo alles egal ist, können wir auch nach Toulouse fahren. Ich hab vorher ja auch keinerlei Plan gehabt, was ich da überhaupt will. Es war der Name eines Ziels, mehr nicht. Für alles Weitere gab es nie einen Plan. Von daher hat sich im Grunde genommen nicht viel geändert.

Wir sortieren den Rest auch noch zum Trocknen auf die Wiese, denn die Sonne wird nicht ewig scheinen. Für heute Nacht bleiben wir hier. Morgen fahren wir weiter – falls alles trocken ist. Okay?«

Das Mädchen schniefte und nickte stumm.

»Du musst dich nicht bei mir entschuldigen«, sagte Emily, als Josef sich erhob.

»Ich muss nicht«, bestätigte Josef. »Aber es gehört sich so.«

Josef zog das Handy hervor und schaltete es ein. Auch das funktionierte noch; dieser hellsichtige Eowin hatte ihm ein Wasserfestes geschenkt, natürlich.

»Was machst du da?«, war Emily neugierig, was Josef als SMS ins Tastenfeld hackte.

Als er nach gefühlten Ewigkeiten fertig war, hielt er Emily das Display mit den Worten hin: »Wir fahren weiter. Aber nicht ohne Geld!«

Im Grunde genommen hasste sich Josef selbst für das, was er da sagte. Er war abhängig. Ein Junkie. Auf kaltem Entzug: ›*No money man, y' know what it means?*‹ echote in ihm in gedehntem, schmutzigem Kaugummi-Amerikanisch die Stimme eines Fixers, der ihn vor ein paar Jahren um ein paar Euro angegangen war. Geld war Schmier- wie Beruhigungsmittel in einem. Ein Anästhetikum für den tief empfundenen Mangel, als Mensch gesehen zu werden: Die Droge Geld, zumal in hohen Dosen genossen, betäubte die Angst vor dem Leben. Wer auch immer einem gegenüberstand, richtete sich das eigene Selbstvertrauen an der Gewissheit auf, dass ein prallgefüllter Geldbeutel in der Gesäßtasche drückte. Den Zugang zur Droge sicherte Eowin; doch in diesem besonderen Fall konnte Josef dem Schwiegersohn keine Mitschuld an seiner Abhängigkeit zuweisen. Denn abhängig gemacht hatte Josef sich ausschließlich selbst.

Emily las still: ›Loser ist unlucky. Du findest mich dieser Tage jeweils um zwölf Uhr herum vor dem Hauptbahnhof von Clermont-Ferrand. Bitte bring Geld mit.‹

Dann steckte Josef das Handy weg, ohne auf ›Senden‹ gedrückt zu haben.

»Was ist *das* denn!«, riss Emily die Augen auf beim Anblick eines triefenden Stoffhaufens, den Josef von der Ladefläche barg.

»Das ist mein Kostüm als Zirkusdirektor und Weißclown Fettuccini«, erklärte Josef und hielt sich das weinende Kleidungsstück vor.

»Boah!«, gelang es Emily, ihre höchste Bewunderung auf ein Wort zu verdichten.

Was sie sah, war eine Art tief ausgeschnittener Gehrock aus Goldbrokat, mit Querstreifen feinster Spitze übernäht, zwischen denen Bänder silberner Pailletten im abendlichen Sonnenlicht glitzerten. Kragen und tiefer Ausschnitt waren mit Rüschen aus schwarzem Tüll besetzt. Die Rockschöße waren wie bei einem Reitkostüm weit zur Seite ausgestellt, und der Schwalbenschwanz war unten gerade abgeschnitten, sodass er in zwei Trapezen auslief. Das türkisblaue Innenfutter setzte einen absurden Kontrast zu dem Schwarz-Weiß-Gold der rechten Seite und zeugte vom Humor des Kostümschneiders.

»Megacool!«, wurde Emily des kurzgefassten Lobes nicht müde. »Und wofür hast du das dabei?«

»Pure Nostalgie, wenn du weißt was das ist«, erklärte Josef allzu pädagogisch. »Als Gedächtnisstütze für eine vermeintlich bessere Zeit. Genauso wie das …«

Damit breitete er Fettuccini auf dem Gras aus und hob ein Musikinstrument aus dem Hänger, um das darin befindliche Regenwasser durchs Schallloch auszugießen.

»Was ist *das* denn? 'ne Baby-Gitarre?«, riet Emily, die bislang noch nie eine Ukulele gesehen hatte.

»Ich hab mal Gitarrenunterricht gehabt«, fiel Emily dazu ein.

»Dann kannst du auch Ukulele spielen«, konstatierte Josef beiläufig. »Aber was hältst du *davon*?«

Damit zog er die Singende Säge aus dem Etui.

»›Sandvik‹«, las Emily vom gezahnten Blatt.

»Die ist sie: die Singende Säge, von der ich dir erzählt habe. Eine Spezialanfertigung aus Schweden«, fuhr Josef, von aufkeimendem Stolz leicht benebelt fort. »In mehreren Lagen geschmiedet. Eine normale Säge hätte keinen Klang. Aber *die* hier …«

Etwas in Josef erkannte, dass er das Relikt vergangener Tage eben nicht nur aus rein nostalgischen Motiven mit sich führte. Sondern, dass ein Stück Vergangenheit zur Gegenwart erwachte. Und es von ihm verlangte, zum Tönen gebracht zu werden. Schon schnickte er in energischen Armbewegungen das Wasser vom Rosshaarbogen, nachdem sich auf Anhieb nichts zum Abtrocknen finden ließ. Seine Hand bebte, als er mit dem Collophonium die schwarze Besaitung des Streichwerkzeugs einrieb und es schließlich an die unbezahnte Kante des unter Vorspannung zu einem leichten ›S‹ gebogenen Sägeblatts anlegte. Schon mit dem ersten Anstreichen gelang es Josef, dem Instrument einen singenden Oberton zu entlocken, der in der irisierenden Klangwolke eines leichten Tremolos schwebte.

»Und warum treten wir nicht zusammen auf, wo du schon alles dabeihast?«, fragte Emily in einer Selbstverständlichkeit, als gehörten Auftritte zu ihren bisherigen Tagesgeschäften.

Die lapidare Frage traf Josef wie ein Fausthieb vor die Stirn. Denn er wusste keine Antwort.

Außer: »Warum nicht?«

Beim Abendessen vor dem Campingkocher erzählte Josef, wie sein Vater angefangen hatte mit dem Zirkus.

»Zwei Jahre nach Kriegsende kam Papa aus amerikanischer Kriegsgefangenschaft zurück. Er war abgemagert auf hundert englische Pfund – das sind etwas mehr als fünfundvierzig Kilogramm – bei über eins achtzig Körpergröße. Um die Familie durchzubringen – ich war damals sieben – stahl er Kartoffeln, Brennholz – alles eben, was zum Überleben gebraucht wurde. Ich weiß, was du sagen willst, Emily! Sag's einfach nicht, weil das damals etwas anderes war, okay? Irgendwann lief uns ein Hund zu, ein zottiger Mischling mit einem Schnauzer drin. Der Findelhund wich meinem Vater nicht mehr von der Seite. Papa brachte es nicht übers Herz, sich von dem blitzgescheiten Racker zu trennen, der das ganze Repertoire der ›Hab-mich-lieb‹-Trickkiste abzog, bis hin zum Kopfschieflegen und herzzerreißendem Hundeblick. So hatten wir einen Esser mehr. Mein Papa begann, dem Hund Kunststückchen beizubringen. Als er merkte, dass die Leute das mochten, fing er an, seinen Hut herumgehen zu lassen, dass jeder ein paar Münzen hineinwerfen konnte. Viel war es nicht, aber dafür ehrlich verdient und der erste Anfang des Circus Copernicus. Als Papa sich das erste Schmuckstück als Geschenk für Mama leisten konnte, kaufte er es in einem kleinen Uhrengeschäft in Raunheim – das ist bei Frankfurt am Main. Das Geschäft gehörte einem Josef Neckermann, der später die Kaufhauskette aufgebaut hat. Ähnlich ging es mit dem Zirkus. Beide sind miteinander gewachsen und auch wieder von der Bildfläche verschwunden. So dreht sich das Rad des Schicksals weiter, und so bin ich, Josef Kopernikus, wieder für einen Neuanfang auf der Straße gelandet, wie einst mein Vater Konrad.«

»Und ich bin dein ›Hund‹?«, war Emily mit einer Ausdehnung der Analogien auf ihre Rolle in dem Spiel befasst.

»Nein. Du bist, was mein Vater nicht hatte: der Kompagnon. Felix Kunik. Und unser neuer Zirkus heißt: *Kunikopernikus.*«

»*Copernicunic* klingt aber besser«, setzte sich der Kompagnon durch.

Dann erhoben sich beide und reichten einander feierlich vor dem magentafarbenen Rund der sinkenden Sonne die Hände, um ihren Bund zu besiegeln.

Josefs erste Handlung am Morgen des folgenden Tages bestand darin, die SMS an Isabell zu löschen. Dann beeilte er sich mit dem Frühstückmachen, denn er brannte darauf zu erfahren, was seine junge Geschäftspartnerin auf dem Zupfinstrument zuwege brachte.

»Kannst du Akkorde?«, war seine erste Frage. »E-moll? A-Dur? D-Dur? A-moll?«

»Klar! Ist doch baby«, versicherte Emily, deren schmale Finger das winzige Griffbrett zugutekam.

»Pass auf, es geht ganz einfach«, eröffnete Josef vielversprechend. »Die Griffe sind dieselben wie auf der Gitarre, nur, dass die Ukulele statt sechs vier Saiten hat. Die hohe e'- und die tiefe E-Saite der Gitarre denkst du dir einfach weg, dann bleiben noch die auf die Töne a, d, fis und h gestimmten Saiten.«

»G«, korrigierte Emily.

»Was?«, fragte Josef.

»Statt ›fis‹ muss es ›g‹ heißen.«

»Nein. Eben nicht. Auf der Gitarre ist es ein ›g‹. Auf der Ukulele ist die g-Saite auf ›fis‹ gestimmt, angelehnt an die Lautenstimmung. Der zweite Unterschied gegenüber der Gitarre ist der, dass die a-Saite eine Oktave höher klingt als auf der Gitarre, also ›kleines a‹ anstelle ›großes A‹, klar? Deshalb ist ›a‹ nicht der tiefste Ton der Ukulele, sondern der zweithöchste. Probier's mal aus ...«

Emily probierte es aus und blickte Josef aus ebenso erwartungsvollen wie verständnislosen Augen an.

»Prima. Also weiter im Text: Greif jetzt mal den A-Dur-Akkord. Ja, genau so. Auf der Ukulele klingt der A-Dur-Akkord wie E-Dur auf der Gitarre, also eine sogenannte Quinte höher; das sind fünf Töne.«

»Nein. E-Dur greift man *so!*«

»Ja, auf der Gitarre. Aber auf der Ukulele setzt man den A-Dur-Griff auf, wenn man E-Dur spielen möchte. Ein anderes Beispiel: Setz mal G-Dur auf.«

»Geht ja baby«, befand Emily.

»Und wie heißt der Griff auf der Ukulele?«

Emily meditierte auf die Haltung ihres einen Fingers, als ließe sich ihm die Lösung ablesen.

»›C‹? – oder ›A‹ vielleicht?«, tastete das Mädchen zweifelnd die Tonreihe ab.

»Zähl doch einfach vom ›G‹ fünf Töne aufwärts. Dann kommst du auf? Na …?«

»›G5‹?«

»Nein, doch nicht ›G5‹; das wäre ein sogenannter *Power-Chord*. Der besteht nur aus zwei Tönen, nämlich Prime, Quinte und Oktave.«

»Das sind doch *drei* Töne!«

»Nein, die Oktave ist doch derselbe Ton wie die Prime, nur acht Töne höher; also sind es nur zwei Töne. Aber Power-Akkorde spielen bei der Ukulele überhaupt keine Rolle. Fünf Töne über ›G‹ liegt …? Na ?«, versuchte es Josef noch einmal.

»›D‹!«, gab er schließlich selbst die Lösung. »Wenn du G-Dur greifst, erklingt D-Dur; wenn du D-Dur greifst A-Dur und so weiter.«

»Du hast gesagt es geht ganz einfach!«, beschwerte sich Emily.

»*Ist* es ja auch, wenn du's nur erst mal kapiert hast«, bestand Josef auf seiner Sicht der Dinge.

Und so arbeiteten sich die beiden aneinander ab, bis Emily die Finger wehtaten und selbst Josef ein Einsehen hatte, dass es klüger war, erst mal das Mittagessen aufzusetzen, anstelle des nächsten Akkordgriffs.

»Weißt du was? Sing mir einfach vor, wie das Lied geht, und sag mir die Akkorde dazu«, schlug Emily eine weit praktikablere Lehrmethode als die von Josef gewählte vor.

»Also«, ging Josef auf den Vorschlag ein, »*Somewhere, over the Rainbow*‹ geht so:«

Und Josef sang.

»Kenn ich!«, jubilierte Emily ganz aufgekratzt.

Josef benannte die Akkordfolge, die Emily auf einem welligen, inzwischen aber wieder trockenen Blatt Papier notierte.

Josef setzte die Singende Säge an. Den Handgriff klemmte er zwischen die Füße. Mit der linken Hand bog er das Sägeblatt in die ›S‹-Form. Er trug die Handschuhe seines Weißclowns, die zugleich als Schutz vor dem scharfkantigen Metall dienten. Die rechte Hand führte den Bogen.

Das Schwierigste war der Anfang. Das Stück begann mit einem Oktavsprung vom großen auf das kleine ›C‹, der zugleich den Tonumfang des Stückes überspannte.

»Hab's gleich«, versprach Josef seiner Mitspielerin, die mit der Ukulele im Anschlag, den ersten Griff bereits aufgelegt, auf den Einsatz wartete.

Ein Kopfnicken Josefs genügte, und das Duett hob an. Es beflügelte ihn, wie gut Emily mit dem Filzblättchen zurechtkam, das der Ukulele trotz ihrer hohen Stimmlage einen seidigen, weichen Klang entlockte, der sich wohltönend mit dem Singen der Säge verband. Bis auf ein paar Unsicherheiten beim Umgreifen war dem Mädchen nicht anzumerken, dass das Ukulelenspiel eine Premiere für es war.

Mitten im Stück brach Josef plötzlich ab. Es war, als bliebe der Bogen von ganz allein stehen und dämpfte den letzten Ton ab, der in einem kaum hörbaren Schnarren verklang. Der nächste Ton war einfach weg. Wie abgeschnitten. Natürlich wusste Josef, wie das Stück weiterging, theoretisch zumindest. Doch es war die Hand, die stehen geblieben war. Der Arm, der aufgehört hatte, den Bogen zu führen. Wie bei einer Spieluhr, die abgelaufen war …

Wann hatte er eigentlich das Stück zum letzten Mal gespielt? Es musste Jahre her sein. Jahrzehnte womöglich? Es hatte ihn doch über seine ganze Zirkuskarriere hinweg begleitet. Obschon er es am Schluss nicht mehr gespielt hat. Das war bis …

»Was ist denn? Spielen wir nicht mehr weiter?«, vernahm Josef Emilys Stimme wie durch Watte. Er hatte nicht mitbekommen, wie das Mädchen zu spielen aufgehört hat.

»Doch, doch, natürlich …«, antwortete Josef noch immer gedankenverloren.

Beim neuerlichen Ansetzen des Bogens kam ihn ein leichtes Schwindelgefühl an. Der Boden unter dem Klappschemel, auf dem Josef saß, schien mit einem Mal beunruhigend fern. Sein Blick begegnete den erwartungsvoll geweiteten Augen Emilys.

»Wir spielen was anderes«, entschied er plötzlich. »›What a wonderful World‹ – kennst du das auch?«

Nachdem Josef seiner Mitspielerin die Begleitakkorde benannt und sie diese aufgeschrieben hatte, spielten sie ›Wonderful World‹.

Nach dem Absetzen der Säge und dem Ausschütteln der Hand – der Spannung des gebogenen Sägeblatts gegenzuhalten forderte auch ihn, dem jede Übung fehlte – feierte Josef das erste Stück des

Duos Copernicunic

mit Händeklatschen, das wegen der Handschuhe etwas gedämpft ausfiel.

»Bravo! Wir haben unser erstes Lied! Du warst großartig! Einfach klasse!«, lobte Josef.

»Echt? Ich hab gar nicht so genau hingehört. War viel zu beschäftigt mit dem Greifen. Aber das Stück von vorhin hat mir besser gefallen!«

»Das kriegen wir schon auch noch hin«, brachte Josef eine vage Hoffnung zum Ausdruck. »Aber für heute lassen wir's mal gut sein mit dem Üben – die Hand tut mir schon weh.«

»Mir auch«, bestätigte das Mädchen mit Blick auf seine Fingerkuppen, in denen die Saiten leichte Mulden hinterlassen hatten.

Danach brachen sie ihre Zelte ab – respektive bauten das Hexenhäuschen wieder zusammen. Der intensiven Sonne war zu danken, dass selbst die Matratze so gut wie durchgetrocknet war. Als Letztes wurde die Plane wieder aufgezogen und Kopernikus an die Haken gehängt.

»Wir fahren heute nicht mehr weit«, verkündete Josef, als er den Motor startete, »und suchen uns ein schönes Plätzchen, wo wir morgen den ganzen Tag proben können.

Und so geschah es. Das schöne Plätzchen fanden sie an der Allier, wo sie ungestört blieben und bis zur Dunkelheit sogar noch eine Probenrunde einlegen konnten.

Nach dem Schlafengehen hing Josef in Gedanken seinem Aussetzer nach. Das Phänomen des Hängenbleibens war ihm unerklärlich. Und danach dieses Schwindelgefühl … Er konnte es einfach nicht finden: das andere Ende vom Regenbogen.

»Du, Josef«, sang die Stimme neben ihm. »Erzählst du mir noch mal die Gute-Nacht-Geschichte?«

Josef war froh, von dem Mädchen auf andere Gedanken gebracht zu werden und erzählte noch einmal das Märchen von der Wanderbühne. Es passte gut: Schließlich waren Emily und er nun auch umherziehende Gaukler. Jetzt waren sie wahr und wahrhaftig fahrendes Volk. Mit leeren Taschen, der Sonne im Herzen und dem Lied der Straße auf der Zunge.

›Mein Mädchen! Sag Lucky, es gibt keinen Loser mehr. Die Räder rollen. Dein Paps.‹

Am folgenden Tag gelangten die beiden bis an die Dordogne weiter im Westen. Das war durchaus nicht der kürzeste Weg nach Toulouse, zumal er die beiden Reisenden auf gewundenen Sträßlein durch das Vulkangebirge der Auvergne führte; doch Josef kam es aufs Unterwegssein an, nicht aufs Ankommen. Was die Fahrt vom Tag übrig gelassen hatte, war dem Proben gewidmet. Sie hielten durch, bis Josef einen Muskelkater im linken Arm und der linken Hand aufkommen spürte und Emily die Finger wehtaten; man konnte nicht wirklich einen halben Tag lang pausenlos proben.

»Wir geben uns den ganzen Aufriss mit dem vielen Proben wegen *Murphy's law*«, erklärte Josef. »Das ist die Sache mit dem Butterbrot, das immer aufs ›Gesicht‹ fällt – demnach geht alles, was schiefgehen *kann*, irgendwann tatsächlich einmal schief. Was Auftritte anbelangt, geht es nicht *irgendwann*, sondern *genau da* schief, und zwar garantiert. Erst, wenn man eine Nummer doppelt so gut beherrscht wie man meint, dass nötig sei, hat man eine gewisse Chance, sie reibungslos über die Bühne zu bringen.«

Emily wusste von ihrem ersten Vorspielabend an der Musikschule nur zu gut, wovon Josef sprach. Sie war damals gerade neun Jahre alt und hatte für ihren Vortrag ein Menuett eingeübt, das sie sogar auswendig spielen konnte.

»Aber das hat mir gar nichts genützt«, erinnerte sich Emily und wurde jetzt noch rot, wenn sie nur davon erzählte. »Als ich irgendwo in der zweiten Zeile hängen geblieben bin, war alles auf einmal weg. Als hätt' ich das Stück noch nie gespielt.

Beim zweiten Versuch bin ich an derselben Stelle wieder rausgekommen. Das war voll peinlich!«

Als sie Halt in den Noten suchte, die ihr der Gitarrenlehrer sicherheitshalber aufgelegt hatte, kam es ihr vor, als habe sie die noch nie zuvor gesehen. Die Notenköpfe tanzten vor ihren Augen spöttisch zwischen den Notenzeilen auf und ab, und nach einem gescheiterten dritten Anlauf gab sie endlich auf.

»Am verrücktesten daran war, dass ich das Stück nachher wieder spielen konnte«, wunderte sich Emily. »In der nächsten Gitarrenstunde hat's geklappt, obwohl ich die ganze Woche nicht geübt habe, weil ich einfach keinen Bock mehr drauf hatte – eigentlich gar nicht zu kapier'n.«

»Doch«, befand Josef. »Du hast so lange geübt, dass es wie von selbst geht, ohne nachzudenken. Das klappt wie automatisch, solange du den Denkapparat ausgeschaltet lässt. Im Stress, bloß nichts falsch zu machen, will der Kopf die Steuerung übernehmen und entautomatisiert, was die Hand schon längst alleine kann. Du stehst plötzlich wieder ganz am Anfang, das Stück kommt dir vor wie neu.«

»Stimmt«, bestätigte Emily, »genau so hat sich's angefühlt damals. Woher weißt du das?«

»Weil ich's selber schon erlebt habe«, gestand Josef. »Wie wahrscheinlich jeder, der schon mal ein Musikstück aufführen sollte. Man nennt das die ›Umkehrung der Bemühungen‹: Das angestrengte Streben, alles richtig zu machen, verhindert, dass man es hinbekommt. – Gut, dass du danach nicht aufgehört hast mit Gitarre.«

»Hätt' ich am liebsten«, räumte Emily ein. »Aber mein Lehrer hat mich bequatscht weiterzumachen.«

»Daran hat er gut getan!«, bekräftigte Josef. »Hat er dir auch vermittelt, dass es bei Musik um die Freude geht?«

»Klar. Sonst hätte ich nicht weitergemacht, nachdem ich so abgekackt bin.«

»Gut. Das ist es nämlich, was wir auch dem Publikum vermitteln wollen. Was immer du tust, spielst oder singst auf der Bühne: Du machst es für den eigenen Spaß. Wenn sie sehen, dass du missmutig da rumstehst und etwas tust, das du nicht magst, werden sie dich ignorieren; das interessiert keine Socke. Wenn du dich anstrengen musst, um deine Nummer hinzukriegen, und es gerade so schaffst, dann bekommst du einen Anerkennungsapplaus. Der gilt deiner Leistung, dass du es geschafft hast. Wenn du einfach nur gut bist und cool rüberschiebst, dass du es halt draufhast, dann bekommst du den Bewunderungsapplaus. Aber wenn du aus den Augen strahlst und dich freust an dem was du tust, dann freuen sie sich mit dir, sind angesteckt von der Freude, und das ist das Höchste der Gefühle überhaupt: Freude geschenkt zu bekommen. Und den Applaus, den du dann erntest, bekommst du weder für die Leistung noch aus Bewunderung, geschweige denn aus Mitleid, sondern dafür, dass sie dich *lieben*. Das ist der schönste Applaus überhaupt. Wenn der sich ereignet, dann rieselt es dir nur noch heiß und kalt den Rücken runter, denn dann erlebst du das, wonach jeder Künstler sich sehnt, manchmal ein Leben lang, und nicht immer reicht ein Künstlerdasein aus, dass sich so was auch nur ein einziges Mal ereignet.«

»Hast du es erlebt?«, fragte Emily fasziniert nach.

»Ja«, sagte Josef und ließ sich das Wort auf der Zunge zergehen. »Ja – ich habe es erlebt. Mehr als einmal. Ich bin einer von denen, die es manchmal Tag für Tag erlebt haben: im Fokus des Applaus' zu sein, im Auge des Orkans. Es ist – die Ekstase. In ihrer höchsten Vollendung.«

Josef sah sich selbst nach Isabells Pferdenummer durch die Manege schreiten, um mit hocherhobenen, ausgebreiteten

Armen und einem eleganten Schritt dahin, einer galanten Drehung dorthin von allen Seiten die Ovationen eines johlenden, tobenden, pfeifenden, trampelnden, klatschenden, ›Bravo‹ rufenden Publikums einzufangen und in großzügiger Geste der Künstlerin hinterherzuschicken, die längst zwischen den Soffitten den Blicken entschwunden ist, bevor einer sehen kann, wie stark ihr Atem geht, der Schweiß ihr schillerndes Kostüm durchtränkt hat, wie dunkel die Ringe um ihre Augen sind unter der rosafarbigen Schminke.

»Damit die Illusion erhalten bleibt«, fuhr Josef fort, »das Wesen in der Manege sei nicht von dieser Welt, ein überirdisches Geschenk des Göttlichen an die kleinen Leute, denn Zirkus ist nicht die bevorzugte Belustigung der Mächtigen und Reichen – schließt sie aber auch nicht aus, wenn man etwa an den Staatszirkus von Monaco denkt. Aber die kleinen Leute sind die dankbarsten im Zirkus, denn die wundern sich: ›... und das alles nur für *mich?*‹ Und wenn sie ihnen gnädig ist, die Kunstreiterin, dann schwebt sie noch einmal herein, auf dem Rücken eines weißen Vollbluts kniend, ein Bein seitwärts abgewinkelt für den erotischen Nebeneffekt, die Arme in die Luft geworfen und mit wie zum Fächer aufgefalteten Fingern, Federn von Schwingen gleich, die wortlos sagen, dass sie in Wahrheit ein Vogel ist und fliegt, fliegt – das Pferd ist ja nur Schein, eine lebende Dekoration, die sie gar nicht braucht, um ihre Kunststückchen zu vollbringen, denn sie fliegt ja *wirklich* ...

All das: Projektion! Die Zuschauer projizieren ihren eigenen inneren Zustand auf die Künstlerin: Ihre Herzen schlagen höher, und das gibt ihnen das Gefühl, selbst zu fliegen.

Sechs Minuten hat die längste stehende Ovation für Isabell gedauert, *sechs Minuten*, kannst du dir das vorstellen? Keine lange Zeit? Dann klatsch mal so lange in die Hände, da tun dir die Arme weh! Und zehnmal kam Isabell eingeritten, *zehn Mal!* Weil sie sie nicht haben gehen lassen wollen, weil sie viel zu schön war für diese schnöde Welt!

Wir hatten damals viele ›Flieger‹ im Zirkus«, wechselte Josef das Thema und blieb doch daran. »Wenn ich nur an diesen Herrn Sputnik mit seiner Stuhlnummer denke – Ich weiß gar nicht mehr, wie viele Stühle es waren, die er übereinander türmte, um bis in die Zirkuskuppel hinaufzuklettern.

Als ich ihn unter Vertrag genommen habe, war er eigentlich eine gescheiterte Existenz: fünf Jahre hatte er den einarmigen Handstand geprobt, um, als er ihn endlich beherrschte, gesagt zu bekommen, dass er ja sowieso keinen Biegekörper habe und von daher alles umsonst gewesen sei. Dann hat er mit seiner Partnerin – Frau Kordel, die ursprünglich nur mit dem Anreichen der Stühle assistierte – eine neue Nummer daraus gemacht.«

»›Sputnik‹ und ›Kordel‹ – wie kommen die denn zu so komischen Namen?«, amüsierte sich Emily.

»Das waren ihre Künstlernamen«, erklärte Josef, »und die waren bei den beiden nicht ganz hergeholt: Er nannte sich Sputnik, weil er wie ein Satellit um seine Partnerin kreiste; das galt im Privaten genauso wie auf der Bühne. Und als Frau Kordel hielt ihn seine Partnerin am Gängelband, dass er nicht aus der Umlaufbahn geriet. Das Letzte galt aber nur für ihr gemeinsames Spiel, denn darin war sie als Saalchefin ja seine schikanöse Vorgesetzte, und die trieb ihren ›Hilfskellner‹ bis unter die Zirkuskuppel, um das Leuchtmittel an einem ausgefallenen Scheinwerfer zu wechseln – wir haben das natürlich übers Mischpult simuliert und so. Weißt du, was ein Kind nach der Vorstellung gesagt hat?

›Der hat geschummelt‹, hat es gesagt, ›ich hab's genau gesehen. Der ist gar nicht geflogen; der hat sich ja mit einer Hand festgehalten!‹«

»Ist doch voll baby, zu denken, dass einer fliegen kann!«, wandte Emily kritisch ein.

»Einem Demnächst-Teenager wie dir kann man natürlich nichts vormachen«, uzte Josef seine aufmerksame Zuhörerin. »Wenn es aber doch ganz so aussieht, weil einer die innere Leichtigkeit dabei hat – dann wärst du vielleicht auch drauf reingefallen, als du noch ein bisschen jünger warst.

Aber das mit dem Fliegen war nicht das ganze Geheimnis des Erfolgs, sondern die Story. Das Happy-End zwischen Frau Kordel und Herrn Sputnik. Als er die von ihm verehrte Vorgesetzte auf Händen abträgt als Sinnbild eines ungleichen Paares, das zusammengefunden hat. *Dafür* habe ich sie engagiert, nicht für die vielen Stühle und die Virtuosität des Akrobaten.

Im Vorfeld ihres ersten Auftritts als Straßenperformerin erhielt Emily ihre Einweihung in die Geheimnisse der Bühne. Josef erzählte ihr von der Magie des Kreises, der sich bildet, indem der Erste stehen bleibt, ein Zweiter sich dranhängt, ein Dritter wissen will, wonach die anderen schauen und der Kreis sich im Optimalfall schließt.

»Dann wird die Sache zum Selbstläufer«, fuhr Josef mit Begeisterung fort. »Du brauchst eigentlich gar nichts mehr zu tun, und die Leute bleiben von selber stehen. So bildet sich ein zweiter um den ersten Kreis, und die hinten recken die Hälse, damit sie nichts von dem verpassen, worauf der Innenkreis so versessen ist. Hinter dem Außenkreis läuft der Verkehr weiter wie bisher, die kriegen davon so gut wie nichts mit und werden in ihrem Weg auch nicht gestört oder aufgehalten; deshalb muss der Platz, den du dir aussuchst, groß genug sein. Du bist auf Freiwillige angewiesen, und die kriegst du nur, wenn du dich keinem in den Weg stellst. Umgekehrt hat das den Vorteil, dass sich problemlos ein dritter, vierter, fünfter Kreis und so weiter um die inneren bilden können, und am Ende hast du den ganzen Platz – wie ein einziges Amphitheater, und du mittendrin.«

»Und wie sollen wir das machen, dass der Erste stehen bleibt?«, wollte Emily wissen.

»Mit den Augen halten wir ihn fest«; und so erzählte Josef vom Magnetismus des Blicks. Davon, dass es wichtiger noch war, das Publikum zu sehen als von dem gesehen zu werden: »Sieh dein Publikum! Schau ihm in die Augen! Die Augen sind die Fenster der Seele. Schau ihnen in die Seele. Fass ihnen ans Herz. Berühre sie im Innersten. Und erlaube ihnen, umgekehrt durch die Augen einzutreten in deine Seele. Und lass auch dich berühren. Dann schaffst du Begegnung. Ein kostbares Gut, das seinen Wert aus der Seltenheit schöpft, mit der man seiner im alltäglichen Mit-, Neben- und Gegeneinander teilhaftig wird. Du gibst ihnen die einmalige Chance, sich selbst wiederzuerkennen in dir, sich geborgen zu fühlen in deiner heiteren, heilen Seele. Also: Sieh dir dein Publikum an. Sieh jeden Einzelnen darin. Triffst du auf einen verschlossenen Blick, dann lass ihn sein; geh weiter zu einem anderen. Einem, der offenen Herzens ist. Begegnest du seinem Blick, so halt ihn fest. Zieh ihn in deinen Bann. Sie können gar nicht mehr weg, sind gefesselt, denn du hast sie längst in ›Zauberhaft‹ genommen. Erwecke das stumme Staunen auf die Frage: ›Meinst du *mich*?‹ Und wenn du spürst, dass er es gemerkt hat und ja dazu sagt, geh weiter zum Nächsten. Und Übernächsten. Bis du sie alle hast. Du musst sie alle wollen, sonst hauen dir welche ab. Begegnung ist nämlich gar nicht so leicht auszuhalten, weißt du? Die Menge ist ein Schutz. Man kann anonym bleiben darin. Reiß ihnen die Anonymität weg, und sie kriegen Angst. Aber dann ist da dein Blick, und der sagt, dass sie keine Angst vor dir zu haben brauchen. Weil du sie annimmst, wie sie gerade sind. Mit Wohlwollen. Und für sie spielst. Dann bist du keine Ukulelenspielerin mehr, sondern Zauberin. Du beschwörst die Magie des Kreises. Du veränderst die Realität zum Besseren. Jeder sehnt sich nach einer besseren Welt, auch wenn er es nicht weiß. Deshalb bleibt er stehen.«

»Hört sich ganz schön schwierig an«, äußerte Emily behutsam Bedenken, ob sie das alles, wovon Josef da schwärmte, morgen würde einlösen können.

»Nein«, widersprach Josef in beruhigendem Ton. »Es erscheint nur als schwierig, solange ich es dir erkläre. Wie beim Ukulelenspiel: Was ich dir erklärt habe, hast du da auch nicht verstanden. Weil ich es zu kompliziert ausgedrückt habe. Aber als du es *getan* hast, ging es ganz leicht – und zwar ›baby‹, würd ich mal sagen. Du kannst das alles, was ich dir jetzt erzähle, getrost bis morgen wieder vergessen; ›machen‹ kann man das alles sowieso nicht. Man kann es nur geschehen lassen. Und während es sich ereignet, fällt einem alles, was wichtig sein könnte, von selbst wieder ein. Man hat es nicht gelernt, um es abzuspulen. Oder als Strategie einzusetzen. Man weiß einfach nur darum, um zu *verstehen*.

Schwierig an dem allen ist was ganz anderes, wovon ich noch gar nicht gesprochen habe: Jeder, den du einlädst in deine Seele, hinterlässt darin seine Fußabdrücke. Nach jedem Auftritt wirst du todmüde sein, weil hundert und mehr Menschen durch dich förmlich hindurchgegangen sind und ihre Spuren hinterlassen haben – angenehme wie weniger angenehme. Die einen kratzen dich auf, dass du nicht schlafen kannst, die anderen ziehen dich runter, dass du nur noch schlafen *willst*. Da geht die Post ab, das sag ich dir! Der eine kommt von der Arbeit, die andere will zum Einkaufen, der Nächste hat gerade Krach gehabt und die Übernächste kommt vom Krankenbesuch bei ihrer sterbenden Mutter – das tust du dir unterschwellig alles rein. Und was rein kommt, muss auch wieder raus, sonst war das dein letzter Auftritt, denn: Eindruck braucht Ausdruck. Deshalb sitzen die Künstler nachher noch in intimer Runde beisammen und tauschen aus, was sie erlebt haben. Was sie bewegt hat. So werden wir es auch halten. Wir werden einander erzählen, was wir erlebt haben. Und wenn etwas Unangenehmes dabei ist, wirkt die Unterhaltung wie eine Welle, die einen Fußabdruck im Sand überspült und auslöscht, schon allein dadurch, dass du es aussprichst. Und wenn es vier oder fünf Wellen braucht, aber irgendwann ist der Fußabdruck weg.«

Josef wusste aus eigener Erfahrung, dass dem nicht immer so war. Doch er wollte dem Mädchen unliebsame Erfahrungen ersparen und hoffte auf die affirmative Kraft seiner Worte: Möge es genauso sein, wie er es dem Mädchen gesagt hat …

»Und denk dran«, brüllte Josef am nächsten Tag seiner Kollegin auf dem Kutschbock über die eigene Schulter hinweg zu, als beide zu ihrem ersten Auftritt unterwegs waren, »wenn die Polizei kommt, rennst du einfach weg. Mir wird schon was einfallen, sie abzulenken oder aufzuhalten.« Und nachher möglicherweise hopsgenommen zu werden, so ohne Papiere, dachte er ohne es auszusprechen, da er Emily nicht unnötig beunruhigen wollte.

Dieser erste – gleichsam historische – Auftritt des Duos Copernicunic wurde zum Flop. Auch wenn keine Polizei gekommen war. Dafür gab es auch wenige Zuschauer.

Das Duo hatte eine Fußgängerpassage gewählt für seinen Auftritt. Die Passanten tröpfelten vorbei. Ihre Zahl reichte einfach nicht aus, einen Kreis zu bilden. Bis ein zweiter Zuschauer stehen blieb, war der erste bereits weitergegangen. Andere ließen im Vorbeigehen eine Münze in Josefs umgedrehten Hut fallen, ohne den Schritt zu verlangsamen oder Blickkontakt zuzulassen. Trotzdem waren binnen einer guten Stunde fast zwanzig Euro zusammengekommen.

»Eigentlich ein kleines Wunder«, stellte Josef zur Ermunterung seiner enttäuscht wirkenden Mitspielerin fest. »Dass wir überhaupt was eingenommen haben, meine ich. Achtzehn Euro noch was, mit deinen zehn wären's schon über achtundzwanzig. Und wir haben noch genug Vorräte für zwei, drei Tage.«

»Aber sie haben nicht geguckt«, stellte Emily betrübt fest. »Nur mal kurz und dann nicht mehr. Und sie haben auch nicht zugehört.«

»Das lag nicht an uns«, versuchte Josef zu trösten. »Wir hätten einen guten *spot* gebraucht, einen Platz, an dem mehr Leute vorbeikommen und auch mal stehen bleiben. Wir waren da, wo die Menschen nur von A nach B wollen und fertig. Wir müssen uns das nächste Mal mehr ins Zentrum trauen. Straßenkünstler tauschen die guten Spots untereinander aus, aber wir sind nicht drin in der Szene, wir müssen selber sehen, wo wir bleiben.

Ich hatte mal einen Straßenperformer unter Vertrag, Lenny Gold hieß er. Ein Amerikaner. Der kannte jeden Spot in Europa und nicht nur da. Willst du seine Geschichte hören?«

Emily nickte matt, aber immerhin: Es war ein Nicken, und sie sah erwartungsvoll zu Josef.

»Einmal in San Francisco hat er so einen Spot gesucht und auch gefunden. Jetzt hatten aber Gangs das ganze Stadtgebiet untereinander aufgeteilt und kontrollierten sämtliche Spots für ihre Drogendeals und all das. Er wusste also, dass er mit unautorisiertem Auftreten und Geldsammeln das Hoheitsgebiet irgendeiner Bande verletzte und hoffte, sie würden nicht checken, dass ein Neuer da war. Mitten in der Nummer fiel Lenny ein baumlanger Schwarzer auf, der ihn von weiter weg beobachtete.

Lenny zog durch, was er sich vorgenommen hatte. Als er sich danach beeilte zusammenzupacken, trat der Schwarze auf ihn zu und sprach ihn an: ›Weißt schon, dass das hier nicht dein Platz ist, Kleiner, hm?‹

Lenny rutschte das Herz in die Hose, und er stammelte, nur um irgendwas zu sagen: ›Puh, ja Mann, hab's mir fast schon gedacht, und jetzt, wo du's auch noch sagst, tja, nimm's nicht krumm, ist hier halt ein 1A Spot, wirklich erste Sahne; bin eh gleich weg.‹

›Nur keine Eile, Kleiner‹, meinte der Schwarze. ›Gute Nummern gefallen mir, und das *ist* 'ne gute Nummer, die du hier abziehst, hat mir wirklich gefallen. Kannst morgen wiederkommen, klar?‹«

Um es für Emily spannender zu machen, schlüpfte Josef in die Rollen der Protagonisten seiner Schilderung, schob als Schwarzer gefährlich die Schultern vor und zurück, nahm einen imaginären Zigarettenstummel aus dem Mundwinkel und zermalmte ihn beiläufig unter seinem Schuh um anzudeuten, was er mit Lenny gemacht hätte, wenn der morgen nicht hätte wiederkommen dürfen.

»›Wenn dich einer anstinkt, dann sag ihm meinen Namen; du stehst unter meinem persönlichen Schutz.‹

›Ah, oh –. Klasse, Mann, ja, wirklich fair, äh – und was ist noch mal dein Name?‹

›Meine Freunde nennen mich ‚verdammter Nigger‘, klar? Wenn dir einer schräg kommt, dann sagst du nur: Verpiss dich, Alter, sonst kriegst du Ärger mit dem verdammten Nigger. Und jetzt wiederhol meinen Namen.‹

Lenny schluckte nur und traute sich nicht, bis der Schwarze seiner Schulter einen unsanften Schubs verpasste: ›Verdammter Nigger …‹

›Na also, geht doch. Sag's noch mal. Na los. Damit du's nicht vergisst. Wie heißt dein bester Freund, na?‹ Der Schwarze fuhr fort, Lenny an der Schulter zu schubsen.

›Verdammter Nigger …‹

›Lauter, ich hör gar nichts.‹

›Verdammter Nigger!‹

›Ja, du machst dich, weiter so, lauter.‹

›*VERDAMMTER NIGGER!*‹, hat Lenny gebrüllt, dass es über den Platz schallte. Alle Passanten hörten es und schauten weg, weil sie sich kein Problem anderer Leute anziehen wollten.

›Na also‹, gab sich der Schwarze endlich zufrieden und hörte auch mit dem Geschubse auf, ›ich wusste doch: Du bist voll okay, Kleiner!‹

Dann lugte er in Lennys Hut, nickte anerkennend mit krausgezogenen Lippen: ›Wirklich 'n verdammt guter Spot, was?‹

Mit spitzen Fingern fischte er sämtliche Scheine heraus. Das Hartgeld – alle *bucks*, *dimes* und *nickles* – überließ er Lenny.

›Hey, mit dir kann man ja auch richtig Geschäfte machen!‹, lobte der Schwarze, als er sich die Scheine einsteckte. ›Ich seh, du hast kapiert, wie das Spiel geht, und ich mag clevere Kerlchen wie dich. Bis morgen dann. Derselbe Platz – dieselbe Zeit.‹

Er hielt eine Hand zum Abklatschen hoch, und Lenny schlug ein. Und ist abgehau'n aus San Francisco.«

»Boah, wenn das hier auch so ist, dann hab ich null Bock auf morgen!«, ächzte Emily. »Ist ja wie auf'm Schulhof!«

»Keine Angst«, lachte Josef. »Lenny hat schon immer gerne dramatisiert. Er hat bestimmt einiges aus seiner Fantasie draufgelegt, damit die Geschichte besser zieht. Er war ein begnadeter Geschichtenerzähler und darin ein Meister des schwarzen Humors.«

»Ist das mit makaber und so?«, mutmaßte Emily zutreffend.

»Genau. Eigentlich war er Jongleur. Er jonglierte mit Bällen, Ringen, Keulen, all dem gleichzeitig und auch mit Obst, Gemüse und allem Möglichen. Dann hat er gemerkt, dass etliche ehrgeizige Nachwuchsjongleure ihm immer einen Schritt voraus waren und ihm die Entwicklung davonzulaufen begann. Da er nicht Schritt halten konnte, brauchte er etwas anderes, um sich abzuheben. Also hat er seine Zuschauer permanent zugetextet und nebenbei dazu jongliert. Und immer, wenn ein besonders guter Trick gelungen war, unterbrach er sich mit einem ›Hoppla, was war denn das?‹, und textete weiter. Meistens hat er Witze erzählt, wie diesen:

George W. Bush besucht als US-Präsident eine Schule, um seine Regierungspolitik zu erklären. Nach seinem Einführungsvortrag dürfen die Schüler ihm Fragen stellen.

Da meldet sich der kleine Tommy und fragt: ,Mister President, ich bin Tommy und habe eine Frage: Wie kommt es, dass Sie die Wahl gewonnen haben, obwohl Ihr Gegenkandidat mehr Stimmen hatte?'

Da klingelt es, und alle verlassen das Klassenzimmer.

Nach der Pause dürfen weiter Fragen gestellt werden, und diesmal meldet sich Joey: ,Mister President, ich bin Joey und habe zwei Fragen: 1.: Warum hat es heute früher als sonst zur Pause geklingelt?

2.: Wo ist eigentlich Tommy?'«

»Echt fies!«, befand Emily.

»Das soll's auch sein«, bestätigte Josef, »und deshalb nennt man es *schwarzen* Humor. Lenny hat pausenlos solche Sachen erzählt, und nur auf Amerikanisch. Er war der einzige fremdsprachige Sprechclown, den wir je im Zirkus hatten. Zugleich gab es keinen, der enger mit dem Gesetz der Straße vertraut war als er. Eine der Regeln ist: ›Bevor du dem Publikum etwas bietest, musst du etwas von ihm verlangen‹ – dass es dir beim Aufbauen hilft, zum Beispiel oder den Start der Nummer einzählt – solche Dinge. Die Zuschauer sind dann am Ende gebefreudiger. Aber das auch nur, wenn du *vor* dem Ende der Nummer mit dem Hut herumgehst zu jedem Einzelnen. Das konnte nur Lenny, denn der hat ja ohnehin pausenlos weitergeredet. Manchmal hat er aus dem Geldsammeln eine eigene Nummer gemacht, indem er zum Beispiel eine Münze hochhielt, auf sie wies, den Kopf schüttelte und mit dem Finger drohte; danach hat er einen Geldschein gezeigt und aufmunternd genickt, während er schon Kurs auf sein erstes Opfer nahm. Schnell musst du sein, darauf kommt es an; wenn einer schon im Kleingeldfach seines Portemonnaies herumkramt, um was herauszusuchen: Lass ihn stehen und kramen! Der hält nur den Laden auf, und bis er seine zwanzig Cent endlich gefunden hat, sind alle andern längst weg. Um das Publikum in Schach zu halten, bediente sich Lenny bisweilen auch einer Peitsche, die er drohend knallen ließ als Warnung an alle, die sich davonzustehlen versuchten, ohne ihren Obulus entrichtet zu haben.

So ruppig brauchen wir's ja nicht zu machen; aber bei Lenny hat es gut funktioniert. Verglichen mit der Straße war die Zirkuswelt für ihn ein sanftes Ruhekissen und hat ihm noch dazu eine feste Gage gesichert – zumindest, solange wir bezahlen konnten. Genug geredet«, beendete Josef seinen Monolog, »jetzt wird geprobt. Bis morgen brauchen wir ein weiteres Vortragsstück.«

»Und alles für den Spaß«, maulte Emily stöhnend, ergab sich aber in ihr Schicksal und griff zur Ukulele.

Später erschwerte die innere Rückschau auf den Verständigungsprozess mit Emily Josef das Einschlafen. Irgendwie war das letzte Gespräch nicht wirklich gut gelaufen. Es hatte sich eher eine Asymmetrie in der Entwicklung der Beziehung zwischen Emily und ihm abgezeichnet. Während er mit jeder Radumdrehung Rudi Holders einen Schritt näher zu sich selbst fand, begann das Mädchen zu fremdeln. Die Idee gemeinsamer Straßentheaterauftritte führte ihn zurück auf vertrautes Terrain, während es für Emily Neuland war. Heimkehr stand gegen Aufbruch. Und er hatte nichts Besseres gewusst, als die Ängste des Mädchens zu schüren, die ohnedies an seiner kleinen Seele nagten. Den Exkurs über schwarzen Humor hätte es erst recht nicht gebraucht. Das Thema wurde einer Zwölfjährigen einfach nicht gerecht; und wenn nicht ihr, welcher Psyche überhaupt? Josef musste fürchten, mit seiner Steckenpferdreiterei eine Kluft zwischen dem Mädchen und ihm geschaffen zu haben. Feiern hätte er Emily sollen für ihren ersten Auftritt anstatt sich ins Dozieren zu versteigen. Der folgende Tag würde zeigen, ob das Mädchen damit umzugehen verstand.

»Neuer Tag, neues Glück«, verkündete Josef, als er das Gespann am späten Vormittag auf dem Kirchenvorplatz einer mittelgroßen Ansiedlung zum Stehen brachte. Er bewegte sich ein paar Schritte um den Traktor herum, als würde er Witterung aufnehmen.

»Der Platz ist wunderbar«, befand er. »Der Verkehr stimmt, der Traktor gibt eine gute Kulisse ab, wir stehen keinem im Weg, und Konkurrenz haben wir auch keine.«

Es gab sogar ein Café mit Stühlen und Tischen im Freien, von denen ein gutes Drittel durch Gäste besetzt war.

Schon vor der Stadt hatte Josef sich in sein Brokatkostüm geworfen, angesichts der hochsommerlichen Temperaturen auf die weiße Vollschminke seines Gesichts verzichtet, die ihm ohnedies im Schweiß verlaufen wäre und unschöne Spuren auf die Wangen gezeichnet hätte. Dreist war er durch die Fußgängerzone gefahren, die nur zu bestimmten Zeiten für Lieferverkehr freigegeben war, hatte dabei entwaffnend gelächelt und den Passanten mit der einen Hand gewunken, wie er es von Kaiser Butjatha gelernt hatte.

»Toi-toi-toi!«, spuckten sich Felix und Fettuccini gegenseitig über die Schultern, und mit einem ›Wird schon schiefgehen!‹ des Weißclowns begann die Show.

»Weitergehen! Bitte nicht stehen bleiben! Halten Sie den Platz bitte frei!«, tönte Fettuccini, als die ersten neugierigen Blicke auf das groteske Zweiergespann trafen – besser: *Die* Zweiergespanne, denn Rudi Holder und Hexenhäuschen waren ja mit von der Partie.

»Sie verpassen nichts! Es wird hier nichts gezeigt, das für Sie von Interesse wäre!«, verkündete Fettuccini lautstark und setzte dabei die Ukulele wie eine Signalkelle ein, um die Menschen weiterzuwinken oder mit dem Hals des Instruments die Richtung anzugeben, in der sie sich zu entfernen hätten.

Felix indessen wuselte kopfschüttelnd zwischen den Passanten herum, versuchte, einige sogar fortzuschieben oder an der Hand wegzuziehen – vergeblich, denn die Zahl derer, die stehen blieben, wurde nur noch größer. Offenbar befanden sich viele Touristen in der Stadt, und die hatten ja Zeit. Smartphones wurden gezückt und Fotos gemacht.

Mit Gesten der Hilflosigkeit kehrte Felix von seiner erfolglosen Mission zurück und griff zur Ukulele.

»Sagen Sie nicht, wir hätten Sie nicht gewarnt!«, tönte Fettuccini als Conférencier »Alles, was hier geschieht, erleben Sie auf eigene Gefahr!«

Fettuccini machte sich die Kraft der Verneinung zu eigen und sprach zwei verschiedene Ebenen der Wahrnehmung an. Das Bewusstsein fühlt sich vom vielen ›nicht‹, ›nein‹ und ›kein‹ irritiert und wird dadurch aus seiner Trance des Alltags gerüttelt. Das Unbewusste hingegen kennt keine Verneinung und ›hört‹ nur ›verpassen‹, ›zeigen‹, ›Interesse‹. Da der unbewusste Impuls stets stärker ist als der bewusste, bleibt der Adressat der Doppelbotschaft stehen und wird zum Zuschauer. Und genügt damit einer ihm vor Showbeginn gestellten Anforderung, was die Weichen auf eine gelungene Kooperation mit den Spielern stellt.

Fettuccini hatte sich für keine Sprache entschieden. Manchen seiner Sätze begann er auf Französisch, setzte ihn auf Englisch fort und vollendete ihn auf Deutsch mit italienischem Akzent als klassischem Kauderwelsch. Im O-Ton klang das mitunter so: ›Ladies and gents, we honestly regret, that there is no performance taking place under this Himmel, so blaua wie die Määr an diese beautiful place, so keep on trucking, s'il vous plait!‹

Als Felix zurück war, stand Fettuccini mit ihm eine Weile vis-à-vis, wobei sie abwechselnd die Schultern hochzogen und resigniert wieder fallen ließen, bis Fettuccini endlich Felix die Ukulele reichte und der zu singen anhob, wobei er sich selbst begleitete:

> *I was late night – on the open road*
> *speeding like a man on the run –*

G-Dur, E-moll, G-Dur, C-Dur griffen die Finger dazu auf dem Griffbrett.

Am Vorabend hatte sich herausgestellt, dass Felix noch einige Lieder aus dem Gitarrenunterricht auswendig singen und spielen konnte, und zwar baby. Josef hatte gejubelt über diesen Klopfer, der viel mehr Zugkraft hatte als das versonnene Spiel auf der Singenden Säge.

> *Don't pay the ferryman!*
> *Don't even fix a price!*
> *Don't pay the ferryman*
> *Until he gets you to the other side –*
> *Ahaaa -----*

Eine Gänsehaut überlief Josef, als im Refrain sich Felix' glasklare Stimme erhob, mit leichtem Vibrato, so dezent eingesetzt, dass es nicht zu dick aufgetragen klang und als Warnung zitternd über den Köpfen der Zuhörer hing, die längst eine Traube bildeten, die sich wie von selbst zum Halbkreis auffächerte, der sich zum letzten Akkord schloss.

Noch bevor die ersten den Applaus einleiteten, war Fettuccini herangetreten und ging mit seinem umgedrehten schwarz-goldenen Spitzhut herum, an dem eine mit glitzernden Strasssteinen besetzte Spange in Form eines Halbmondes prangte. Der Griff an die Hosentasche war ein Reflex, und nachdem einer das Portemonnaie herausgeholt und geöffnet hatte, beeilten andere sich, es ihm gleichzutun.

Schon war auch Felix herbeigeeilt und hielt den Zuschauern die Ukulele wie eine Sparbüchse unter die Nasen. Arme schnellten noch aus der zweiten Reihe vor, um ein paar Münzen zwischen den Saiten und durch das Schallloch hindurch scheppernd im Korpus des Instruments zu versenken.

Als Fettuccini das sah, konnte er nicht anders, als seiner Missbilligung gegenüber dieser Praxis Ausdruck zu verleihen.

Ein Requisit blieb ein Requisit, und dasselbe galt auch für Musikinstrumente. Jede Zweckentfremdung war verboten, denn was auf der Bühne zum Einsatz kam, war nur diesem einen Zweck gewidmet, galt darin gleichsam als heilig, unantastbar, schlichtweg für alles andere als der zugedachten Bestimmung tabu. Nur einer durfte dieses Tabu verletzen, und das war der Dumme August.

In dieser Sekunde war ein klassisches komisches Paar geboren: Felix und Fettuccini. August und Weißclown. Bayerischer Seppl und italienischer Arlecchino.

Felix kapierte nicht, was Fettuccini jetzt schon wieder von ihm wollte: Was hast du denn, ist doch voll, hör mal, wie schön das klimpert!, rasselte Felix mit der Ukulele vor Fettuccinis Nase herum, der den Inhalt seines Spitzhutes in anklagender Geste ins Schallloch der Ukulele entleerte. Mit gespieltem Entsetzen verwies er die Umstehenden auf den Totalverlust seiner Gage und schickte sich zu einer zweiten Sammelrunde an, bei der tatsächlich die ersten Geldscheine gezückt wurden.

Lacher lösten sich aus der Menge. Steckten andere an. Das Eis war gebrochen.

In gebieterischem Ernst mahnte Fettuccini das Publikum mit an die Lippen gelegtem Zeigefinger zur Ruhe, denn bekanntlich befeuert nichts den Lachaffekt wirkungsvoller als ein Lachverbot.

»Silenzio! Ruhe bittä! Papperlapapp schtonk!«, zitierte er mit dem letzten Wort Charlie Chaplin und einen Filmtitel in einem.

Es klapperte, als eine weitere Münze im Korpus von Felix' Ukulele landete. Mit tadelndem Blick nahm Fettuccini das Instrument an sich, fischte umständlich eine Münze daraus hervor und deutete mit provokanten Kopfbewegungen an, dass der Störer sich gefälligst zu erkennen gäbe. Ohne Umschweife wies Felix auf einen Mann, dem Fettuccini die Münze mit Nachdruck zurückgab, während er Felix mit einer angedeuteten Streichelbewegung lobend über die Sepplmütze fuhr.

Dann ging er zum Hexenhäuschen, klappte die Plane auf und zog das Etui mit der Singenden Säge hervor. In andächtiger Ruhe glitt das Instrument aus der schützenden Umhüllung und glänzte in der Sonne. Bedächtig legte Fettuccini den Handgriff zwischen seinen Füßen ein, während Felix ihm den Bogen hinhielt. Fettuccinis rechte Hand verfehlte wiederholt das hingehaltene Streichutensil, weil er den Blick unverwandt auf jene richtete, die ihm noch nicht leise genug waren, sei es, weil sie sich ein Gickeln nicht verkneifen konnten oder mit dem Nachbarn flüsterten, um nicht zu stören, aber eben doch damit störten. Unterdessen hatte Fettuccinis Hand auch den Bogen zu fassen bekommen, der in immer wilderen Hüpfbewegungen einem Zugriff zu entrinnen versucht hatte. In einer stummen Choreografie des Fangens und Verfehlens hatte auch die Hand an Tempo zugelegt, sodass der Bogen sich schließlich in sein Schicksal ergeben musste.

Zur Ruhe mahnen musste Fettuccini das Publikum längst nicht mehr; das hatten die Zuschauer selbst für ihn übernommen, die mit ›Pssst!‹ oder verhaltenem ›Jetzt seid doch mal leise!‹ die jeweils Umstehenden aufforderten, endlich zur Ruhe zu kommen.

Felix, der die Ukulele spielbereit in Anschlag hielt, spielte den Blitzableiter, indem er mit einem kurzen Ruck des Instruments dessen Inhalt zum Tönen brachte. Die das Geklimper strafenden Seitenblicke Fettuccinis zündeten weitere Lacher, erst recht Felix' Unschuldsmiene und gezielte Vermeidegesten, mit denen er einem Stan Laurel posthum alle Ehre machte.

Tsching! machte die Ukulele. Und noch mal *Tsching-tsching!* Und so wäre es wohl weitergegangen, hätte Felix nicht aus

Versehen einen Seitenblick auf Fettuccini geworfen, in dessen unbewegtem Starren sich das Versprechen auf Tod und Verderben versammelt hatte.

Einige im Publikum bekamen sich schon jetzt nicht mehr ein, eine Dame musste quietschen vor Vergnügen und presste sich ein Taschentuch aufs Gesicht.

Felix hatte sich zusammengerissen und wartete auf das Zeichen zum Einsatz. Vergebens. Fettuccini starrte. Unsicher forschte Felix nach einem Lebenszeichen im leeren Blick des Weißclowns. Wedelte diesem schließlich mit der Hand vor den Augen herum. Ließ die Münzen im Bauch der Ukulele klingeln – keine Reaktion. Da trat er hinter Fettuccini und drehte dessen Kopf in Richtung Publikum, um sich mit zweifelnden Blicken, ob es damit nun getan sei, wieder in seine Position zurückzubegeben.

Josef hinter der Maske Fettuccinis erinnerte sich eines Büchleins, in dem Fritz Usinger einen philosophischen Diskurs *Zur Metaphysik des Clowns* führt. Zum Auftakt beschreibt er einen musikalischen Vortrag, zu dem es aber nie kommt, weil eine Widrigkeit nach der anderen den Anfang vereitelt. Es ist eine typische Clownsfinte, ein Klassiker, und Josef spürt eine Ahnenreihe von Clowns in seinem Rücken, die seinem Spiel metaphorische Flügel verliehen. Er spürt nicht mehr den Schemel unter sich, nicht den Bogen in seiner Rechten, noch das Ende des Sägeblatts in seiner Linken. Er sieht nur Sonne und Blau und lachende Gesichter. Und spürt den Spielpartner neben sich, der mit schlafwandlerischer Sicherheit alles richtig macht, ohne es je gelernt zu haben. Josef befand sich in der Trance der spielerischen Verzückung.

Der innere Rhythmus der Szene gebot eine Zäsur, einen harten Bruch. Nachdem das Publikum noch immer nicht zur Ruhe kommen wollte, riss die nackte Wut den Weißclown von seinem Schemel hoch, der klappernd nach hinten umkippte, nahm die Säge waagrecht mit der bezahnten Seite vor den Hals und deutete mit einer jähen Seitwärtsbewegung des Blattes an, was er den Zuschauern würde angedeihen lassen, die jetzt nicht auf der Stelle Ruhe gaben.

Leider war die Säge dabei seinem eigenen Hals zu nah, und mit einem sauberen Schnitt trennte das Blatt den Kopf vom Rumpf. Mit Genugtuung registrierte Fettuccini den verhaltenen Schreckensseufzer eines gebannten Publikums. Die Ohren zwischen den schwarzen Rüschen versteckt und das Kinn auf die Brust geklemmt, begab sich der Torso in hilflosen Tastbewegungen auf die gespenstisch anmutende Suche nach seinem auf solch tragische Weise abhanden gekommenen Haupt, das indes dem völlig konsternierten Felix vor die Füße gekullert ist. Der hebt es respektvoll auf, um es seinem Eigentümer zurückzugeben, doch Fettuccini hat sich verirrt und geistert als Zombie durch das Publikum, das ihm eine breite Gasse öffnet.

Als Felix und Fettuccini einander doch noch finden, droht die Übergabe des verlustigen Körperteils am Größenunterschied zwischen beiden zu scheitern. So sehr der kleine Kerl sich auch reckt und streckt: Er schafft es einfach nicht, den Kopf an seinen Stammplatz zurückzubringen. Erst als er mit einem Fuß den umgestürzten Schemel angelt und aufstellt, um selbst daraufzusteigen, gelingt die Verschraubung des Kopfes mit dem Hals. Leider hat sich das Haupt verkantet, doch mit einigen kosmetischen Nachbesserungen sitzt es am Ende wie angegossen.

Als tatsächlich noch *Wonderful World* anhebt und das Singen der Säge untermalt von den Akkorden der Ukulele im Blau des Himmels schwebt, wird es tatsächlich still im Publikum. Copernicunic, der jüngste Zirkus der Welt, beschließt sein Programm mit dem Ritardando am Ende der letzten Notenzeile und einem stehenden, in Obertönen irisierenden Klanggewebe, als der Abschlusston beim Glissando um eine große Terz nach oben rutscht.

Das Drehbuch blendet ganz langsam die Geräuschkulisse vom Summen der Stadt und verhuschenden Gesprächsfetzen in die tönende Stille.

Das Publikum hält den Atem an. Eine Sekunde verstreicht. Zwei Sekunden. Drei. Vier. Fünf.

Dann explodiert der Applaus. Fettuccini sieht nur noch, wie Felix in einer Traube von Menschen versinkt, die sich um ihn drängt, um Münzen und Scheine im Korpus der Ukulele zu versenken.

»Bereit zur zweiten Runde?«, raunt Fettuccini seinem Partner zu, nachdem der Sturm sich gelegt hat.

»Echt?«, fragt Felix mit dem Anflug von Zweifel und Entsetzen.

»Sjöh-damm! Sollten Sie es unterlassen, diesen Platz zu räumen, laufen Sie Gefahr, dasselbe Stück ein zweites Mal zu sehen …«

»Verdrück dich gleich in den Wagen«, empfahl Josef seinem Spielpartner, als alles zusammengepackt war und das Gespann gegen halb vier Uhr nachmittags dem Kirchenvorplatz entrollte. Viermal hatte das Duo seine Show zum Besten gegeben, zweimal am Vormittag, weitere zweimal am Nachmittag. Felix hätte die Ukulele, beschwert vom vielen Münzgeld, kaum mehr halten können, wenn er den Korpus nicht zwischendurch entleert hätte.

Emily verschlief den Einkauf, gleichwohl das Parken in einem Waldstück runde fünfzehn Kilometer vom letzten Spielort entfernt. Selbst das Gerüttel der letzten Meter querwaldein hatte sie nicht aus dem Schlaf holen können.

Erst, als das Gefährt zum Stillstand kam, meldete sich ein dünnes Stimmchen von hinten: »Sind wir schon da?«

»Nein. Wir sind noch ganz weit, ganz weit weg«, feixte Josef.

»Schade. Hab gar nix mitgekriegt von der Fahrt«, bedauerte das Mädchen mit müden Augen.

Das Kochen ging heute sehr geruhsam vonstatten. Um nicht zu sagen: zäh. Josef stöhnte leise bei jedem Hinkauern und Aufstehen, so weh taten ihm sämtliche Knochen. Die Anstrengung saß in jedem Gliedmaß, in jedem Winkel des Körpers. So fühlte man sich jedes Mal nach einem gelungenen Auftritt.

»Weißt du, was in Japan als höchstes Lob gilt, das man einem Schauspieler zollen kann?«, fragte Josef bei Nudeln mit Pilzsoße. Da er von Emily keine Antwort erwartete, sagte er selbst: »›Du bist müde.‹ Damit ist gesagt, dass der Darsteller alles gegeben hat. Ach, und wo wir gerade bei Japan sind: Ich will dir noch etwas sagen zu diesem Gruppenfoto.«

Tatsächlich war es geschehen, dass Fettuccini seinen Kompagnon Felix zwischen den beiden Nachmittags-Shows inmitten einer japanischen Reisegruppe entdeckt hat. Ganz unvoreingenommen hatte Felix ihm zugewunken und gerufen: ›Komm her, sie wollen dich auch mit draufhaben.‹ Das genau war es eben: das Mit-drauf-haben-Wollen, an dem Josef Anstoß nahm. Nicht, dass auch nur einer aus der Reisegruppe sich für die Show interessiert hätte. Auch nicht für die Person hinter der Maske, die man hätte kennenlernen wollen. Man wollte alle einfach ›mit draufhaben‹. Auf dem Foto. Als lebenden Dekoartikel. Als bewegliche Kulisse. Für die Konserve, die erst daheim wieder ausgepackt wird, vor Freunden,

Verwandten, Bekannten, eben allen, die nicht selbst mit dabei waren: das sind wir mit einem Schornsteinfeger – das sind wir mit dem Kölner Dom – das sind wir mit der Bundeskanzlerin – und in Disneyworld mit Donald Duck – und Micky Maus – und das sind wir mit einem bayerischen Bub – und dem Weißclown, aber der ist nicht mit drauf? Aber das merkt man sich ja nicht. Das hat man ja gar nicht erlebt. Ein Weißclown soll da gewesen sein? Dann wäre der doch mit drauf. Ich kann mich jedenfalls nicht mehr erinnern. Aber der süße bayerische Bub, das weiß ich noch! Den gab es wirklich! Ist ja auch mit drauf …

Sie sind in Wahrheit gar nicht da, die mit der SD-Karte im Smartphone. Sie transportieren nur Daten von einem Ort der Welt zu einem anderen – und nicht nur nach Japan. Die Selfiemanie hat plötzlich ihre pseudosoziale Ader entdeckt und will wen mit draufhaben. Wen? Wurscht. Hauptsache, jemanden. Wer ist schon gern allein. Und noch dazu im Urlaub.

»Lenny hätte gesagt: Wahre deine Würde. Lass dich nicht missbrauchen. Wenn sie haben, was sie wollen, die dich so nett fanden und alle gelächelt haben für die Kamera und nicht für dich, sind sie plötzlich verschwunden, und dein Hut bleibt leer. Dann bist du kein Spieler mehr, sondern Opfer. Und irgendwann, unmerklich, so peu à peu, haben sie dich ganz verzehrt und du bist ein Geist wie sie selbst, eine Fata Morgana in der Wüste: deutlich zu sehen, aber nicht existent. Wenn einige afrikanische Stämme sagen, dass ihnen mit einer Fotografie die Seele geraubt wird, dann ist das kein Aberglaube, sondern das Gesetz der Straße. Mit jedem Foto wirst du ein Stück mehr zur Attrappe, zum hingestellten Requisit, verdinglicht und verbraucht. Banalisiert. Abgelutscht.

Du bist Künstler der Straße. Du bist Gaukler im öffentlichen Raum. Du erinnerst an die Chance zur Begegnung in einem Klima der Isolation und Entwurzelung. Du bist der Alchemist, der neue Verbindungen schafft, indem er, was atomisiert ist, zu größeren Einheiten zusammenfügt. Du bist nicht darauf *angewiesen*, dass man dir gibt, sondern du *bestehst* darauf. Meinetwegen lass dich fotografieren als folkloristisches Artefakt germanischer Tradition. Aber nur gegen Vorkasse. Und wenn es weniger als zehn Euro sind, dann lass die Touristen stehen. Es waren nun mal Japaner, mit denen dir das passiert ist, aber es kann dir mit jeder Touristengruppe so gehen. Die Achtlosigkeit im Umgang mit dem, was man Respekt nennt, hat keine Nation für sich allein gepachtet. Wisse aber, dass die zehn Euro keine Gage sind, kein Honorar. Sondern höchstens eine Entschädigung, eine Art Schmerzensgeld. Das Gesetz der Straße verlangt von uns, dass wir von dem leben, was uns freiwillig gegeben wird. Ist es viel, dann schenken wir's weiter; ist es wenig, dann belastet es uns schon nicht. Ist es aber gar nichts, so werden wir eines Tages von der Straße verschwunden sein. Und mit uns alle Träume, Utopien und Visionen. Solange es uns aber gibt, verkörpern wir das Wissen, den Glauben, die Hoffnung, dass noch nicht alles verloren ist. Aus diesem Zusammenhang speist sich unsere Aristokratie: die Aristokratie der Straße. Wir brechen mit dem Vorurteil, dass wer mittellos ist stehlen muss. Mit Stehlen könnten wir vielleicht unsere physische Existenz über Wasser halten. Aber wir können nicht mehr das Träumen, das Visionäre und Utopische verkörpern. Was wären wir dann noch wert? Wer unsere Erscheinung auf ihre Verwertbarkeit taxiert – und sei es nur für so ein läppisches Gruppenfoto –, der ignoriert den Wert unseres Daseins an und für sich.«

Gedankenverloren und appetitlos starrte Emily auf ihren Teller.

»Gibt's vielleicht auch was, das ich richtig gemacht hab«, ließ sie resigniert aus ihrem Mund träufeln.

»›Du bist müde‹«, zitierte Josef sich selbst. »Hab ich doch schon gesagt, oder?«

Emily sah von unten heraus zu ihm hoch: »Echt?«

»Ja«, bestätigte Josef. »Ich würde sogar sagen: ›Du bist *sehr* müde‹.«

»Heißt das, ich hab alles richtig gemacht?«, zweifelte Emily immer noch an der höchsten Lobesformel japanischer Schauspielkunst.

»Nein«, räumte Josef ein. »Wer etwas richtig macht, der spult ab, was er gelernt hat, und das fehlerlos. Richtigmachen ist was für Streber. Du bist keine Hochbegabte. Du bist keine gute Schülerin …«

»Na danke!«, fiel Emily ironisch in die rhetorische Pause ein, die Josef gelassen hatte. »Was bin ich dann?«

»Erinner dich an unser Gespräch vor ein paar Tagen; es gibt nicht viele Alternativen: du bist *genial*. Du weißt Dinge, die man nicht lernen und auch keinem vermitteln kann. Du hast Dinge getan, von denen du nichts hast wissen können. Du bist deiner Intuition gefolgt, warst immer im Augenblick, bei dem, was gerade ist – *Extempore*, das Spiel mit dem Unvorhersehbaren. Du hast etwas Neues geschaffen. Aus dem Nichts heraus etwas Neues. Als Erfinderin unserer gemeinsamen Szene.«

Emily staunte.

»Die Sache mit dem verlorenen Kopf zum Beispiel«, fuhr Josef fort. »War das abgesprochen? Hatten wir das geprobt? Du hast den Kopf einfach nur genommen und mir nachgetragen. Ohne pantomimische Ausbildung hast du ihn in deinen Händen gespürt. Du hast gewusst, wie schwer er ist. Du hast ihn ›gesehen‹, damit ihn das Publikum auch sieht. Und du warst es, die das mit dem Gewinde erkannt hat. Du hast ihn nicht auf den Hals gesetzt oder gesteckt, das hätte ja nicht gehalten. Also hast du ihn mir angeschraubt. Dabei war er verkantet. Du hast es korrigiert, warst erst zufrieden, als alles wieder so war, wie es gehört. Und jeder der Menschen im Publikum hat das erkannt. Du hast mit dem Detail die große Geschichte gemacht.

Yoshi Oida, ein begnadeter japanischer Schauspieler, hat einmal sinngemäß erklärt: Wenn ein Schauspieler auf den Mond weist und das Publikum sieht den ausgestreckten Finger, dann hat er den Mond *bedeutet*. Sieht das Publikum aber den Mond, dann hat er eine Vision erschaffen. Du hast den Menschen heute den Mond gezeigt, Emily. Du hast eine Vision erschaffen, die sie in ihren Herzen tragen und mitnehmen können. Die größte Vision überhaupt: die Vision von der Liebe. Du hast ihnen die Liebe eines reinen, unverletzten Kinderherzens geschenkt. Du bist das tollste Mädchen, das ich kenne.«

Emily hielt den Kopf seitlich auf die angezogenen Knie gelegt und sah Josef versonnen und wie tagträumend an.

»Und Isabell?«, bewies Emily, dass sie auch beim Tagträumen glockenwach war. Es ist immer schade, wenn ein wohlgesetzter Superlativ sich mit der ersten Erwiderung in Relativierung verliert.

»Ja, stimmt, die ist wirklich auch toll«, sah Josef sich zur Kapitulation gezwungen.

Einmal mehr plagte ihn die Angst, dass er dem Mädchen mit seinem Hymnus einfach nur davongeeilt war, anstatt es mitzunehmen auf seinen Höhenflug.

»Ich glaube, heute ist der schönste Tag meines Lebens«, versuchte sich nun Emily an der höchsten Steigerungsform.

»Du hast's gut!«, griff Josef dankbar das Stichwort auf. »Auf den Tag hab ich über fünfundsiebzig Jahre warten müssen.«

Für Josef wirkte es wie in Zeitlupe, als das Mädchen sich aus der Hocke erhob, die Arme um seinen Hals schlang, den Kopf in seiner Halsgrube anbuckte und weinte.

»*Danke!*«, schniefte es an seiner Schulter.

»Halt die Raffel, Kanalratte, sonst heul ich auch!«, lachte Josef auf und stimmte übergangslos in Emilys Schluchzen ein, als er das kleine Köpfchen unter seinen Händen spürte und ihm zärtlich über die kurzen Haare strich.

»Warum ist das eigentlich so furchtbar traurig, wenn man gerade mal glücklich ist?«, wollte Emily wissen, als sie sich wieder einigermaßen beruhigt hatte.

»Weil man sich dann all der verpassten Gelegenheiten zum Glücklichsein erinnert?«, vermutete Josef, auf dessen Antwort hin das Mädchen ihm erneut um den Hals fiel, um eine weitere Runde Heulen nachzulegen.

»Was will er uns nur wieder damit sagen?«, sinnierte Isabell auf einem Stuhl sitzend beim Blick auf ihr Smartphone.

Eowin kauerte an ihrer Seite und blickte in dieselbe Richtung.

›Mein Mädchen! Ich wollte dich nur daran erinnern, dass heute der schönste Tag deines Lebens ist. Verpass ihn nicht! Lass die Korken knallen! Dein dich liebender Paps‹

»Klingt ziemlich eindeutig, finde ich«, fand Eowin.

»Aha?«, zweifelte Isabell.

»Na ja: ›Korken knallen lassen‹«, konkretisierte Eowin. »Endlich mal 'ne klare Handlungsanweisung. Ich geh dann mal in den Keller und hol 'ne Flasche *Veuve Clicquot*.«

»Ist das der mit dem orangefarbigen Etikett?«, riet Isabell erfreut. Und fragte auf Eowins Nicken hin, der schon im Gehen war: »Mein Lieblings-Champagner?«

»Ja, Liebling …«, flachste Eowin und verschwand hüftschwingend durch die Tür, worauf Isabell ihm einen zweideutigen Blick hinterherschickte, den er allerdings nicht mehr mitbekam.

Wenig später schlug der Korken in ein Fotoporträt Gero von Lüdershagens, Eowins Vater ein und sprengte das Glas. Taumelnd prallte das Projektil zurück und kullerte über den Perserteppich hinter Eowins Schreibtisch.

»Ach du grüne Scheiße!«, befand Eowin, die übersprudelnde Flasche in der Hand.

»Kopfschuss«, diagnostizierte Isabell lapidar. »Genau zwischen die Augen.«

Kritisch beäugte Eowin das Etikett der Champagnerflasche, wobei er murmelte: »Den Alten hat's erwischt. Hat's ganz schön in sich, die Dame. Ist eigentlich überliefert, wie Madame Clicquot zur Witwe geworden ist?«

»Tja, wohl kaum anzunehmen, dass sie ihren Mann mit einem Sektkorken erschossen hat. Wäre etwas fantasielos.«

»Ich glaube trotzdem, wir sollten die Marke wechseln …«

»Lieber nicht, Winni, wo sie doch mein Favorit ist«, widersprach Isabell und schenkte die Kristallkelche voll, nachdem sie ihrem Mann die Flasche aus der Hand genommen hatte.

»Wie du meinst. Es ist ja ohnehin der Weinkeller von meinem Alten«, gab Eowin spielerisch nach.

»Auf unsere Alten!«, gab Isabell feierlich als Toast aus und hob das Glas.

»Auf unsere beiden Alten mit Kopfschuss!«, ergänzte Eowin und stieß an.

Lachend lag sich das Paar in den Armen.

Kassensturz im Lager des Straßenzirkus' Copernicunic.

»Sagenhaft!«, freute sich Josef. »Wenn wir den Kassenzettel vom Einkauf dazurechnen, haben wir an einem Tag an die zweihundertfünfzig Euro gemacht; das sind hundertfünfundzwanzig pro Auftritt! Wenn's so weitergeht, werden wir noch reich!«

»Da können wir morgen ja mal aussetzen«, stöhnte Emily erleichtert auf.

Mit der Erwiderung Josefs hatte sie nicht im Mindesten gerechnet: »Wo denkst du hin! Natürlich werden wir morgen spielen. Und übermorgen auch. Den Sonntag können wir meinetwegen blaumachen, nichts dagegen.«

»Echt?«, brachte Emily müde hervor.

»Ganz und gar echt«, bestätigte Josef. »Die Show hat gerade erst angefangen zu laufen. Da muss man dranbleiben. Kein echter Künstler gibt sich mit einem *one-hit-wonder* zufrieden. Uns fehlt die Erfahrung. Wir verlassen uns noch zu sehr auf unser Glück und haben keine Konstanz. Sind dir unsere Formschwankungen aufgefallen? Bei der zweiten Show sind wir abgefallen; das war schon nicht mehr so das Gelbe vom Ei wie unser furioser Auftakt. Das Gesetz der Straße sagt, dass die zweite Aufführung immer die schwierigste ist.«

»Wieso? Die Erste war doch scheiße«, wusste es Emily besser.

»Die von gestern, mein ich. Also ist die Dritte die Schwierigste.«

»Nein«, verteidigte sich Josef. »Die von gestern zählt nicht. Also war die Dritte die Zweite.«

»Nein«, beharrte Emily stur auf der empirischen Abfolge, »die Zweite war die Erste von heute!«

»Egal. Mit der Dritten jedenfalls haben wir wieder angezogen.«

»Die Vierte meinst du«, ließ Emily nicht locker.

»Meinetwegen«, gab Josef nach. »Und die Fünfte war unsere beste Show, aber da gab's schon weniger Publikum als bei der Ersten.«

»Zweiten …!«

Beim nächsten Satz Josefs fiel das Mädchen einfach stöhnend nach hinten um und blieb platt im Gras liegen: »Außerdem müssen wir an der Nummer arbeiten. Wir erweitern die Show um einen neuen Song.«

Nach dem Ende der Regiebesprechung war es dunkel geworden. Mit dem Glück der Verausgabung in den Gliedern krochen beide in das Hexenhäuschen. Mit der Gute-Nacht-Geschichte, längst zum allabendlichen Ritual geworden, kam Josef nicht über die ersten Sätze hinaus, als das Mädchen neben ihm zu schnarchen begann. Es war das erste Mal, dass er Emily schnarchen hörte.

An den folgenden Tagen entwickelte sich die Show weiter. Josef erwarb sogar eine Gitarre – ein gebrauchtes *Dreadnought*-Modell – für zwanzig Euro. Das eröffnete die Möglichkeit, das musikalische Repertoire um *Father and Son* zu erweitern. So konnten Fettuccini und Felix die jeweiligen Strophen von Vater und Sohn abwechselnd wie in einem Dialog übernehmen und die letzten beiden Verse zweistimmig interpretieren wie im Original. Auch das Gitarrensolo gehörte dazu, das Josef auf der Gitarre spielte, während Emily auf der Ukulele die Begleitakkorde anschlug.

Josef hatte das Lied schon immer gemocht, vor allem die Verszeile:

From the moment I could talk
I was ordered to listen

– sobald ich sprechen konnte, durfte ich nur noch gehorchen. Fettuccini übernahm die Vater-Stimme nur pro forma; tatsächlich sah er sich selbst nicht anders als Felix in der Rolle dessen, der da sagt:

> And I know that I have to go away,
> I know: I have to go.

Emily und Josef kamen von Orten, an denen sie nicht mehr hatten bleiben können.

Hannes Waders *Heute hier, morgen dort* durfte als Josefs persönliche programmatische Erklärung und Hymne auf die Straße nicht fehlen:

> – *bin kaum da, muss ich fort;*
> *hab mich niemals deswegen beklagt.*

Beklagenswert fand Josef im Grunde genommen die Zeit, in der das Gestüt zu seinem Gefängnis geworden war.

In anderen Worten: Josef ging es mit jedem Tag besser. Der Sinn des Lebens, der sich stets dann hartnäckig dem Bewusstsein entzog, wenn es nach ihm suchte, war wieder selbstevident.

Aber war das auch für Emily so? So gut es auch mit ihr lief, spürte er eine Distanz zu seiner Mitreisenden und Kollegin. War es noch die Reise, die Emily sich gewünscht hätte?

Sie war es nicht. Schon allein deshalb nicht, weil es von Anbeginn keine Wunschreise war. Sondern eine Flucht. Das Zusammentreffen mit Josef hat überhaupt erst die Weiterreise ermöglicht. Ja, sie war auf Josef angewiesen, auch jetzt noch. Und doch hatte sich mit der gemeinsamen Show etwas verändert im Binnenverhältnis. Wenn Emily wirklich einen so guten Felix spielte wie Josef meinte – und die Publikumsreaktionen wiesen in dieselbe Richtung –, dann war es mittlerweile ein gegenseitiges Abhängigkeitsverhältnis. Emily drückte die Last der Verantwortung. Das kannte sie zwar von ihrer Mutter her: Die kam oft genug ohne Emily nicht klar. Im Unterschied dazu ging es diesmal nicht um Rettung aus der Not, sondern um Emilys Beitrag zum Gelingen. In der Not *musste* man handeln; alles andere tat man freiwillig – gerade so, wie das Publikum seinen Obulus entrichtet. Sie durfte jetzt nicht aussteigen aus dem Projekt Copernicunic, weil sie es jederzeit hätte beenden *können*. Gerade deswegen fühlte sie sich verpflichtet. Wollte unbedingt durchhalten, auch wenn es anstrengend war.

Sie wusste jetzt, was Josef gemeint hat mit den Fußabdrücken in der eigenen Seele durch so viel Publikumskontakt. Manche Gesichter gingen ihr kaum mehr aus dem Sinn. Sie kamen gar nicht dazu, darüber zu reden, wie Josef es ihr versprochen hatte. Da war viel zu viel anderes: Wenn sie nicht probten, dann fuhren sie; wenn sie nicht fuhren, dann kochten sie; wenn sie nichts mehr zu kochen hatten, dann mussten sie einkaufen und so weiter und so fort. Die Freiheit war einfach mega-anstrengend. Aber Emily wollte durchhalten. Sie durfte jetzt nicht aufgeben. Josef zuliebe.

Wenn doch nur schon Sonntag wäre …

Es wurde Sonntag, und auch der ging vorbei – leider.

Bei der Vorstellung am Montag kam es dann zum ersten Polizeikontakt.

Josef bemerkte es erst, als Felix mitten im *Father and Son* die Ukulele auf dem Schemel ablegte und Hals über Kopf davonrannte. Die beiden Uniformierten auf Streife hatten den verdächtig schnellen Aufbruch Felix' entweder nicht bemerkt, oder sie verzichteten bewusst auf eine Verfolgung.

Fettuccini sang weiter als wäre nichts geschehen und übernahm den Gesangspart des Sohnes mit einem Oktavsprung. Die Polizisten ließen ihn auch bis zu Ende singen, doch ihre Position, mit verschränkten Armen breitbeinig am Rande des Zuschauerkreises, signalisierte überdeutlich, dass sie nicht stehen geblieben waren, um sich ein Ständchen bringen zu lassen.

Fettuccini wusste: Er würde den Kontakt herstellen müssen, um die Regie bei der Szene zu behalten; er durfte nicht warten, bis die Beamten alles in die Hand nahmen.

»... *I know – I have to go ...*«, sang er die Uniformierten an und war so schnell und entschieden, dass er es schaffte, jedem der beiden zur Begrüßung die Hand zu schütteln. Dabei plauderte er unentwegt drauflos, abwechselnd an die Polizisten und die Zuschauer gewandt: »Danke, dass Sie gekommen sind, auf Stichwort – Sjöhdamm, einen Applaus bitte für die Kollegen, danke, danke, *merci bien, merci beaucoup*, den Obulus bitte hierhinein, *merci*«, machte er sich ans Einsammeln, wobei einer der Polizisten beunruhigend nah an seiner Seite blieb, während der andere das Gespann inspizierte, »gehen Sie nicht weg, bitte, die Show ist noch nicht zu Ende, denn geplant ist eine geringfügige Verhaftung meiner Wenigkeit, das sollten Sie sich nicht entgehen lassen, alles wie geplant, alles Show, achten Sie auf die Kostüme der Kollegen, absolut authentisch, gutes Tuch wie im realen Leben, wir danken den Behörden für die Bereitstellung dieser Verkleidung, *merci*, geben Sie großzügig, es muss auch für meine beiden Mitarbeiter reichen – so, das hätten wir, einen Augenblick Geduld, *the show must go on* – und jetzt tun Sie mir den Gefallen und nehmen Sie mich fest«, reckte Fettuccini beide ausgestreckten Arme dem älteren der Beamten entgegen, »ich habe es den Leuten versprochen als dramatischen Höhepunkt der Show …«

»Lassen Sie das bitte«, meinte der Polizist nur.

Währenddessen schickte der jüngere der beiden Beamten, deren Mienen die ganze Zeit über unbewegt geblieben waren, das Publikum mit einer beiläufigen Handbewegung fort.

»Sie kommen aus Deutschland?«

»*Oui.*«

»Mit diesem Ding?«; er wies auf den Traktor.

»*Oui.*«

»Haben Sie eine behördliche Genehmigung für eine gewerbliche Darbietung in der Öffentlichkeit?«

»*Merde, merde, merde*, liegt noch bei der Stadtverwaltung, auf dem Tresen, bin einfach zu zerstreut, hab's glatt liegen lassen!«

»Die Erlaubnis zur Einfahrt eines Motorfahrzeugs in eine Fußgängerzone?«

»Um Himmels willen, das ist doch kein Motorfahrzeug, das ist mein Bühnenbild! Kulisse! Hintergrund! Ein beweglicher Bühnenhintergrund, genau …«

»Kann ich mal die Zulassung sehen?«, ließ sich der für die Verhandlung zuständige Beamte nicht beeindrucken.

»Zu dumm – liegt auch auf dem Tresen der Stadtverwaltung, hab dort ja alle Papiere gebraucht, du lieber Himmel, wie vergesslich kann man nur sein! Aber hier, die Nummernschilder: alles neu, ganz frisch, der Zulassungsstempel ist noch ganz feucht, TÜV bis Dezember Achtzehn, alles paletti …«

»Den Führerschein bitte.«

»Führerschein? Das ist ein Traktor! Seit wann braucht man denn für einen Traktor einen Führerschein! Fährt doch nur Fünfundzwanzig, das Ding, hier, der runde Aufkleber: ›25‹.«

Fettuccini bewegte sich zu seinem Schemel, um den Hut ins Schallloch der Ukulele zu entleeren.

»Meine Geldbörse«, erklärte Fettuccini den Polizisten, die ihm dichtauf gefolgt waren, und ließ die Münzen im Instrumentenkorpus klimpern. »Sicherster Aufbewahrungsort der Welt, besser als jeder Safe! Sie erlauben?«

Fettuccini begann, sich des schweren Brokats zu entledigen und den in den Wagen zu legen; er hatte aus dem Augenwinkel gesehen, wie der Jüngere bereits einen prüfenden Blick durch den Planenspalt geworfen hatte und brauchte die Enthüllung des Inneren des Hexenhäuschens nicht zu fürchten.

Beim Ablegen des Kleidungsstücks hatte es sich irgendwo am Hemd verhakt; es war das Trekkinghemd, das mehr Schweiß aufzunehmen vermochte; deshalb hatte er es nicht eingetauscht gegen das violette, hochglänzende Hemd, das zum Kostüm gehörte, allerdings schon bei minimaler Flüssigkeitsabsonderung des Körpers dazu neigte, wie eine Plastikfolie am Körper zu kleben. Fettuccini löste die Schlaufe eines losen Kostümfadens vom Zips des Reißverschluss'; der gehörte zu einer eingenähten Geheimtasche. Fettuccini öffnete das Fach nur aus Verlegenheit; es war wichtig für ihn, in Bewegung zu bleiben, um nicht in die Opferrolle zu fallen, in der man bei Behördenkontakten stets den Kürzeren zog. Er zupfte an einem Papierchen, das sich unverhofft darin fand und sich beim Auffalten als eine Kopie seines Führerscheins entpuppte. Nur sehr dunkel kehrte die Erinnerung zurück, einmal mehrere Führerscheinkopien angefertigt und an verschiedenen Orten deponiert zu haben, meist in Handschuhfächern der Zugmaschinen, und eine offenbar auch in seinem Trekkinghemd, warum auch immer. Vielleicht würden die Beamten das wenigstens als Identitätsnachweis akzeptieren.

»Wer reist mit Ihnen?«, hatte der Ältere neue Fragen beim Blick auf die beiden Schlafsäcke.

»Niemand«, behauptete Josef, der seine Identität als Weißclown soeben abgelegt hatte. »Und im Übrigen habe ich das hier gefunden«, ergänzte Josef und hielt zur Ablenkung von dem schwierigen Thema des Mitreisenden die Kopie des Führerscheins hin.

Der Ältere reichte das Papier dem Jüngeren, der warf einen Blick darauf, verglich das Gesicht auf dem Foto mit dem von heute, wobei zwischen denen mehr als ein halbes Jahrhundert Zeit und Leben lag, reichte die Kopie dann dem anderen wieder zurück.

»Warum haben Sie dann zwei Schlafsäcke?«, blieb der ältere Polizist hartnäckig.

»Der eine ist mein Winter-, der andere mein Sommerschlafsack – nein, ganz im Ernst, es ist bequemer so. Die Matratze ist nicht mehr die jüngste, gibt etwas nach, sehen Sie«, – dabei drückte er mit den Fingerknöcheln auf der Matratze herum , »da spürt man den Wagenboden durch. Aber mit zwei Schlafsäcken drüber ist's weicher, die sind ja offen, und mit Matratze-Schlafsack-Schlafsack geht's, wie mit der Prinzessin auf der Erbse. Kennen Sie das Märchen hier in Frankreich auch? Bei uns kennt's jedes Kind. Sieben Matratzen hat die Prinzessin unter sich wegen der einen Erbse, stellen Sie sich vor, würden kaum in den Wagen passen, ich hinge ja förmlich unter der Decke …«

»Wer war der Junge, der vorhin weggelaufen ist, sobald er uns ge-sehen hat? Kannten Sie den?«

»Weggelaufen …? Ach, der, nein, nein, kam aus dem Publikum, so einer von den Neugierigen, die sich überall vordrängeln, wollte mir beim Geldsammeln helfen, hat dann wahrscheinlich gemerkt, wie seine Eltern schon weitergegangen sind, haben ihn ja schon ein paarmal gerufen, vorher, aber wie Kinder heute eben so sind, na ja, da ist er schnell hinterher – treulose Tomate!«

Die Beamten hatten ganz offensichtlich die Nase voll von diesem schrägen Vogel. Sie verloren nur Zeit für das, weshalb sie eigentlich unterwegs waren: die öffentliche Ordnung zu sichern.

Und das taten sie auf der Stelle: »Sie haben mehrere Ordnungswidrigkeiten begangen. Die unberechtigte Einfahrt in eine Sperrzone kostet Sie zwanzig Euro Verwarnungsgeld. Desgleichen die nichtautorisierte Ausübung eines schaustellerischen Gewerbes. Sie können bis morgen Mittag im Rathaus eine entsprechende Genehmigung einholen. Die Ausstellung erfolgt gegen eine Bearbeitungsgebühr von fünfzehn Euro; Sie hätten also die fünf Euro dieser zweiten Verwarnung sparen können.«

»Die Genehmigung bekommen Sie allerdings nur bei Vorlage eines gültigen Ausweispapiers!«, schränkte der Kollege nur der Vollständigkeit halber ein.

»Zudem führen Sie keine ordentlichen Papiere zum Führen eines Motorfahrzeugs bei sich, was mit weiteren zwanzig Euro Buße belegt ist. Oder sehen Sie das anders, Herr Kollege?«, übergab der eine Kollege an den anderen.

»Da kommen Sie aber gut weg«, antwortete der jüngere Polizist indirekt über Ansprache an Josef. »Mich interessiert mehr die Sache mit der illegalen Einwanderung, so ganz ohne Identitätsnachweis …«

Offenbar hatten die Polizisten nun die Regie der Szene übernommen und leiteten über zum *Good-cop,-bad-cop*-Spiel.

»Eigentlich müssten wir ihn mitnehmen auf die Wache. Und das Fahrzeug beschlagnahmen«, verwies der ›böse Bulle‹ auf die nächste Eskalationsstufe.

»Ich würde sagen, wir belassen es bei den sechzig Euro, so Herr Kopernikus damit einverstanden ist …«, brach der ›gute Bulle‹ die Angelegenheit angesichts der in Aussicht gestellten Konsequenzen auf Bagatellniveau herunter, sodass die Verhängung eines Verwarnungsgeldes eher als Gunst denn als Bestrafung anmutete.

»Unter der Voraussetzung, dass Sie dieses Ding hier«, wies der Polizist auf das Gespann, »augenblicklich aus der Fußgängerzone entfernen.«

»Gerne, Sie haben es ja mit keinem Mittellosen zu tun …«, beeilte sich Josef, die Ukulele herbeizuholen, um eifrig Kleingeld aus dem Korpus zu schütteln.

Mit 5-Euro-Scheinen fing es an, ging mit 2- und 1-Euro-Münzen weiter …

Die beiden Streifenbeamten tauschten einen vielsagenden Blick miteinander.

»Lassen Sie's gut sein!«, setzte der ›Gute‹ dem Linsenzählen ein Ende. »Bis wir auf der Wache sind, haben wir uns an Ihrem Verwarnungsgeld einen Bruch gehoben!«

Nachdem die Beamten sich vergewissert hatten, dass Josef alle Vorkehrungen für seine Abreise traf, wandten sie sich ab, um schlendernd ihren Weg fortzusetzen.

»Und denken Sie daran, sich auf der Stelle Ersatzpapiere zu beschaffen!«, riet der ›Böse‹ im Weggehen; aber das schob er nur nach, um jedem etwa aufkeimendem Gefühl des Triumphes das Wasser abzugraben.

Wo war Emily?, beschäftigte Josef bei der Fahrt durch die Fußgängerzone. Er hoffte, sie könnte ihn hören und würde jetzt gleich aus irgendeiner Seitengasse auftauchen, um lachend auf den Wagen aufzuspringen. Aber es kam einfach keine Emily. Gegen jede Vernunft beschlich Josef die vage Ahnung, dass er das Mädchen auch nicht am auf der Herfahrt vereinbarten Notfalltreffpunkt vorfinden würde.

Nachdem eine ausreichend große Parklücke für das Gefährt gefunden war, sprang Josef vom Sitz, holte das Fahrrad aus dem Hänger und radelte in die Fußgängerzone, um Emily zu suchen. Clever genug, in die Richtung abzuhauen, aus der die Polizisten erschienen waren, musste sie schon gewesen sein, und in diesem Bereich würde er die Seitenstraßen abfahren.

Er fand Felix auf der Schattenseite eines Gässchens eingesunken vor einem Hauseingang hocken; von Weitem waren zunächst nur die Füße zu sehen. Etwas konnte nicht stimmen mit Felix.

Beim Absteigen vom Fahrrad erkannte Josef, was nicht stimmte: Der eine Fuß stand in einer Pfütze von Blut. Mit beiden Händen presste Felix ein durchgeblutetes Taschentuch gegen sein Schienbein.

Ein blasses Gesicht hob sich Josef entgegen und erklärte: »Bin über 'nen Blumenkübel geflogen.«

Das tapfere Kerlchen weinte nicht einmal; vielleicht lag das auch am Schock.

»Das muss genäht werden«, konstatierte Josef und hatte Emily schon auf den Armen.

»Packst du's, dich da draufzusetzen und dir gleichzeitig die Wunde zuzuhalten?«, zog Josef das Fahrrad als Beförderungsmittel in Betracht, da er sich eine längere Wegstrecke mit dem Kind auf den Armen nicht zutraute.

»Ja«, versprach Emily, die zu allem ›ja‹ gesagt hätte; Hauptsache, Josef war wieder da.

»Dir ist sicher klar, dass wir auf der Stelle in ein Krankenhaus müssen«, deutete Josef ein vorzeitiges Ende ihrer gemeinsamen Reise an.

Da dreht eine externe Kraft sein Haupt nach links und hef-
tet seinen Blick an eine Metalltafel, die auf eine Arztpraxis
hinweist. Wir vermögen diese Kraft nicht zu benennen, obschon wir um ihre Existenz wissen. Ist es Eingebung? Doch
wer steht dahinter, der da eingibt? Ist es unser Schutzengel?
Oder gehorchen wir nur dem großen Plan, dem wir wie alles
Leben folgen? Wer ist dann der Architekt? Von wem hat er
seinen Auftrag erhalten? Nennen wir es Macht des Zufalls?
Das ist die einzige Kraft, von der wir jegliche Mitwirkung
mit Gewissheit ausschließen können, denn es gibt keinen
Zufall. Wir haben erst angefangen zu akzeptieren, dass wir
nur wahrnehmen, nicht aber mit Hilfe unseres Verstandes
begreifen können. Mitunter eröffnen sich Chancen, die wir
nur ergreifen können, ohne sie zu verstehen.

Josef ergriff die Chance und trug Emily in den zweiten Stock,
um sie vor der Praxis wieder auf eigene Füße zu stellen. Besorgt blickte Josef auf die Spur von Bluttropfen, die auf der
Treppe zurückblieb.

Die Arzthelferin beugte sich über den Anmeldetresen, um
den Fall zu beurteilen, der ihr angetragen wurde. Sie sah den
Jungen, der vornübergebeugt stand, um sich das Taschentuch
weiter auf die Wunde zu halten.

»Ein Notfall«, keuchte Josef.

»Da sind Sie eigentlich falsch«, belehrte die junge Frau. »Er
gehört in die ambulante Notaufnahme eines Hospitals.«

»Sie hat – «; Josef stockte kurz. » – viel Blut verloren.«

»*Elle?*«, wiederholte die Arzthelferin.

»*Lui!*«, korrigierte Josef. Und fuhr fort, nachdem er eingese-
hen hatte, dass der Schwindel heraus war: » – ist ein Mädchen.«

»Ich werde gleich den Arzt unterrichten und sehen, was sich machen lässt.« Damit entfernte sich die Dame in Richtung Behandlungszimmer, ohne weitere Fragen zu stellen.

»Einen Augenblick, bitte«, kehrte sie unmittelbar darauf zurück, »bis der andere Patient nach draußen ist.«

Jemand ging ins benachbarte Wartezimmer.

Emily und Josef wurden in das Behandlungszimmer geführt.

»Na, dann zeig mal her«, ermutigte der geschätzt vierzigjährige Docteur Arnaud seinen jungen Patienten, und fügte nach kurzer Begutachtung an: »Vier Stiche, und der Fall hat sich erledigt. Wie heißt du denn?«

»Felix«, gab Emily wie aus der Pistole geschossen zur Antwort, nachdem sie diese Frage auch auf Französisch verstanden hatte.

Josef verdrehte die Augen, während die Arzthelferin ihrem Chef etwas ins Ohr flüsterte. Docteur Arnaud warf über seine Brille hinweg bedeutungsvolle Blicke abwechselnd auf Emily und Josef.

»In diesem Fall«, setzte er an, »werden wir aus kosmetischen Gründen kleben statt zu nähen; man wird später keine Narbe sehen. Und das mit der Geschlechtsverirrung werden Sie beide mir nachher sicher plausibel machen können …«

Josef würde das versuchen, notgedrungen.

Die Behandlung Emilys, zu der auch die ganze Routine mit Pulsfühlen und Blutdruckmessen gehörte, gab ihm Zeit, sich in eine neue Rolle einzufinden, nachdem die des schrulligen Alten, wie er ihn vor den Polizisten gegeben hatte, hier nicht ziehen würde.

»Hat schlimmer ausgesehen, als es ist«, beschwichtigte der Arzt, während er eben noch die Reflexe prüfte. Das Mädchen saß dabei schon wieder auf dem Rand der Liege, auf der die Mini-Operation durchgeführt worden war.

»Auf eine Infusion können wir verzichten. Und nun erzähl mal, was du eigentlich angestellt hast und wie du wirklich heißt«, richtete der Arzt die Frage an Emily, nicht ohne einen Seitenblick auf Josef als potenziellen Dolmetscher zu werfen.

Der übersetzte an Emily und deren Äußerungen wieder zurück; ihm war klar, dass es dem Arzt nicht um Antworten ging, die Josef stellvertretend für das Mädchen gab.

»Sie sagt: Ich heiße Emily und bin über einen Blumenkübel gestürzt.«

»Hat bestimmt ganz schön wehgetan«, meinte der Arzt mitfühlend.

»Geht so«, spielte Emily die Auswirkungen herunter.

»Und wie ist das passiert?«

»Hab nicht aufgepasst. Und bin ziemlich schnell gerannt.«

»Und warum bist du ziemlich schnell gerannt? Nur so aus Jux und Tollerei?«

Fragend blickte Emily zu Josef, als sie die Übersetzung hörte.

»Sag's halt«, setzte Josef auf Ehrlichkeit als einziges Mittel, mit dem jetzt noch etwas zu retten war.

»Ich bin weggelaufen. Vor der Polizei.«

»Und warum? Hast du was ausgefressen?«

Hier sprang dann doch Josef ein: »In dem Sinne: nichts. Sie ist lediglich von zu Hause weggerannt – in Deutschland natürlich, nicht hier.«

»Und warum?«

»Weil sie dort nicht länger bleiben konnte.«

»Und warum konnte sie das nicht?«

»Ich empfehle, das ohne weiteres Nachfragen dem Ermessen des Mädchens überantwortet zu lassen«, entschied Josef. »Im Übrigen würde die Antwort höchstwahrscheinlich das nächste ›Warum‹ nach sich ziehen. Ich möchte Sie ersuchen, es zu nehmen, wie es nun einmal ist, und davon auszugehen, dass das Mädchen bei mir derzeit am besten aufgehoben ist.«

»Dass sich das Mädchen eine Platzwunde zugezogen hat, konnten Sie allerdings nicht abwenden«, stellte der Arzt sachlich und kühl fest. »Gehört das zu dem, was Sie unter ›gut aufgehoben‹ begreifen?«

»*Shit happens*«, konstatierte Josef spürbar genervt von der eindringenden Art des Docteur Arnaud und war sich nicht mehr so sicher, ob er damit der Rolle eines Aristokraten der Straße genügte.

Deshalb fügte er an: »Ich bin gewiss nicht die Lösung für das Problem des Mädchens. Ich bin nur eine vorübergehende Zuflucht, ein Übergangsobjekt gewissermaßen, denn momentan stehen als alternative Verantwortungsträger lediglich Polizei, Heim, Jugendamt oder Kirche zur Auswahl. Wenn Sie mir einen einleuchtenden Vorschlag machen können, wo das Kind besser aufgehoben wäre als bei mir, so werde ich nicht zögern, dem zu folgen – allerdings nur unter der Voraussetzung von Emilys Zustimmung.«

»In welcher Beziehung stehen Sie zu dem Mädchen, wenn ich fragen darf, Monsieur?«

»Kopernikus. Josef Kopernikus.«

»… Monsieur Kopernikus?«, vollendete der Arzt seine Frage, während er sich mit vor der Brust verschränkten Armen auf seinem Arztstuhl zurücklehnte, dass der ächzte.

Mehrere Gedanken gleichzeitig schossen Josef durch den Kopf. Als Erstes der, dass er es sich krummnahm, sich nicht gleich selbst vorgestellt und damit das Heft in die Hand genommen zu haben. Jetzt saß er da in Verteidigungshaltung, aus der heraus jede weitere Äußerung als unglaubwürdig erscheinen musste. Er fand einfach keine Ebene, auf der er den Arzt hätte menschlich erreichen können.

»*C'est moi papa grande*«, hörten Docteur Arnaud und Josef das Mädchen mit derselben Verwunderung auf Deuzösisch radebrechen. Emily hatte das Gefühl, Josef zur Hilfe eilen zu müssen, indem sie irgendetwas sagte.

Josef war froh, dass das Mädchen für ihn eingesprungen war und ihm das nächste Stichwort gab.

»Das entspricht zumindest dem, wie sie es empfindet«, erläuterte Josef und machte keinen Hehl daraus, nicht der wirkliche Großvater Emilys zu sein. »Das Mädchen ist eine Ausreißerin und ausgerechnet mir über den Weg gelaufen. Alles was ich über ihre Familie weiß, ist, dass sie dorthin nicht zurückkann. Wegen akuter – ›Kindswohlgefährdung‹? – wie sagt man das auf Französisch?«

»Ich weiß schon, was Sie meinen«, signalisierte Docteur Arnaud, dass er verstanden hatte; aber lag darin auch *Verständnis*? Immerhin mochte ihn beeindrucken, dass Josef der einschlägige Fachbegriff nicht fremd war. Seinem Gebaren allerdings war diesbezüglich nichts abzulesen.

»Darüber haben die zuständigen Behörden zu befinden, aber keine Privatperson«, gab Docteur Arnaud deutlich zu erkennen, dass die formale Argumentationsschiene, was ihn anbelangte, vor einem Prellbock endete.

»Genau«, stimmte Josef zu, »und da das seine Zeit braucht, bis die Behörden befunden haben, musste als Übergangslösung die Verkleidung als Junge her.«

»Sag ihm halt, dass Mama krank ist«, intervenierte Emily neuerlich, die ein gutes Gespür dafür hatte, wann es auf ihre Initiative ankam. »Als Arzt muss er das doch kapier'n! Und ich geh auch freiwillig ins Heim, nach den Ferien.«

»Das Mädchen sagt, seine Mutter sei krank – alkoholabhängig«, dolmetschte Josef, der für Emilys Schützenhilfe dankbar war.

»Verstehe«, murmelte der Arzt und nickte kaum sichtbar.

»Emily möchte in einem Heim untergebracht werden«, setzte Josef nach. »Ich werde mich persönlich darum kümmern, dass das auch geschieht – im Einvernehmen mit den zuständigen Behörden. Und bis dahin ermögliche ich ihr einen Urlaub, mehr nicht. Sie ist keine Schulschwänzerin oder so etwas. Sie besucht die höhere Schule und ist darin auch recht gut. Jetzt hat sie Ferien und nimmt sich eine Auszeit, braucht ein Moratorium, eine Denkpause. Um zu sich zu kommen. Finden Sie nicht auch, dass ihr das gegönnt sein sollte?«

»Wechseln Sie alle zwei Tage den Verband«, wechselte der Docteur das Thema. »In einer Woche dürfte das erledigt sein. Bist ein tapferes Mädchen!«, adressierte er an seine kleine Patientin.

»Wird er uns verraten?«, murmelte Emily Josef beim Verlassen des Behandlungszimmers zu.

Der drehte sich daraufhin in der Tür noch einmal nach dem Arzt um: »Emily will wissen, ob Sie unseren Besuch der Polizei melden – und ich glaube, sie möchte die Antwort des an seine Verschwiegenheit gebundenen Arztes und nicht die eines Skeptikers hören.«

»Dann ist es der Arzt, der Ihnen zusichert, nicht die Polizei zu verständigen. Guten Tag. Meine Assistentin Monique wird Ihnen noch einige Instruktionen mitgeben.«

Als Emily und Josef die Praxis verlassen hatten, kam Docteur Arnaud zum Anmeldetresen und wies Monique an, ihm die Rufnummer der Gendarmerie herauszusuchen.

»Ich komme nach dem nächsten Patienten wieder auf Sie zu.«

Als Emily und Josef das Parterre des Gebäudes erreicht hatten, schimpfte eine Dame aus ihrer Wohnungstür heraus: »Ist das Ihr Fahrrad? Das geht so aber nicht! Wenn jeder sein Fahrrad in den Flur stellen wollte – hier wohnen noch andere Leute!«

»*Je ne parlez pas français*«, entzog sich Josef schnellstmöglich dem angetragenen Kontaktwunsch, bevor die Dame weitere Worte fand, als sie die Blutflecken auf Fußboden und Treppe entdeckte. Josef schämte sich, nicht besser auf das Mädchen aufgepasst zu haben. Nicht, dass er den Sturz an sich hätte verhindern können; aber er hätte sehen müssen, wie der harte Beat der Straße dem Mädchen eine Leistung abverlangte, die an die Substanz ging. Förderung und Ausbeutung schienen ihm in eine prekäre Nähe zueinander geraten zu sein, und er schwor sich feierlich, in Zukunft wieder mehr das Kind als nur die begnadete Performerin zu sehen. Emily indessen schämte sich dafür, mit ihrer Schusseligkeit das ganze Projekt ins Wanken gebracht zu haben.

»Tut's sehr weh?«, tat Josef den ersten Schritt in Richtung einer inneren Fokusverschiebung im Blick auf das Mädchen.

»Überhaupt nicht«, log Emily und korrigierte noch im selben Atemzug: »Doch. Und mir geht's scheiße.«

Da schob Josef das Fahrrad mit nur einer Hand weiter und ergriff mit der anderen die von Emily.

Wie angekündigt erschien der Arzt am Anmeldetresen.

»Hier die Nummer«, schob Monique ihm einen Zettel hin und wagte anzufügen: »Sie hatten zugesagt, auf eine Verständigung der Gendarmerie zu verzichten.«

»Der *Arzt* hat das zugesagt«, bestätigte er doppelbödig, »nicht so allerdings der – wie Monsieur Kopernikus gemeint hat – Skeptiker. Die ganze Geschichte stinkt doch zum Himmel, ich bitte Sie! Ein Greis und eine junge Ausreißerin – und dann noch in dieser Maskerade als Junge!«

Er tippte die Nummer ins Tastenfeld.

»Ich schätze sehr die Zusammenarbeit mit Ihnen«, sagte die Assistentin. »Als Arzt wissen Sie stets, was zu tun ist.«

Eine Stimme meldete sich am anderen Ende der Leitung. Docteur Arnaud indessen suchte den Blick seiner Assistentin Monique. Vergeblich, denn die schien bereits mit etwas ganz anderem beschäftigt zu sein. Er drückte die ›Auflegen‹-Taste.

Josef hatte verstanden. Es würde keinen zweiten Rückschlag dieser Art brauchen. Es war ein Schuss vor den Bug, eine jener Mahnungen, die einen davor behüten sollten, übermütig zu werden. So etwas ereignete sich immer dann, wenn einer sich auf der Siegesstraße wähnte und nach einem Durchbruch das trügerische Gefühl sich einstellte, nun könne nichts mehr schiefgehen. Die Gewohnheit war eine mächtige Versuchung: kaum der Dynamik des ewigen Verlierers entronnen, erlag man dem Irrtum von unsterblicher Größe und Allmacht. Es gab weder den ewigen Verlierer noch den Allzeitgewinner.

Auf dem Weg in die Freiheit gab es nichts, worauf man sich hätte verlassen können; sie musste jeden Tag neu errungen werden. Josef hätte das klar sein können aus den bisherigen Erfahrungen seiner Reise. Aber man lernte so unglaublich langsam mit über fünfundsiebzig Jahren. Und doch auch wieder schnell: Gerade mal achtzehn Tage war es her, dass er das Mädchen getroffen hatte. Im Augenblick wollte es ihm erscheinen, als wäre das der eigentliche Beginn seines Abenteuers gewesen und alles davor Urlaub – na ja, und noch davor Flucht, offen gestanden.

Alles hatte seine Berechtigung. Im Grunde genommen gab es keine guten oder schlechten Tage. Alles war gleichwohl Bestandteil desselben Großen und Ganzen, und darin eines von Bedeutung für das andere. Das Leben verlief in Wellen und Zyklen, in Aufs und Abs und gehorchte dem Gesetz der ewigen Wiederkehr. Wie der Urlaub die Flucht und das Abenteuer den Urlaub abgelöst hatte, so folgte nun der Urlaub nach Abenteuer und neuerlicher Flucht. Das Leben war ein einziger Fluss, und für den darin befindlichen Tropfen war es einerlei, ob der Fluss langsam strömte oder schnell, einen Wasserfall hinabstürzte oder sich träge ins Meer ergoss, ob eine Kieme ihn, den Tropfen, atmete oder ob er verdunstete und später als Regen niederfiel.

Am nächsten Morgen erreichten sie die Grotte von Lascaux. Der Besuch sollte eine Überraschung sein für Emily.

»Du musst dir keine Gedanken machen; ich kann auch so proben und auftreten«, hatte das Mädchen mutig versprochen.

Da weder die Polizisten noch Docteur Arnaud den beiden Geld abgenommen hatten, war die Reisekasse noch immer hinlänglich gefüllt. Es ging Josef weder um das Anhäufen von Reichtümern noch um ein Sicherheitspolster; der vergangene Tag hatte erwiesen, dass es keine Sicherheit gab. Wie unvorstellbar war ihm das vor Tagen noch gewesen, ohne jede Reserve in eine Zukunft zu fahren, deren einzige Gewissheit in dem Namen von Toulouse als Ziel bestand. Wie oft waren seine Gedanken darum gekreist, ob er nicht noch ein paar Tausend Euro mehr hätte mitnehmen sollen. Seit dem Zwischenfall im Unwetter wusste er, dass jedes Mehr an finanzieller Vorsorge den Verlust nur vergrößert hätte. Eigentlich gab es gar keinen Verlust, höchstens eine Art *reset*, von dem an er jeden Tag gewinnen konnte. Sein Leben auf Pump war abbezahlt; alles ging ab sofort auf seine Rechnung in der Währung von Widmung und Bestimmung.

Über siebzig Euro hätte ihn der Eintritt für sie beide in die Grotte von Lascaux IV gekostet. Die Ausgabe blieb ihm erspart, denn heutzutage buchte man derartige Besichtigungen *online* und im Voraus.

»Isch wärde säen, was sisch machän lässt«, versprach die kaum zwanzigjährige deutschsprachige Führerin, deren Gruppe in einer Viertelstunde dran sein würde.

»Sie warrtän einfach ganß discht bei mir«, schlug sie vor. »Manschmal kommän nischt allä, die gebucht 'aben.«

Und genau so kam es.

»Woher haben Sie das gewusst?«, wollte Felix wissen, während Josef weitgehend aufgehört hatte, sich über irgendetwas zu wundern.

»Dass ge't bei Intuition«, wusste die junge Dame, die mit Jeans und Pulli ganz in Schwarz gekleidet war. »Außerdäm 'ätte isch eusch auch so mitgenommän auf meinä eigen' Värantwortung. – Mein Name übrigäns isst Madeleine.«

»Danke, Madeleine!«, sagte Felix, und wahrscheinlich war es die Aussicht auf diesen überraschten Blick aus großen dankbaren Kinderaugen, die den Ausschlag für Madeleines Entscheidung gegeben hatte.

»Be'alte die Jacke liebär an«, empfahl die brünette Madeleine fürsorglich, als Felix sich endlich von dem Jankerl freimachen wollte. »In der 'œ'le isst äs kü'l!«

»Entschuldigung, Mademoiselle Madeleine, aber wir haben noch nicht bezahlt«, kramte Josef in seiner Jackentasche herum, wo er genug Scheine für den Eintritt bereithielt.

»Um 'immels willän, lassen Sie dass!«, wehrte Madeleine ab.
»I're Plätse ßind beza'lt; versäumte Fü'rungen werdän nischt surückerstattät.«

»Dann eben für Sie!«, insistierte Josef.

»Isch liebä diesän Job«, erklärte Madeleine. »Wenn misch einär Geld anne'män sie't, isch bin erlädischt. – Kommen Sie jetzt bitte allä, wir rücken gemeinsam vor!«, wandte sie sich an die ganze Gruppe.

Auch wenn es Josef nicht möglich gewesen war, ein Trinkgeld unterzubringen: Seine Einladung auf einen *café au lait* nach Abschluss der Führung nahm Madeleine gerne an, da sie erst in einer Stunde die nächste deutschsprachige Gruppe übernehmen würde.

Josef lobte die Führung, als alle drei im Schatten vor dem postmodernen Bauwerk saßen, das Lascaux IV barg. Madeleine hatte keinen auswendig gelernten Text abgespult, sondern frei formuliert und dabei alles so lebendig geschildert, als würde sie die Höhlenmalereien selbst zum ersten Mal erleben; nur wusste sie etwas mehr darüber als alle anderen.

»Die Grupp' ist für misch eine 'ilfe, alläs mit neuen Augen zu se'än«, bestätigte sie. »In jedär Grupp' isst einär, der besonders staunt. Isch redä zu diesäm Schtaunen, dass isch se'ä. Es fü'rt misch da'in, dass isch selbst immer wiedär etwas Neues entdecke, und in diesä Grupp', dass war Felix. Isch glaubä, du bisst eine gans besondere Jungä. Andere machän die ganze Zeit die Schpiele auf i're Tablet.«

Sie meinte die Tablets, die zu Beginn der Führung an die Besucher verteilt wurden und eigentlich dafür gedacht waren, die Stimme des Führers über Ohrhörer an die Gäste zu übertragen.

»Aber du, Felix, 'asst gans fasziniert nur die Bildär an die Wände geschaut, gans anders als anderä Jugendlischä.«

»Dem kann ein normales Tablet nicht imponieren; Felix hatte mal ein iPhone«, konnte sich Josef zu frotzeln nicht verkneifen und fing sich dafür einen leicht säuerlichen Blick Emilys ein.

»Ich hab gedacht, die Bilder wären alle viel kleiner«, erklärte Felix seinen ersten Aha-Effekt, »und dann waren viele so riesig, vor allem die Auerochsen.«

»Das größte Rind misst drei Mäter fünfßisch lang«, bestätigte Madeleine. »Und was die Schprache anbelangt«, ging sie auf Josefs Würdigung ein, »bin isch verlibt so ein bisschen in die deutsche Schprachä. Das isst eine kreative Sprachä, denn man kann me'rere 'auptwœrtär szu neuän 'auptwœrtärn szusammenfügen, wie szum Beischpiel ›Donaudampfschifffa'rtskapitän‹. Das gibt äs in keine anderä Schprachä, glaube isch.«

»Ich sehe Sie aber nicht auf ewig Touristen durch diese Grotte geleiten«, mutmaßte Josef.

»Nein, gewiss nicht; dass isst einä Übung«, bestätigte Madeleine. »Nach der Schule werdä isch Germanistik schtudierän, um Übersetzerin oder Dolmetscherin zu werdän. Aber die Grott' wird einä wischtige Schtation in meinäm Lebän bleibän. Denn szie 'at einen Szauber, szie isst gans wundervoll. Wir wissen so gut wie nischts übär diese Crô-Magnon-Menschen, die vor szwanßischtausend Ja'rän gelebt 'aben. Wir kennen nur die Kunst, die szie uns 'interlassen 'aben. Und die verschte'en wir sofort, szie isst nischt alt und nischt modärn, szie isst szeitlos. I're Gesetzmäßischkeitän gelten noch 'eute, und der Stil von Lascaux 'at immär wiedär Künstler inspiriert. Picasso isst wohl der bekanntestä von i'nen, aber auch Chagall und viele andere wurden inspiriert von Lascaux. So reisen wir durch die 'œ'le in die Vergangen'eit, aber die Schpuren, die wir findän weisen in die Szukunft – das isst einfach großartisch! – 'ast du etwas entdeckt, was dir besonders gut gefallän 'at?«, schloss Madeleine, indem sie Felix das Wort übergab.

Und der wusste wie aus der Pistole geschossen: »Die beiden Pferde, die dem Stier entgegenlaufen: ein Gelbes und dahinter ein Braunes mit schwarzem Muster. Das könnten Liese und Peter sein, die beiden Pferde aus der Geschichte, die mir Josef jeden Abend zum Einschlafen erzählt.«

Felix wurde ein bisschen rot, dass er immer noch gern Gute-Nacht-Geschichten hörte, obwohl er doch schon ein Teenager war – jedenfalls fast!

»Isch weiß, welsche du meinst«, nickte Madeleine erfreut. »Was gefällt dir denn szo an i'nen?«

Felix überlegte: »Ich finde – sie sehen irgendwie nett aus. Alle Tiere in der Höhle sehen nett aus. Aber die beiden Pferde kenne ich halt aus der Geschichte.«

»Das isst szehr klug, wass du da sagst«, zeigte sich Madeleine aufrichtig beeindruckt. »Das kommt auss, wass man nennt, die Weiß'eit des 'erzens. Das die Tiere ›nett‹ ausse'än liegt an der Projektion der Menschen auf szie. Isch meinä damit, die Menschen von damalss 'atten einen ›netten Blick‹ für die Tiere. Wir se'än eine Kunst und darin die Liebe szur Kreatür. Wo Kunst und Liebe sich verbindän, entste't Lebenskunst. Erinnersst du disch an dass ersste Tier?«, wollte Madeleine von Felix erfahren. »Isch 'abe es gezeigt gleisch am Eingang.«

»Das ›Einhorn‹?«, verblüffte Felix sowohl Josef als auch Madeleine.

»Waß isst dir daran aufgefallen?«, setzte Madeleine nach.

»Dass es ›Einhorn‹ heißt, obwohl es zwei ganz lange Hörner hat«, erinnerte Felix treffsicher.

»Genau«, bestätigte Madeleine und strich sich vor Aufregung, einen so findigen Zuhörer zu haben, die dunkle Haartolle aus der Stirn. »Und isch meine, 'ier liegt der Schlüssel für dass, wass wir 'eute in Lascaux se'än: Wir betreten eine Fabelwelt. Und szo wünschen wir nur, dass ein Fabeltier den Eingang bewacht. Ein Glücksbringer. Damit wir in Lascaux eine 'altung wiederfinden, die vielen Menschen verlorengegangen isst: dass Glück dess Einklangs mit der Natur. Die Menschen damals waren keine 'œ'lenbewo'ner. Szie szind vermutlisch ausschließlisch szum Malen in die 'œ'le gegangen. Wir meinen, Kunst sei 'œchste Selbstverwirklischung; der Mensch tut dass ersst, wenn alle Grundbedürfnisse erfüllt szind: Atmen, Trinken, Essen, Kleidung, Wohnung, Szietät, Anerkennung. Aber dass kann nischt szein; damalss wuchsen 'ier keine Bäume. Die Landschaft war nacheisszeitlische Tundra, und meisstens 'errschte 'ier Frost. Dass Lebän diesär Menschen war se'r schwer, aber i're Kunst isst ganß leischt und szo voller Liebe zum Lebän. So wusste isch: die Kunst ste't nischt am Ende aller Bedürfnisse; szie isst dass erste von allen.

Da 'abe isch mir vorgenommen: Wenn isch einmal an den Punkt komme, wo isch weiß nischt weiter und isch denke, mein Leben muss zu Ende szein, dann werde isch szurückke'ren nach Lascaux und misch davon überszeugen, dass alles auch ganß anders szein kann. Und nichts isst zu Ende. Denn 'ier beginnt alles neu. 'ier wo'nt die Erfa'rung, dass ess immer geben wird die Menschen mit Liebe – so wie ess schon immer gegeben 'at die Kunst.«

Madeleines Blick schien aus weiter Ferne zurückzukehren an diesen Cafétisch auf der Terrasse von Lascaux IV.

Sie schien vor sich selbst erschreckt, als sie sagte: »Entschuldigän Sie bittä! Isch 'abe ganß vergessen – isch 'abe so geschprochen – isch 'abe es immer gedacht, aber so *noch nie* geschprochen über Lascaux …«

»Ich habe so etwas Schönes auch noch nicht gehört«, gestand Josef. »Womöglich ist es das, was die Menschen hören wollen, wenn sie nach Lascaux kommen.

»Du lieber 'immel, wie schpät 'aben wir?«, schrak Madeleine bei Josefs Worten auf und beruhigte sich gleich wieder: »In sechs Minuten muss isch zu meiner Grupp'. Isch 'abe verschtanden, Monsieur Josef, fü'ren Sie I're Gedanken zu Ende.«

»Nun, ich glaube, das war schon alles – fehlt höchstens, dass Sie nicht von jedem erwarten können, dass er dem folgt. Aber wenn diese Botschaft nur einen von zwanzig in der Gruppe erreicht, dann war es den Versuch wert – finden Sie nicht?«, sprach Josef aus dem Herzen. »Was mich angeht, haben Sie mich durch dieses Gespräch unendlich beschenkt.«

»Isch glaube, dass beru't auf Gegenseitischkeit. Isch danke eusch, Felix und Josef.«

Mit diesem Satz drückte Madeleine ihren Besuchern den französischen Kuss auf die Backe und entschwand Felix' und Josefs Blicken hinter spiegelndes Glas.

Lascaux war der Auftakt einer Reiseetappe, auf der sich Emily und Josef typischen Urlaubsvergnügungen hingaben. Am Anfang stand eine Kanufahrt auf der Dordogne. Natürlich wurde dabei Emilys Verband nass, was zu dem gehörte, was es auf Anweisung von Docteur Arnauds Assistentin Monique unbedingt zu vermeiden galt. Beim Wechseln des Verbandzeugs, das Josef seinem Schützling aus der Apotheke besorgt hatte, zeigte sich ein guter Heilungsprozess, und das Versprechen Docteur Arnauds auf ein spurloses Auskurieren schien sich einzulösen.

Zu den Highlights gehörte Emilys Einweisung im Traktor-
fahren auf Rudi Holder. Für das Mädchen war es Kraft- und
Geschicklichkeitstraining in einem, und Josef freute sich die-
bisch daran, dass hinter diesem traktorfahrenden Felix in
Wahrheit ein Mädchen bei einer eher für Jungs typischen Be-
tätigung steckte.

Als Josef während einer der musischen Mußestunden Emily
über die Schulter linste, zeichnete die an einem zur Fratze ver-
zerrten Gesicht.

»Wer oder was ist das?«, war Josef neugierig.

»Ein Junge aus dem Publikum«, gab Emily zur Antwort,
noch mit kritisch prüfendem Blick in der Begutachtung der
Zeichnung versunken. »Der im Rollstuhl saß – weißt du
noch?«

»Ich erinnere mich«, bestätigte Josef. »Er hat dich beeindruckt, was?«

»Keine Ahnung. Jedenfalls ist mir sein Gesicht irgendwie
nicht mehr aus dem Kopf gegangen danach. Als ich ihn beim
Geldeinsammeln gesehen habe, bin ich zu ihm hin; einfach
so. Obwohl ich ihn eigentlich ziemlich hässlich und absto-
ßend fand. Ich wollte ihn gar nicht um Geld anhauen oder
so. Aber als er gesehen hat, dass ich ihn sehe, hat er versucht
zu lächeln, und da hat er noch viel hässlicher ausgesehen. Irgendwie fast wie ein Monster oder so. Dann hab ich gedacht,
dass er ja gar nichts dafür kann, wie er aussieht. Da hab ich
ihn angefasst; einfach so. Dabei würd ich so was sonst nie
machen! Ich hab ihm über den Kopf gestreichelt und ihn an
der Backe berührt. Und da fand ich ihn auf einmal überhaupt
nicht mehr hässlich. Ich glaube, ich habe sogar angefangen zu
lachen. Aber ich hab ihn nicht ausgelacht! Ich fand ihn – na
ja, nett halt. Und er hat dann auch gelacht. Dann bin ich irgendwie weiter, weiß auch nicht wie, es ging alles so schnell;

es waren einfach so viele Leute ringsherum. Ich hab nicht mal auf den geguckt, der den Rollstuhl geschoben hat. Jetzt wollte ich sein Gesicht malen, aber irgendwie sieht es nur echt bescheuert aus. Aber so war es nicht. Es war – schön? Weiß nicht ...«

»Dann mal ihn doch so, wie du ihn *gesehen* hast und nicht, wie er ausgesehen *hat*«, schlug Josef vor.

»Hm«, machte Emily nachdenklich und schien mit der Anregung nicht ganz zufrieden. »Ich frag mich, ob sich jemals ein Mädchen in so jemanden verliebt.«

»Und du?«, forschte Josef interessiert nach. »Hast du dich vielleicht in ihn verliebt?«

»Nö, glaub nicht. Aber ich hab immer mal wieder an ihn denken müssen. Und dass es gemein ist, wenn so jemand niemanden findet, der sich in ihn verliebt. So richtig Kacke ist das.«

»Du hast die unverletzte Seele in ihm gesehen«, fühlte sich Josef zu einer Erklärung eingeladen, der solche Phänomene spontaner Einfühlung von früheren Auftritten her kannte. Derartige Erscheinungen waren es, die er in einem anderen Gespräch mit Emily als ›Fußabdrücke‹ in der eigenen Seele bezeichnet hat.

Darüber hinaus rief ihm Emilys Zeichenaktion ins Gedächtnis, dass er ja versprochen hatte, über die Eindrücke während der Aufführungen miteinander zu reden. Wie leichtfertig man doch immer wieder derartige Versprechungen im Eifer der eigenen Begeisterung überging!

Emilys fragender Blick holte Josef zurück in die Gegenwart des Gesprächs: »Fang einfach noch mal an und zeichne diesmal die unverletzte Seele. Finde ein Bild dafür. Heb aber auf, was du jetzt hast; dann gibt es ein Abbild des Äußeren und des Inneren von diesem Jungen.«

»Ich glaube, das kann ich nicht«, zweifelte das Mädchen, »ein Bild von einer unverletzten Seele malen.«

»Das kann man nie sagen, bevor man's nicht wenigstens versucht hat«, erinnerte sich Josef eines Satzes, den er in ähnlicher Form von Emily gehört hatte.

Eigentlich weiß sie alles, sagte er sich im Stillen. Man muss sie nur machen lassen und ab und zu ermutigen.

»Hast du noch mehr solche Bilder im Kopf? Ich meine, von Zuschauern«, wollte Josef in Erfahrung bringen.

»Ja«, brauchte das Mädchen nicht lange nachzudenken. »Da war diese alte Frau, die zu meinem *Don't pay the Ferryman* getanzt hat. Das sah so was von daneben aus! Ich hab mich für sie geschämt, konnte gar nicht richtig hinsehen, hätte mich am liebsten weit von ihr weggebeamt. Aber dann musste ich erst recht hingucken. Aber sie hat nicht mal das gemerkt.«

»Was heißt da ›alte Frau‹?«, monierte Josef, »sie war höchstens mal so Mitte Fünfzig.«

»Mein ich ja«, beharrte Emily auf ihrer Art der intuitiven Lebenszeitrechnung. »Alt eben! Da war's umgekehrt wie bei dem Jungen. Die fand ich voll daneben. Echt! Und alle anderen fanden das auch, glaub ich wenigstens, wie sie mitten in den Kreis gekommen ist, die Augen zugemacht hat und so total verschraubt die Beine verdreht und die Arme geschwenkt hat. Aber sie war nicht betrunken, das hätt ich gemerkt!«

»Vielleicht doch«, wandte Josef ein. »Vielleicht nicht gerade *be*trunken, aber *trunken* von sich selbst, und dabei ganz selbstvergessen. Ich schätze, sie hat zu wenig Bewegung, zu wenig Körper, zu wenige Menschen, die sie attraktiv finden, zu wenig Freude und auch Freunde – das eine hängt meist mit dem anderen zusammen. Bei uns hat sie sich endlich getraut, was rauszulassen, was sie sonst nicht hat. Sie durfte auffallen, egal, was die anderen von ihr denken. Durfte sich wohlfühlen, ohne Rücksicht auf irgendwen. In ihrem eigenen Kosmos. Ein kleines, kurzes Glück, für das wir ihr Anlass und Schutz zugleich waren. Wir waren ihre Erlaubnis. Auch wenn es vielleicht keinem sonst gefallen hat, aber in den paar Minuten war sie frei – na ja, womöglich ein bisschen freier als sonst. Ist das so schlimm?«

»Schlimm nicht direkt«, befand Emily. »Aber irgendwie eklig.«

»Das sagt nur dein Geschmack«, folgerte Josef. »Wenn du sie nicht beurteilst, *ver*urteilst, sondern einfach nur siehst, wie sie ist – was empfindest du dann?«

Emily überlegte. Kaute dabei auf dem Ende des Bleistifts herum.

»Dann find ich's traurig«, war Emilys Ergebnis.

»Eklig findest du sie, wenn du der Frau gegenüber dichtmachst. Traurig wirst du, wenn du dich auf sie einlässt.«

Wieder dachte Emily nach.

Dann nahm sie den Bleistift aus dem Mund und sah Josef mit großen Augen an: »Dann macht einen das Leben aber ganz schön traurig …«

Emily und Josef hatten weder getrödelt noch sich beeilt, als sie am 19. August – es war ein Samstag – nach Toulouse einfuhren. Das Ziel der Reise war erreicht.

Was dann?

Die ganze Zeit über hatte Josef sich genau das gefragt.

»Und jetzt?«, kam es stattdessen von Emily.

»Na, dreimal darfst du raten«, gab Josef die Frage zurück, sagte dann aber ohne die Antwort abzuwarten: »Wir spielen noch einmal unsere Show. Als Felix und Fettuccini. Als Duo Copernicunic. Im Zentrum von Toulouse.«

»Ist das dann das letzte Mal?«, fürchtete Emily.

»Frag mich das nachher noch mal. Im Augenblick ist es für mich das erste Mal in Toulouse.«

Bei allem Vorausträumen waren die beiden *two* auf dem Weg *to Toulouse*. Es gab ihnen letzte Gelegenheit, in einem Wechselgesang *Two to Toulouse* und *Täää-tä-terääää!* herauszuposaunen, als hätten sie einen Hitzschlag erlitten und infolgedessen keine einzige Tasse mehr im Schrank. Sie sangen, bis das kuriose Gefährt spotzend auf dem Rathausplatz ausrollte.

Josef kletterte in das Hexenhäuschen und lieh seine Gestalt der Maske Fettuccinis; zu der gehörte diesmal auch das edel glänzende Hemd aus Kunststofffasern. Josef würde ohnedies nicht mehr spüren wie es klebte, wenn er erst einmal im Spiel war.

Und das begann mit den Sätzen: »Bleiben Sie *nicht* stehen! Schenken Sie uns keinesfalls *Ihre Aufmerksamkeit!*«, und so weiter.

Während der Performance fiel Josef eine junge Frau – fast noch ein Mädchen – auf, die nicht viel älter schien als Madeleine. Sie stand lässig in die Hüften gestützt, in einer Hand eine Bierflasche, und hielt den Kopf ein wenig auf die Seite gelegt. Ein Lockenschopf umkränzte ihr Gesicht im halben Gegenlicht mit einer roten Aura. Unvermittelt war die Gestalt entschwunden, die Kontur des Freiplatzes in Josefs Erinnerung blieb leer, um sich gefühlte fünf Minuten später ebenso unvermittelt mit derselben Person zu füllen. Alles schien wie zuvor, nur dass die Rothaarige zwischendurch den Blick in eine bestimmte Richtung wandte, als erwarte sie etwas – oder jemanden. Polizei? Die junge Frau sah nicht nach einer von denen aus, die eine Straßenperformance mit dem Ruf nach Ordnungshütern beantwortete.

Die Sammelrunde gab Josef Gelegenheit, die Betreffende anzusprechen und sich aus der Nähe ein Bild zu machen.

Doch die kam ihm zuvor: »Spielen Sie noch mal? Oder fahren Sie gleich weiter?«

Es war bemerkenswert akzentfreies Deutsch, in dem die junge Frau mit dem mädchenhaften Gesicht Josef mit einem leicht kratzigen Alt ansprach.

»Das kommt ganz darauf an«, behielt der sich die Entscheidung vor.

»Um die Ecke ist nämlich gerade ein Fernsehteam, das macht Interviews mit interessanten Menschen – und Sie beide erscheinen mir als das, wonach die Fernsehleute suchen«, erklärte das Mädchen. »Ich habe ihnen Bescheid gesagt – sie wollten gleich kommen.«

Und wieder der Blick in die bewusste Richtung.

»*Ici!*«, brüllte die Rothaarige, dass Josef unwillkürlich zusammenschrak, riss einen Arm in die Höhe und winkte mit der Bierflasche.

»Ich bin übrigens Nelly«, fügte sie an; jetzt wieder in normaler Lautstärke an Josef gerichtet.

Das Fernsehteam erschien wie bestellt. Männer in Schwarz trugen Koffer und Dinge, Stative wurden aufgebaut, spiegelnde Schirme daran befestigt und ausgerichtet, mehrere Betacams in Position gebracht, während einer vor Felix und Josef den Sinn der Veranstaltung erklärte: Sie wären ein Filmteam des Kultursenders *cul.tv* und recherchierten nach außergewöhnlichen Lebensentwürfen für ein wöchentlich ausgestrahltes Feature, das Menschen in Städten Frankreichs porträtierte, unter dem Titel: *Wie du und ich in ...* – in diesem Fall eben: *Toulouse*. Vorher war es Lyon, danach würde es Le Havre sein. Der Titel solle suggerieren, dass jeder außergewöhnlich sei, das Fernsehpublikum sich in Identifikation mit dem Besonderen begebe, gewissermaßen. Einer dialektischen Herangehensweise folge das: sich selbst im Fremden wiederzuerkennen. Ob Josef sich vorstellen könne – Felix natürlich auch – in der Staffel mitzuwirken.

Nur noch Fetzen durchdrangen Josefs Wahrnehmung, der schier nicht wusste wie ihm geschah, bis es hieß:

»Kamera?« – »Läuft.« – »Ton – ab!« – »Klappe: Toulouse die Erste.« – *Klapp!*

Und so hört Josef sich selbst beim Erzählen seiner Geschichte zu: »Der Junge, den Sie hier sehen, ist ein Mädchen.«

Er nimmt Emily den Sepplhut ab.

»Üblicherweise trägt sie ihre schwarzen Haare halblang und heißt Emily. Für die Straßenperformance verwandelt sie sich in Felix, den dummen, aber glücklichen August. Die Rolle ermöglicht es ihr zugleich, inkognito zu reisen, denn sie ist vor über drei Wochen von zu Hause ausgerissen.«

Techniker und Regie werfen einander Blicke zu.

Unbeeindruckt fährt Josef fort: »Ich bin Weißclown Fettuccini und heiße mit bürgerlichem Namen Josef Kopernikus. Weil Emily den Nachnamen Kunik trägt, gründeten wir das Duo *Copernicunic*. Emily hat sich mir zunächst als Mitreisende angeschlossen, in einer Stadt nahe Frankfurt am Main. Denn auch ich bin ein Ausreißer und war als solcher unterwegs nach Toulouse. Gerade eben sind wir am Ziel unserer Reise angelangt – *e voilá!*«

»Was unsere Zuschauer gewiss interessiert: Wie kamen Sie gerade auf Toulouse?«

Josef erzählte den Witz. Danach skandierten die beiden Street-Performer, als wäre das abgesprochen, ein paarmal abwechselnd ihr

»*Two–to–Toulouse!*«

»*Täää–tä–terääääää!*«

»*Coupez!*«, setzte der Aufnahmeleiter den Schnitt. »Hervorragend! Aus dem Schluss machen wir eine Ausblende – Klasse! Genau das, was wir suchen! Sagt mal, ist das wirklich wahr oder habt ihr euch das ausgedacht? Könnt ihr uns etwas aus eurer Show vorspielen?«

Emily und Josef spielten. Einer der Kameraleute zeigte Qualitäten als wahrer Bodenakrobat, wie er vor dem Duo herumkrauchte, eigens um Zuschauerreaktionen einzufangen. Und davon gab es reichlich. Allein die Präsenz des Fernsehens hatte die Zahl der im Zuschauerkreis Versammelten vervielfacht.

So begeistert waren die Fernsehleute zuletzt von ihren Protagonisten, dass sie die zum gemeinsamen Abendessen in ein Restaurant einluden – einschließlich Nelly.

»Boah, echt jetzt?, hab ich nur gedacht, als Josef davon anfängt, die ganze Geschichte zu erzählen, unser ganzes Geheimnis auszupacken«, kam Emily, die während des Interviews sich kaum zu Gehör gebracht hatte, zu ihrem Recht. »Vor ein paar Tagen noch musste ich vor der Polizei abhau'n und hab mir das da dabei geholt.«

Mit dem letzten Satz verwies sie auf die noch immer sichtbare Narbe an ihrem Schienbein, das seit gestern keinen Verband mehr brauchte. Die Fernsehleute zollten dem Mädchen ihr Mitgefühl wie ihre Bewunderung und wurden nicht müde, ihr darstellerisches Talent zu loben.

»Wo werdet ihr heute bleiben?«, interessierte einen der Kameraleute; es war der mit den Bodenaktionen.

Das nun war Nellys Stichwort: »Die kommen mit zu mir. Ich habe eine Wohnung im Haus meiner Eltern. Da ist genug Platz; natürlich nur, wenn ihr die Einladung annehmen wollt«, fügte sie der Höflichkeit halber an, denn Emily hatte schon ganz freudig zustimmend genickt.

»Verpasst nicht die Sendung am Sonntag in einer Woche auf cul.tv!«, rief ihnen der Aufnahmeleiter noch nach, als Nelly auf dem Fahrrad mit Emily und Josefs Gespann im Schlepptau sich in den Straßenverkehr einordnete.

Bleierne Schwüle kroch als Brodem von Feuchtigkeit und Hitze durch die Avenue de Carcassonne, als der Traktor am späten Abend auf dem Parkstreifen vor Hausnummer 313 zum Stehen kam.

»*Voilá* – mein Haus!«, verkündete Nelly in schwungvoller Pose, nachdem sie vom Fahrrad abgestiegen war. »Traktor und Anhänger können so stehen bleiben. Wir müssen ihn natürlich ausräumen; bevor das andere machen; aber erst mal stell ich euch meinen Eltern vor.«

Das waren Lucille und Jean-Claude Bryante – sie Mitte, er Ende der Fünfzig. Der ebenso herzliche wie tatkräftige Empfang, indem beide beim Ausräumen des Hexenhäuschens zupackten, wischte alle Bedenken beiseite, dass Emily und Josef Nellys Eltern weniger willkommen sein könnten als der Tochter. Jean-Claude, der Vater, vermittelte sich als Intellektueller und Schriftsteller, ein Friedensaktivist, der keinen Hehl daraus machte, zu den rebellischen Geistern des Landes zu gehören. Maman Lucille war leicht korpulent und trug ihr schlohweißes, etwas widerspenstiges Haar zu einem buschigen Pferdeschwanz gebändigt. Ihre Rolle blieb noch undurchsichtig, beschränkte sich jedoch gewiss nicht auf die der Hausfrau, zumal Jean-Claude es war, der den Wein öffnete, eine Käseplatte sowie aufgeschnittenes Weißbrot kredenzte und vor Emily eine Orangina mit Strohhalm auf den Tisch stellte. Lucilles Züge wirkten kraftvoll und bewegt, nicht anders ihre Stimme, doch ihr Ausdruck bedeckte sich mit einem Schleier von Bitterkeit.

Während es dunkel wurde, hing die Quecksilbersäule des Thermometers auf sechsunddreißig Grad Celsius fest. Der Rückzug der Sonne hatte daran nichts geändert, außer dass die Luft sich noch mehr mit Wasser sättigte. Die Bruthitze kroch in alle Winkel; auf dem Balkon nicht anders als im Wohnzimmer der Bryantes.

Das Haus selbst war ein Raumwunder. Von der schmalen Fassade her schien es nur aus dem Eingang zu bestehen, da das übrige Parterre von einer Reihe Bankomaten eingenommen war. Das Obergeschoss trug eine unter dem Satteldach mit geringer Neigung versteckte Mansardenwohnung als Nellys Reich, in dem zwei französische Betten gerichtet wurden: eines für Emily, das andere für Josef, an den Stirnseiten durch einen Gazevorhang voneinander getrennt. Zwei gekippte Dachflächenfenster über den Betten sorgten dafür, dass es unter dem Dach nicht wesentlich heißer war als im übrigen Haus. Nellys Wohnung war ein Puppenstübchen, das man vom Treppenhaus durch einen Quergang unter der Dachschräge erreichte, in dem man den Kopf einziehen musste. Nach einigen Metern öffnete sich der Raum mit einem vorgelagerten Sanitärbereich, von zwei Seiten begehbar, an den sich das Schlafzimmer anschloss. Außer für die Toilette gab es keine Türen, wo der verwinkelte Zugang das Dachgeschoss mit einer Art Labyrinthdichtung vom Treppenhaus abtrennte.

Emily war die Erste, die sich in ihr Refugium verkroch. Josef hatte das Mädchen nach oben begleitet, doch diesmal war es schon weggedöst, bevor er mit seiner Geschichte vom Wanderzirkus überhaupt erst begonnen hatte. Trotzdem erzählte er ihr das ganze Märchen; es hatte sich als Ritual nun einmal so eingespielt. Außerdem war hier der rechte Ort, sich in der Vorstellung ans kosmische Lagerfeuer der Gaukler zu träumen, denn das Fenster überm Bett gewährte freien Blick auf den Halbmond.

Bis Josef wieder nach unten kam, hatten auch Nellys Eltern sich zurückgezogen; die Schwüle schien noch am leichtesten zu ertragen, wenn man ihr in süßen Schlummer entfloh.

Anders für Nelly und Josef. Die schienen noch viel zu aufgekratzt, um ihre Plätze gegen ein weiches Bett einzutauschen.

»Nur jetzt ist es noch unser erster Tag in Toulouse – der Tag, an dem wir unser Ziel erreicht haben. Mit dem Ins-Bett-Gehen wäre er schmerzlich schnell vorüber, und mit dem nächsten Aufstehen hinge die bange Frage des ›Was-jetzt?‹ in der Luft; dann lieber weiterfeiern!«

»Mach dir über das Danach keine Sorgen«, versicherte Nelly. »Meine Eltern mögen dich und das Mädchen. Ich kenne sie, ich habe das bemerkt. Ich denke, ihr könnt bis auf Weiteres hier wohnen bleiben.

»Das ist es nicht«, setzte Josef an zu erklären, was es mit seiner Reise auf sich hatte und dass der Plan damit erfüllt war. Dass er nicht gekommen war, um zu bleiben. Dass er vor dem Scheideweg stand: Weiterfahrt oder Umkehr. Die Weiterfahrt bedurfte eines neuen Zieles, und wenn es nur ein Name war wie ›Toulouse‹. Insgeheim hatte er darauf gehofft, unterwegs würde sich eine Inspiration auftun, ganz von selbst, als spontane Eingebung oder aus einem Traum heraus; doch dem war nicht so. Auch konnte er das Mädchen nicht ewig vor der Welt, der Mutter und den Behörden im Verborgenen halten, wenn er nicht als Emilys Entführer gelten wollte, und eine Karriere als Knacki war, was er sich auf seine alten Tage am allerwenigsten wünschte. Weiterzureisen ohne das Mädchen kam ebenso wenig infrage. Eigentlich war alles entschieden: Noch ein, zwei Tage in Toulouse, und sie würden die Heimreise antreten – dahin, wo keiner von beiden wirklich ein Heim hätte. Emily würde er beim Jugendamt abliefern, er selbst würde an den Ort seiner einstigen Gefangenschaft zurückkehren.

»Lass uns über anderes sprechen«, entwand sich Josef dem Versinken in düstere Grübelei, vor allem Emilys weiteres Schicksal betreffend. »Die Nacht ist dafür viel zu schade. Erzähl mir lieber von dir – ich glaube, dass wir damit zu weit erfreulicherem Gesprächsstoff gelangen.«

Die nachfolgende Unterhaltung mäanderte von einem Thema zum nächsten, weckte abwechselnd Lachen und Staunen und bisweilen beides in einem. Es war eines jener Gespräche, wie man es mit Menschen führte, die Vertraute waren. Mit denen man den Verständigungsfaden ohne Anlaufzeit aufgriff, wo man ihn zuletzt hatte fallen lassen, selbst wenn es vor langer Zeit gewesen sein sollte. Binnen Stunden wusste Josef mehr von Nelly, als von manch anderem nach Jahren. Dabei war sie eine ebenso gute Rednerin wie Zuhörerin. Die Übergabe des Staffelholzes funktionierte wie geschmiert, beiläufig und ohne Stocken oder Verzögerung. Und das in einer Fremdsprache! Sie selbst führte das auf ihren Deutsch-Leistungskurs zurück und auf ihr europäisches Freiwilligenjahr in Deutschland, das sie um sechs Monate verlängert hatte, bevor sie erstmals wieder in ihre Heimat zurückkehrte. Wenn sie ähnliche Karrierewünsche wie Madeleine gehegt haben sollte: Sie wäre eine echte Konkurrentin gewesen. Doch Nelly hatte ganz andere Vorstellungen von ihrer Zukunft, als da waren: Kunst, Filmemachen, Theater. In ihr stürmten und drängten Lebenslust, Wissensdurst, Rebellion und Freiheit zur Verwirklichung. Noch strebte die Blüte ihrer vollen Entfaltung entgegen: Sie war auf dem Weg in ihren eigenen persönlichen Frühling.

Das konnte man auch an jenem Bild ablesen, das sie unbedingt Josef als ihr ›Meisterwerk‹ präsentieren musste, wie sie es selber nannte. Es handelte sich um die Bleistiftzeichnung eines weiblichen Portraits, möglicherweise gehörte das abgebildete Gesicht auch einem Androgyn. Ein Schrei entfuhr der Kehle, dominierte den Ausdruck, und die Affinität zu Edvard Munchs ›Der Schrei‹ drängte sich geradezu auf. Doch bei Nelly war das Entsetzen, das sich in dem weit aufgerissenen Mund mit scharfer, überbetonter Kontur und den hervortretenden, gleichwohl in tiefen Höhlen geborgenen Augen spiegelte, nur eine der affektiven Komponenten. Das Entsetzen war bar jeden Zurücksweichens vor der Ursache oder seinem Auslöser, was allein schon in der vorwärtsdrängenden Dynamik des Halses zum Ausdruck gelangte. Das Halbprofil war wie der Blick nach rechts gewandt, also in die Zukunft. Der Engel – zumindest wollte Josef einen solchen in dem Gesicht erkannt haben – schrie dem Schrecknis seine Entrüstung entgegen; dies in einer Anwandlung göttlichen Zorns, dass der Betrachter sich glücklich schätzen durfte, nicht gemeint zu sein, nicht im Fokus der Abstrafung zu stehen.

Die ganze Anmutung war machtvoll und wild. Was immer diese Figur in Schrecken versetzt haben sollte, war ihrer Gnade ausgeliefert. Große Flächen waren dunkel angelegt, die Glanzlichter später mit dem Radiergummi gesetzt. Die Technik verlieh dem Bild die Tiefe eines Reliefs, und es ließ mehr künstlerische Reife durchblicken, als man einer Fünfzehnjährigen zugetraut hätte – denn vor nunmehr sechs Jahren hatte Nelly das Portrait gezeichnet. In einer anhaltenden Schaffensphase von acht Stunden war es entstanden. Es war ein rauschhafter Zustand, so von der Muse geküsst zu sein. Nicht nachdenken zu müssen, was man ausdrücken wollte. Der Ausdruck selbst war es, der auf Entäußerung strebte, der Bleistift und Radiergummi übernahm und in seinem Sinne führte. Die Künstlerin erlebte sich in diesem Prozess mehr als Werkzeug denn als Schaffende. Eine Idee hatte sich der Künstlerin bemächtigt, um ins Leben gehoben zu werden.

»Ein Bild, daraus Anmut und Anklage dringt«, schloss Josef den hymnischen Teil seiner Bildbeschreibung. »Bin nur froh, dass sie – oder er – nicht mich anblickt. Und was also ist es, woher der Schrecken rührt und wohin die Anklage sich richtet? Weißt du es? Hast du eine Imagination? Eine Vorstellung, was der Engel sieht, worauf er blickt?«

Nelly kniff die Augen zusammen und stellte den Blick so weit, dass er durch das Papier hindurch in eine unbestimmte Ferne hinter der Figur drang.

Sie sprach nur aus, was sie dort las: »Er – für mich ist die Figur männlich – hält mit Blicken ein künftiges Vergessen fest. Seine Augen sind magnetisch. Sie wollen zurückholen, was sich ungreifbar und damit unangreifbar machen will durch Flucht nach vorn. Er mahnt zum Innehalten vor etwas, das längst vergessen und doch nicht vergangen ist. Weil eine Wunde Eiter trägt und deshalb nicht verheilen kann. Die Wunde rührt von einer Verletzung her.«

Nelly folgte ihrer freien Assoziation, überließ es dem jeweils ersten Impuls, ihre Worte zu führen.

»Der Eiter ist eine Schuld. Dafür soll das Schrecknis umkehren und sich stellen. Doch es fürchtet Vergeltung und stellt sich nicht der Entscheidung über Strafe oder Gnade. Der das Schrecknis in sich trägt, erwartet keine Gnade, denn er hat selber keine und versteht nicht, was das ist. Er sieht nur die Ausflucht ins Vergessen, in der Hoffnung, dass woran er Schuld trägt in Zukunft nicht mehr wahr sei. Denn was vergessen ward, ist nie geschehen …«

meldete sich eine Stimme flüsternd in Josefs Kopf. Aber er wusste nicht, wie der Text weiterging.

Mit Wetterleuchten und dem Rollen fernen Donners kündigte sich ein Wärmegewitter an.

»Puh!«, schüttelte Nelly ihren roten Schopf und weckte sich damit selber aus der Trance. »Noch ein Satz, und alles beginnt zu kreiseln«, gestand sie lachend und strich sich die Versenkung aus Augen und Wangen. »Vielleicht ist es ja mein eigenes Vergessen, das ich mir nicht verzeihen kann.«

»Welches Vergessen denn?«

»Das ich zwischen fünf und sechseinhalb Jahren hatte. Nach dem Unfall«, legte die Erinnerung eine vage Spur, der Nelly und Josef gemeinsam nachgingen.

und lass uns jetzt nur dies erleben

fügte Josefs innere Stimme dem stummen Monolog hinzu.

»Du hattest einen Unfall?«, hakte Josef nach.

»Ich? Nein, *alle* hatten einen Unfall. Es war das schwere Unglück vor sechzehn Jahren. Der Chemieunfall. Die Explosion. Hast du nie davon gehört? – Kein Wunder: *Keiner* hat davon gehört. Weil es am 21. September geschehen ist. Und zehn Tage vorher der Anschlag auf das *World Trade Centre* in New York war. *Nine-eleven – das* erinnert jeder! Toulouse? *Nine-twenty-one* liegt noch heute im Blickschatten der Öffentlichkeit.«

Seltsam: Josef hatte weder von dem einen noch von dem anderen Unglück etwas mitbekommen – zumindest nicht besonders zeitnah, was das Attentat in New York anging. Selbst das existierte nur als vager Schatten, irgendwo am Rande von Josefs Bewusstsein.

Nelly fuhr in ihrem Bericht fort: »In einer Düngemittelfabrik kamen zwei Chemikalien miteinander in Kontakt und haben eine ganze Explosionskaskade ausgelöst. Vierzig Tonnen verunreinigtes Ammoniumnitrat – manche sagen auch, es seien dreihundert gewesen – sind dabei hochgegangen, möglicherweise ausgelöst durch die Entsorgung einer Verbindung aus Chlor, Natrium und Zyankali auf derselben Halde durch einen Arbeiter des Chemiewerks – so genau hat das bis heute keiner herausgefunden. Ich behaupte, dass es vertuscht worden ist, bewusst unterschlagen, weil in der Nachbarfabrik Treibstoffe für ein militärisches Raketenprojekt hergestellt wurden. Jedenfalls kamen dabei einunddreißig Menschen ums Leben, zweitausendfünfhundert wurden verletzt, dreißig davon schwer. Nicht zu den Verletzten gerechnet wurde die geschätzte Viertelmillion Menschen, die durch die Explosion ein psychisches Trauma erlitten haben und seither unter Depressionen, diffusen Angstzuständen und Schlaflosigkeit leiden. Anderthalb Jahre nach der Katastrophe waren jedenfalls noch vierzehntausend von ihnen in Behandlung wegen eines posttraumatischen Belastungssyndroms. Von der Druckwelle der Hauptexplosion sind im Umkreis von fünf Kilometern alle Fensterscheiben rausgeflogen, bei uns auch. Man solle seine Wohnung nicht verlassen und die Fenster geschlossen halten, haben sie über Rundfunk ausgegeben – eine Lachnummer! Ein halbes Jahr hat es gedauert, bis wir neue Scheiben bekommen haben und mussten mit Plastikfolie in den Fensterflügeln überwintern.

Steine und Schutt sind auf die Ausfallstraße Richtung Narbonne geregnet und haben Autos und die Fahrbahn zerstört. Ganze Lastzüge hat es damals durch die Luft geschleudert in der Nähe des Unglücksorts. Der große Knall wurde als Erdbeben der Stärke 3,4 auf der Richterskala registriert. Später wollte man den Chemieunfall zur Naturkatastrophe ummünzen, indem man den Kausalzusammenhang umdrehte und das Erdbeben als Auslöser der Katastrophe ansah. Sie führten die Entzündung des Ammoniumnitrats auf elektromagnetische Erscheinungen zurück, wie sie mit Erdbeben einhergehen können. Bei einem Test haben sie aber herausgefunden, dass selbst eine Blitzentladung von dreiundsechzig Kilovolt keine Auswirkungen auf die chemische Substanz hat. Das Erdbeben war nicht Ursache, sondern Folge der Detonation, die einen zehn Meter tiefen und fünfzig Meter breiten Krater in das Fabrikgelände gerissen hat!

Als nach der Explosion eine rostrote Ammoniakwolke genau über die Stadt zog, wurden in der Innenstadt Atemschutzmasken verteilt, während eine Massenpanik tobte. Zugleich ließen sie melden, es bestünde keine Vergiftungsgefahr. Aber wie wollten sie das überhaupt beurteilen, nachdem drei von fünf Luftmessstationen durch den Erdstoß nach der Detonation zerstört waren? Dasselbe mit dem Trinkwasser: Während es in Toulouse keinerlei Einschränkungen oder Warnungen gab, haben alle Gemeinden an der Garonne unterhalb von Toulouse die Versorgung komplett eingestellt.«

Nellys Gesicht war von innerem Aufruhr gerötet, als sie leidenschaftlich fortfuhr: »Bis heute gibt es keinen Verantwortlichen für das Unglück. In zwei Verfahren wurden alle potenziell Schuldigen freigesprochen, obschon das Gericht Organisationsfehler und Verstöße gegen die Sicherheitsauflagen bestätigt hat. Außerdem waren im Katastrophenschutzplan vierundzwanzig mögliche Störfälle berücksichtigt, nicht aber der, der dann real eingetreten ist. Mangels Beweisen für eine individuelle Schuld wurde die Unschuldsvermutung zur Begründung der Freisprüche herangezogen. Dabei standen ohnedies nur der Fabrikdirektor und der Grundstücksbesitzer unter Anklage, nicht aber der Chef des Mutterkonzerns, der die Chemiefabrik kurz zuvor übernommen und als Tochterunternehmen weitergeführt hat. Ich behaupte, dass es zu dem Unfall aufgrund einer wirtschaftlichen Erpressung gekommen ist: Der Mutterkonzern hatte eine Schließung des Werkes in Aussicht gestellt, wenn es nicht genug Profit abwerfen würde. Ungelernte Arbeiter, viele davon afrikanischer Herkunft, hatten in der Folge als Billigarbeitskräfte verantwortungsvolle und gefährliche Tätigkeiten auszuführen; dabei waren sie oft nicht einmal der französischen Sprache mächtig.

Das ist schuld an der Katastrophe: eine rücksichtslose Gewinnmaximierung zulasten der Arbeiter und der Sicherheit, zulasten aller Verunglückten und Geschädigten. Aber das ist ja einfach nur Kapitalismus, und den kann man nicht verurteilen, das ist nur das System an sich, und dem gehorchen ja alle – auch Richter!

Wenn sie sagen, das war Schicksal, dann sage ich: Das war der Kapitalismus, und der soll nicht aller Schicksal sein! Und der Kapitalismus hat ein Gesicht. Und das Gesicht des Kapitalismus' ist der Generaldirektor des Betreiberkonzerns! Die Schuld hat ihren Sitz in der Chefetage. Und nirgendwo sonst. Es ist der höchste Kopf, der rollen muss. Sonst wird der ganze Prozess zu einer Farce.«

wie die Sterne durch geklärten Nachthimmel dringen

flüstert etwas. Jemand?

Das Wetterleuchten zuckte in kürzeren Intervallen auf. Der Donner rollte näher. Wind kam auf. Doch er trug keine erfrischende Kühle heran. Nur erste, düstere Wolken, die den Himmel unter dem Deckmantel der Nacht heimlich in Besitz zu nehmen begannen und Stern um Stern verschluckten.

Gleichsam aus atmosphärischen Spannungen geboren, flattert von ganz hoch oben eine Melodie heran, trügerisch süß und sanft, bedrohlich harmlos in ihrer Transparenz – und ist schon verflogen.

»In drei Tagen ist der erste Tag der Abschlussverhandlung«, erklärte Nelly. »Sie haben es mitten in die Ferienzeit gelegt, damit sie alles möglichst unauffällig über die Bühne bekommen. Gutachten, Zeugenaussagen – alles ist ja aktenkundig und muss nicht noch mal erhoben werden. Zur Komplettierung ihrer Schauveranstaltung haben sie die Möglichkeit eingeräumt, als Betroffener vor Gericht auszusagen. Aber nach sechzehn Jahren will plötzlich keiner mehr von dem Unfall betroffen gewesen sein. Ich habe Freunde von mir gefragt, die dabei waren, ehemalige Klassenkameraden. Die einen sagen: ›Das sollen andere machen, warum ich?‹ Andere wieder lassen wissen: ›Hat doch eh alles keinen Zweck.‹ Weitere konkretisieren das: ›Alles nur Show. Die machen sowieso was sie wollen.‹ Oder auch: ›Erinner mich nicht daran, hab's bis heute nicht verdaut.‹ Dazu als Variante: ›Hör mir uff – nach sechzehn Jahren …‹. Ich sage: Der Zeugenstand wird leer bleiben an diesem Tag. Weil keiner mehr darüber sprechen *will* von denen, die viel zu sagen hätten. Solange keiner muss, ist jeder frei, auch nicht zu wollen.

Selbst meine Mutter drückt sich um eine Aussage. Obwohl sie durch die Katastrophe ihre Arbeit verloren hat. Sie arbeitete als Bibliothekarin an der Universität. Durch den Unfallschock erlitt sie ein Trauma, das sie arbeitsunfähig gemacht hat. Seither leidet sie an depressiven Schüben. Sie sagt, sie könne das nicht, vor Gericht aussagen. Sie fürchtet, auf der Stelle in Tränen auszubrechen und überhaupt nichts mehr sagen zu können.«

Josef litt an einem leichten Schwindelgefühl in seinem Kopf. Der Boden unterm Stuhl schien auf einmal so beunruhigend weit weg. Vielleicht war das ja der Müdigkeit geschuldet, die sich seiner bemächtigte, nachdem alles getan war an diesem so überreichen Tag, und er gehörte einfach nur ins Bett. Vielleicht lag es auch am Wein, dem er heute erstmals nach langer Zeit reichlich zugesprochen hat. Womöglich auch an beidem.

Trotzdem saß er auf der Frage: »Und warum gehst du dann nicht selbst?«

Nellys Gesicht zuckte in einem Blitz taghell auf.

Josef zählte leise: einundzwanzig, zweiundzwanzig, dreiundzwanzig …

Metallisches Donnern schlug den Gong für Nellys Entgegnung: »Um das System nicht zu stabilisieren. Es ernährt sich von denen, die mittun. Es wird auch meine Aussage verzehren und sie ausscheißen als Beruhigungspille, die jeder zu schlucken hat: ›Seht ihr, wir haben auch die Betroffenen zu Wort kommen lassen, jetzt kann sich keiner mehr beschweren!‹

Und wenn sonst niemand kommt? Wenn ich die Einzige bleibe? Allein gegen alle? Auslachen werden sie mich: Lasst sie nur machen, die kleine rothaarige Hexe, die sich hier aufblasen will. Eine Egomanin, kein Zweifel, pathologisch womöglich, lasst sie noch ausreden und weist sie dann ein!‹«

»Nicht allein gegen alle!«, stellte Josef energisch richtig, wobei er sich mit aller Kraft gegen den Sog der Müdigkeit stemmte. Wenn bloß dieser Schwindel nicht wäre!

Er riss sich zusammen und fuhr fort: »Gerade wenn du die Einzige bleibst, dann bist *du* das Gesicht der Katastrophe. Das Gesicht der Opfer. Die als Namenlose hinter Nelly stehen. Hast du nicht gesagt, der Generaldirektor sei das Gesicht des Kapitalismus'? Dann steht das Kräfteverhältnis bei eins zu eins. Und nicht: Nelly gegen den Rest der Welt. Nelly gegen den Direktor, die junge Frau gegen den Konzernboss – die Chancen sind gleich verteilt! Das heißt nicht automatisch, dass es eine faire Verhandlung mit einem gerechten Urteil gibt, das nicht. Aber du kannst es auch nicht ausschließen. Und an einer Lotterie, bei der die Gewinnchancen bei *fifty-fifty* liegen, würde sogar ich mich beteiligen. Und du hast noch dazu den einen Trumpf in der Tasche: die Sympathie für den Schwächeren. Wenn David gegen Goliath gewonnen hat, warum nicht auch Nelly gegen den Direktor?«

Nellys Antwort war die Zustimmung zu Josefs Appell implizit: »Weil ich nicht an das glaube, was in der Bibel steht. Und außerdem: Was soll ich denn sagen, was noch nicht gesagt worden ist? Die Zeit zum Vorbereiten ist doch viel zu kurz.«

»Du wirst ihnen sagen, was du erlebt hast an jenem 21. September 2001. Oder hast du das etwa vergessen?«

wie der Mond die Gärten voll übersteigt

raunt es in das nächste Rumpeln hinein, mit dem der Mond, wie er eben noch überm Hintergarten von Nellys Elternhaus stand, sich vollständig bedeckt und den Blicken entzieht.

»Ich hab's dir doch schon gesagt: An die anderthalb Jahre nach dem Unfall habe ich keinerlei Erinnerung, einfach nichts! Von fünf Jahren, bis ich sechseinhalb Jahre alt war, weiß ich nichts mehr, *nichts!*«, schimpfte Nelly.

»Es interessiert auch nicht, was *nach* dem Unfall war, sondern *währenddessen!* Du sollst sagen, was passiert ist. Was *du* erlebt hast. Sag es mir – jetzt!«

»Also schön«, konstatierte Nelly mit trotziger Entschlossenheit, »ich werde reden. Aber nur unter einer Bedingung: dass du mir versprichst, zur Verhandlung mitzukommen.«

»Versprochen«, sagte Josef in der vagen Hoffnung, dass er bis dahin aus dem inneren Strudel wieder aufgetaucht wäre, der ihn soeben zu verschlingen drohte und an seinem Gleichgewicht zerrte.

Als die ersten Tropfen fielen, räumten Nelly und Josef den Balkon, um die Unterredung im Wohnzimmer fortzuführen. Josef bevorzugte die Couch, da er sich von ihr ein wenig mehr Halt versprach als von einem Stuhl, von dem man jederzeit hätte in die Tiefe stürzen können. Nellys Gang nach oben, um die Fenster über Emilys und Josefs Bett zuzuklappen, gab ihm Zeit, sich zurückzulehnen, die Augen zu schließen und die Einflüsterungen wegzuatmen, die da raunten:

Wir fühlten längst schon, wie's spiegelnder wird im Dunkeln

spottet seinem Versuch, der Flut der Bilder zu entrinnen, die nun vom Innern der geschlossenen Augendeckel als dunklem Spiegel zurückgeworfen werden.

»Ich war fünf Jahre alt und zur Zeit des Unglücks in der Schule«, eröffnete Nelly ihren Bericht, nachdem sie sich in einen Sessel gegenüber Josefs Couch hatte fallen lassen. »Kurz nach zehn Uhr – es war in der dritten Schulstunde – gab es einen Knall, mit dem sämtliche Fensterscheiben des Klassenzimmers hereinflogen. Überall klirrten und klimperten Glassplitter wie Fragmente eines detonierenden Schrapnells.«

Eine Bö schlug krachend die Balkontür zu. Doch die Scheibe blieb heil. In den Obertönen des Windesrauschens klang fein und singend eine Melodie mit: *Somewhere, over the Rainbow ...*

Aber es war nur Josef, der das hörte, und der Klang vermischte sich mit Nellys Stimme, die da sprach:

»»Alle raus hier!«, schrie die Klassenlehrerin und riss den kleinen behinderten Jungen vom Fenster weg, der neugierig war und nachsehen wollte, woher das kam. Es folgte der nächste Knall, heftiger als der erste.«

Ein Donnerschlag zerschnitt sowohl die stehende Luft im Raum als auch Nellys Stimme.

Die setzte unbeirrt neu an: »Während wir alle gleichzeitig auf die Tür zurannten, fiel ein Regal um. Ich war gerade mit den Ersten durch die Tür, da riss mich die dritte Detonation von den Füßen. Ich stolperte und fiel zu Boden. Dann hörte ich nur noch Kreischen und spürte Füße, die mich traten und über mich wegtrampelten. Das waren meine Klassenkameraden. Meine Klassenlehrerin hatte die Tür aufgehalten und gewartet, bis alle draußen waren. Sie kam als Letzte aus dem Klassenzimmer und hat mich wieder auf die Füße gestellt. Aber da waren sie schon alle über mich hinweg. Auch meine Freunde. Sie sind über mich weggerannt und haben mich einfach liegen lassen. Klar: Sie waren in Panik, sie wussten nicht mehr, was sie taten und wie ihnen geschieht. Aber erklär das mal einem fünfjährigen Kind!

Dann standen wir alle draußen, es wurden immer mehr Kinder, die ganze Schule. Und haben mitangesehen, wie das ganze Gebäude in sich zusammenfällt wie ein Kartenhaus.«

Das Unwetter erreichte seinen Höhepunkt. Es schien nun direkt über der Nummer 313 in der Avenue de Carcassonne zu hängen, und die Intervalle zwischen Blitz und Donner verkürzten sich, bis eines ins andere fiel. Sturm peitschte den Regen gegen die Fenster zum Trommelwirbel für den Salto: *Allez-hop!*

Ein Etwas bewegt sich aus großer Höhe in freiem Fall dem Erdboden entgegen. Josef sieht es nicht; er weiß nur, dass es da ist – unterwegs, gewissermaßen.

Dann sank er in voller Länge auf der Couch nieder. Nur seine Beine baumelten noch überm Abgrund. Er wehrte sich gegen eine Ohnmacht, die ihn anwandelte wie

ein weißer Schatten in dem Glanz der Dunkelheit

flüstert es hinter dem geschlossenen Vorhang seiner Fenster zur Seele.

Vor dem Vorhang beschloss Nelly ihre Schilderung: »Dann stürzte auch die Nachbarschule ein.«

Sie machte eine Pause, ihr Blick aus leeren, großen Augen, ruhte auf der spiegelnden Glasplatte des niedrigen Tisches vor der Couch.

Dann fuhr sie fort: »Die meisten Schüler befanden sich noch drin.«

Pause.

Das Etwas in Josefs innerem Film wedelt mit keinen Armen, versucht nicht, sich in bizarren Verbiegungen eines Körpers dem Verderben zu entwinden, bevor es wenige Meter von dem Mann entfernt aufschlägt.

Das bis dahin deutlich hörbare und zugleich schwebende ›Somewhere, over the Rainbow‹ verstummt mitten im Lied. Der Bogen ruht auf dem Rücken einer Singenden Säge. Die Melodie kann nicht weitergehen. Der Gang über den Regenbogen ist zu Ende. Erst kam der *Salto*, dann das *mortale*. Das gespannte Drahtseil zittert noch zwischen den Traversen in der Zirkuskuppel.

Nelly brach ihren Bericht ab mit dem Satz: »Ich habe Blut gesehen an diesem Tag.«

Das Etwas rührt sich nicht. Liegt da wie hingegossen. Wie eine in Bronze gegossene Figur, erstarrt im Sand, der ihr die Form gab.

Der Anblick entbehrt jeder Dramatik. ›Als würde sie schlafen‹, könnte einer sagen. Aber es sagt keiner was im vielchorigen Summen von Stimmen. Keiner hört etwas. Es gibt nicht einmal Blut zu sehen. Es hätte dazugehört. Aber da ist ja keines. Das Etwas blutet nicht, noch dass es in grotesker Verrenkung seiner Gliedmaßen am Boden liegt.

›Die Artistin hat das Gerät vor dem Ende der Nummer verlassen‹, heißt es im Fachjargon. Langes schwarzes Haar breitet sich in vollendeter Ästhetik als Fächer um das begrabene Haupt auf dem Manegensand aus. Und doch hätte nur ein Nekrophiler den Anblick als ›schön‹ empfinden mögen. Wie bei Kafka: Es kommt ganz auf den Einzelnen an, was er sieht.

Die Gewissheit dessen, was soeben geschehen ist, braucht keinen Blick nach oben, wo noch immer das Hochseil vibriert – einsam und verlassen. Seiner Tänzerin jäh beraubt. Ein mit weißer Seide bespannter Schirm taumelt, dem Samen eines von der lauen Sommerluft verwehten Löwenzahns gleich, herab, berührt sacht den Boden und findet kreiselnd zu seiner Bestimmung.

Metallisch zersägt eine Stimme den Summchor des Untergangs in Fetzen aus Worten: das Zelt evakuieren – hintere Ränge zuerst – Ihre Plätze zu räumen – informieren Sie über den Fortgang der Vorstellung.

The show must go on – die Vorstellung ist zu Ende. In einem letzten Atemzug verhaucht das Etwas seine Existenz.

Da beginnt der Manegensand zu kreiseln, dreht sich mit zunehmender Dynamik und bildet einen Strudel von fünfzig Metern Durchmesser, und reißt alles mit sich in unauslotbare Tiefen.

Auch Josef …

Nun aber lass uns ganz hinübertreten
in die Welt hinein,
die monden ist.
Vergiss, vergiss[1]

Das Unwetter war vorübergezogen, die Wolkendecke aufgerissen, dass der Mond die Gärten erneut überstieg. Nelly stellte den Blick auf die Spiegelung in der Glasoberfläche des niedrigen Tisches vor ihr scharf, indem sie das Etwas, das da auf der Couch lag und der Zimmerdecke entgegenfiel, als ihren Gast Josef erkannte. Er war über ihrer Schilderung einfach so eingenickt.

Erst mit dem zweiten, jetzt direkten Blick auf den Daliegenden bemerkte sie, dass irgendetwas nicht stimmte. Dicke Schweißperlen hatten sich auf der Stirn über einem hochroten Antlitz versammelt.

»Josef?«

Warten.

»*Josef!*«

Nelly spürte Josefs Atem schwach an ihrem Handrücken. Sie riss die Balkontür auf, und eine angenehme Kühle, zu der der Regen beigetragen hatte, wehte herein.

Nelly eilte ins Schlafzimmer ihrer Eltern und rüttelte ihren Vater wach.

Leise, damit ihre Mutter es nicht hörte, sagte sie: »Papa, komm doch bitte mal. Josef geht's nicht gut …«

---

1 Rainer Maria Rilke: *Die Welt die monden ist.*

Jean-Claude warf sich den Bademantel über und eilte ins Wohnzimmer, wo Nelly schon neben dem Sofa kniete und Josefs Puls fühlte.

»Ich hab Angst, dass er stirbt«, blickte Nelly ihren Vater sorgenvoll an.

»Mhhh!«, wischte der mit einem tadelnden Grunzlaut die Bemerkung seiner Tochter beiseite, die im Falle, dass sie von Josef gehört wurde, gewiss nicht geeignet war, zu einer Besserung seines Zustands beizutragen.

»*Monsieur Joseph?*«

Jean-Claude tätschelte unsanft Josefs Wangen.

»Nasser Waschlappen!«, schickte er seine Tochter, einen zu holen.

Als Nelly zurück war, kühlte Jean-Claude Josefs Stirn und redete behutsam auf ihn ein: »Kannst jetzt zurückkommen, alter Kämpe, die Luft ist rein. Das Unwetter hat sich verzogen – hat wohl Angst gekriegt vor deinem Alkoholpegel, schätz ich mal. Was habt ihr überhaupt hier herumzulungern und zu quatschen bis in die Puppen, hä?«, tadelte Jean-Claude seine Tochter mal so eben zwischendurch. »Weißt du überhaupt, dass es schon Viertel vor vier ist? Der Mann hat was hinter sich! Der braucht jetzt einfach seine Ruhe! Pack mit an und lass ihn uns hochbringen! Sonst setzt sich deine Mama zu guter Letzt noch auf ihn drauf, wenn sie morgen die Zeitung liest. Und dann wär's wirklich mit ihm zu Ende, das sag ich dir! Müssen nur aufpassen, dass wir nicht das Mädchen wecken.«

Dafür – und nicht nur dafür – liebte Nelly ihren Vater: Dass er sich weigerte, den Problemen der Welt noch seine eigenen Sorgen darüber hinzuzufügen.

»Vorsicht, leise jetzt!«, mahnte Nellys Vater in gedämpftem Tonfall, dass sie nicht auch noch Emily deren wohlverdientem Schlaf entrissen. Denn Jean-Claude Bryante fürchtete aus einschlägiger Erfahrung heraus, dass ein waches kleines Mädchen um diese Uhrzeit noch weit weniger zu ertragen war als ein müder alter Mann. Und beides zusammen – das war womöglich die Apokalypse!

»Zieh ihm die Schuhe aus«, zischte Jean-Claude seiner Tochter Anweisungen ins Ohr. »Die Klamotten lassen wir ihm an. Und die Fenster auf, hier oben steht ja die Luft! Frage mich, wie du's hier aushältst den ganzen Sommer! Kopfkissen richten! Seitenlage, sonst zersägt der uns die Hütte! Das ist ein alter Mann, verstehst du, nicht so ein Jungfuchs wie dein Vater, der höchstens vor sich hin schnurrt wie ein kuscheliges Kätzchen! Socken aus! Füße einpacken, sind ja Eisklötze!, wie schafft der das nur bei dieser Hitze, meine Güte! Eine Klimaanlage ist nichts dagegen.«

Nelly schätzte ihren Vater für genau diese Art von Sprüchen, wusste aber auch, wo die Grenze war: »Papa, du musst mich hier nicht zutexten vor lauter Stress! Ich bin schließlich …«

»O ja, versteh schon«, musste es sich Nelly gefallen lassen, von ihrem Papa unterbrochen zu werden, »›erwachsen und weiß selbst, was zu tun ist‹, alles klar, Tochter! Dann schnapp dir also selber von irgendwo 'ne Matratze und leg dich neben diesen alten Halunken, der nichts Besseres zu tun weiß, als seine Gastgeber mit vorgetäuschten Ohnmachtsanfällen zu terrorisieren.«

»Ich soll hier oben schlafen?«, glaubte Nelly ihren Ohren nicht zu trauen.

»'tschuldigung, ich dachte nur, das hier wär *deine* Wohnung – Nachtwache halten, claro? Wir können ihn jetzt nicht einfach so alleine liegen lassen. Wenn das Mädchen wach wird …«

»Was ist denn?«, meldete sich eine verschlafene Stimme aus Emilys Bett.

Das Auftreiben einer weiteren Matratze erübrigte sich, nachdem Nelly zu Emily unter die dünne Sommerdecke kroch, um das Mädchen im Arm zu halten und zu trösten: »Schlaf ruhig weiter. Josef ist einfach nur sehr, sehr müde nach diesem Tag, glaub ich.«

Nelly hoffte, dass sie damit recht behielt.

Jean-Claude hatte das seiner Tochter nicht zeigen wollen, doch er war ernstlich besorgt um seinen einigermaßen betagten Gast. Dabei war ihm klar, dass der nicht unter einem körperlichen Leiden eingeknickt war, einem Herzanfall etwa. Anhand der Erfahrungen mit seiner Frau Lucille hatte Nellys Vater zu beurteilen gelernt, wie seelischer Stress sich auf das Gesamtbefinden einschließlich des Körpers niederzuschlagen vermochte. Worin allerdings das Trauma bestehen sollte, das den weitgereisten Gast so unvermittelt angefallen und zu einer stressbedingten Funktionsstörung geführt hatte, war ihm schleierhaft. Bestand es in einem verstörenden Erlebnis von unterwegs, das durch einen unbekannten Auslösereiz reaktiviert worden war? Immerhin trug dieser alte Mann die Verantwortung für eine polizeilich gesuchte Ausreißerin und war ja selbst wohl auch kein unbeschriebenes Blatt, dass es ihn wegen eines Wortwitzes aus der Heimat nach Toulouse verschlagen hatte. Konnte er etwas ausgefressen haben, weswegen er auf der Flucht war?

Er würde Josef morgen zu seinem Zustand interviewen. Bis dahin konnte er auf die Instinkte seiner Tochter vertrauen, was deren Menschenkenntnis anbelangte. Sie würde keinen ins Haus bringen, der etwas mitgehen ließ. Auf Nelly konnte Jean-Claude sich verlassen, mit ihr lebte der Sonnenschein unter seinem Dach.

Jean-Claude hielt es Josef zugute, dass der alles andere als den Eindruck erweckte, ein reicher Mann zu sein. Tief in seinem Herzen verwurzelt hegte Jean-Claude eine unbezwingbare Verachtung gegenüber jenen, die er ›Geldleute‹ nannte. Er selbst hatte sich seit seiner Jugend ideellen und philosophisch-politischen Themen und Tätigkeiten gewidmet, die zumeist mit der Wahrnehmung von Ehrenämtern einhergingen. Bis er merkte, dass er in die Jahre gekommen war, war es zu spät für die Aufnahme einer einträglichen Beschäftigung. Im Umkehrschluss traute er keinem, der seine Energie in den Aufbau einer soliden materiellen Existenz gesteckt hatte, irgendeine soziale Kompetenz zu – außer an anonyme Initiativen zu spenden, bestenfalls. So machte Jean-Claude aus der Not eine Tugend, indem er seinen Idealen die Treue hielt, auch wenn seine Familie dadurch chronisch Mangel litt.

Dies umso mehr, seit seine Frau Lucille ihren Job verloren hatte und in eine anhaltende Depression gefallen war. Andererseits schien seine Art, das Leben zu nehmen, mit einer gewissen Resistenz gegenüber äußeren traumatischen Einflüssen einherzugehen – zumindest konnte er diese besser verdauen als andere. Das Unglück hätte ihn ebenso gut aus der Bahn werfen können. Doch er, der darin geübt war, einer einmal gelegten Spur konsequent zu folgen, begegnete Beeinträchtigungen und Rückschlägen eher gelassen und mit einer Lockerheit, die eben nicht nur hergeholt und aufgesetzt war. Als materielle Basis gab er sich damit zufrieden, dass die Bankfiliale ihm für ihre Terminals im Parterre ein paar Hundert Euro monatlich an Miete zahlte; so konnte er den Geräteschuppen im Hintergarten sukzessive zu einer vermietbaren Behausung ausbauen, um eine weitere Einnahmequelle für die Familie zu generieren. Viel würde dabei freilich nicht herumkommen, da er den Mietzins im sozialverträglichen Bereich ansetzen würde – ansonsten hätte er sich als Miethai fühlen müssen, und das war mit seinem Gewissen unvereinbar.

Im Grunde genommen war er ganz froh, dass Nelly die beiden Fremden angeschleppt hatte. Gerade jetzt, wo der alte Mann offenbar in eine Krise gefallen war, fühlte Jean-Claude sich zur rechten Zeit am rechten Ort. Er hatte den Eindruck, dass dieser Josef es gar nicht besser hätte treffen können, als einer Betreuung durch Jean-Claude teilhaftig zu werden. Ja, für Menschen in Seelennot da zu sein, das war schon so etwas wie ein innerer Auftrag für Jean-Claude – ach was, viel zu hoch gesteckt, das mit dem Auftrag: es war vielmehr eine Gunst.

Mit diesen Überlegungen kroch Jean-Claude zu seiner Frau unter die Decke, um wenigstens noch ein paar Stunden Schlaf abzubekommen, bevor er Nelly von der Wache an Josefs Bett ablösen würde. Er erwartete nämlich nicht ernsthaft, dass der alte Mann mit dem Aufwachen von seinem bösen Traum befreit wäre.

Die Krise dauerte Jean-Claudes Erwartung gemäß am Mittag des folgenden Tages an, als Josef sich weigerte, das Bett zu verlassen. Eigentlich war das zu viel gesagt: Er stand einfach nicht auf und reagierte auch sonst nicht. Den Blick starr durch das Dachfenster in einen sternenlosen Taghimmel gerichtet, lag er schlicht da und sagte nichts mehr. Nicht zu Nelly und nicht einmal zu Emily, die darauf mit verstörtem Entsetzen reagierte.

»Das ist *dein* Fall«, überwies Jean-Claude das Mädchen an seine Tochter, während er sich daranmachte, seinem Klienten ein französisches Frühstück zuzubereiten. So eine arme Haut, wie alle meinten, konnte Jean-Claude doch eigentlich gar nicht sein, solange er derart viel zu geben hatte, dass es sogar noch für ein luxuriöses *petit dejeuner* reichte. Armut war eben ein relativer Begriff, wie sich immer wieder herausstellte.

Jean-Claude nahm sich heute viel Zeit für die Zubereitung des Frühstücks. Denn Zeit war ja sein Kapital. Hinter ihm stand kein Arbeitgeber, der vertrat, dass Zeit gleich Geld sei. Das war eine kapitalistische Lüge, um die Werktätigen zu drangsalieren. Tatsächlich war es nämlich genau umgekehrt: In Wahrheit hatten Menschen umso weniger Zeit, über je mehr Geld sie verfügten. Und Menschen wie er, Jean-Claude, hatten kein oder wenig Geld, und dafür alle Zeit der Welt. Wer für die eine Arbeitsstunde kein Geld bekam, der durfte getrost zwei für dasselbe Werk beanspruchen, ohne dass ihm der Lohn gekürzt wurde. Von der Logik her war diese Rechnung natürlich bestreitbar; wenn man berücksichtigte, dass der eine seine Motivation aus der Bezahlung, der andere aus sich selbst schöpfte, dann stimmte Jean-Claudes antikapitalistische Kalkulation wieder.

Entspannt ein Liedlein vor sich hin pfeifend, stapfte Jean-Claude die Stiege hinauf in die Mansarde, duckte sich durch den Dachschrägengang und erschien mit dem Hinweis ›*room service!*‹ neben Josefs Liege- und Leidensstätte.

»Mein Kaffee ist sensationell, alle sagen das«, lobte Jean-Claude das seiner Ansicht nach wichtigste Element eines guten Frühstücks. »Die meisten meinen, Kaffee könne doch jeder kochen. Aber das ist ein Vorurteil – wie so manches. Die Damen sind im Übrigen in der Stadt unterwegs: Nelly, Emily wie auch Lucille. Da dachte ich, dass ich dir ein bisschen Gesellschaft leiste.«

»Danke«, kommentierte Josef tonlos, den ausdruckslosen Blick noch immer durchs Dachflächenfenster gerichtet.

Wenigstens starrt er nicht ins Nichts, dachte Jean-Claude für sich, sondern in den Himmel. Außerdem hatte Josef etwas gesagt. Die letzte Nachricht von Emily und Nelly lautete, dass er überhaupt nicht mehr sprach. So war das eben mit der Zeit: Nichts blieb, wie es war. Das gereichte einem zumindest in schlechten Tagen zum Vorteil.

Jean-Claude fühlte sich also durchaus eingeladen, bei Josef zu verweilen und nahm auf dem Stuhl Platz, mit dem im Rücken, was an anderen Tagen Nellys Schreibtisch war. Man musste kein Detektiv sein, um zu wissen: Irgendwann beginnt jedes Vöglein zu zwitschern.

»Willst du mir erzählen, was du ausgefressen hast?«, bot Jean-Claude an. »Ich sage immer: Was reingeht, muss auch raus – aber jeder mag es damit halten wie er will.«

Aus dem Bett kam: Nichts.

Jean-Claude schwieg. Er kannte diese Eigendynamik, wo man das Schweigen des anderen nicht ertrug und aus innerem Stress heraus die Stille mit eigenen Gesprächsbeiträgen füllte. Er enthielt sich dieses Fehlers, damit das zuletzt Gesagte weiter im Raum stand.

Stattdessen schenkte er Josef, wovon er genug besaß: Zeit.

Es dauerte.

Eine Stunde.

Bis Josef dann doch sprach.

»Du weißt, dass deine Tochter den Schuldigen sucht? An dem Chemieunfall …«, hob Josef an. »Der Unfall, den keiner außerhalb von Toulouse mitbekommen hat. Weil es zehn Tage vorher das Attentat in New York gegeben hat. Ich habe auch das nicht mitbekommen. Weil es einen anderen Unfall gibt, der die beiden anderen verdrängt hat. Und ich bin der Schuldige. Nellys Suche hat ihn vor mir selbst entlarvt.«

»*Du* willst der Schuldige sein an den Katastrophen von New York und Toulouse?«, verzog Jean-Claude sein Gesicht zu einem Staunen von einer Faltenvielzahl, die man ihm nicht zugetraut hätte. »Übernimm dich nicht. Du bist nur ein Mensch ...«

»Das meine ich nicht.«

Und Josef erzählte Jean-Claude, was er meinte. Es ging um jenen verhängnisvollen Tag, der der letzte sein würde für Loretta Kopernikus, Josefs Frau. Sie hätte nicht mehr aufs Hochseil gehen dürfen, ohne Netz, mit ihren fünfzig Lebensjahren. Keine Artistin machte das. Doch der Zirkus war geschrumpft und angewiesen auf jeden Akt, der keine Gage kostete. Außerdem machte Loretta mit Erfahrung wett, was ihr an Jugend fehlte. Äußerlich war sie ohnedies kaum merklich gealtert, zumal im betörenden Glanz von Maske und Kostüm auf dem distanzierten Hochseil. Dafür war sie über dreißig Jahre hinweg mit dem Gerät verwachsen, dass es für die Artistin eine Art Körperteil war. Mit dem wesentlichen Unterschied, dass man von einem eigenen Körperteil nicht abstürzen kann – sehr wohl aber von einem Hochseil.

Und das ist es, was sich am 7. September 2001 wirklich ereignet hat: Loretta Kopernikus verunglückte bei einem Sturz vom Hochseil tödlich. Josef hatte, wie jedes Mal, *Somewhere, over the Rainbow* auf der Singenden Säge gespielt. Die schwebenden Klänge und die anmutigen Bewegungen verwoben sich ineinander zu einer Poesie des Zirkus' selbst, dem Markenzeichen des Circus Copernicus, die Nummer des Direktorenpaares, die in keinem der ansonsten wechselnden Programme fehlen durfte.

»Und ich war der, der sie auf's Seil gelassen hat«, konnte Josef sich nicht verzeihen.

»Nun, als Direktor trägst du natürlich die Verantwortung«, räumte Jean-Claude nachdenklich ein.

»Das ist nur das Eine«, war Josef nicht zu Ende. »Hinzu kommt, dass ich dabei war, ohne bei *ihr* zu sein. In meiner Vorstellung war es immer die Melodie gewesen, die Loretta getragen hat. Und nicht das Seil. Sie hat auf dem Regenbogen getanzt, den die Singende Säge über die Manege gespannt hat. Während der ganzen Nummer war ich innerlich nur auf sie versammelt, habe beim Streichen der Säge jede ihrer Bewegungen nachvollzogen, als würde ich sie selbst ausführen. Ich hatte die innere Gewissheit, das tiefe Vertrauen darauf, dass Loretta nichts passieren kann, solange ich bei ihr bin. Solange die Melodie da ist. Nenn es magisches Denken oder Größenwahn, wir Zirkusleute sind eh als abergläubisches Völkchen verschrien. Aber es hat funktioniert. Bis zu dem Zeitpunkt, als ich in Gedanken woanders war. Bei jemand anderem. Einer anderen Frau.«

Simultan zu Josefs unseligen Abschweifen war Loretta offenbar auch nicht konzentriert. Bei einer Figur, die stets so leicht anmutete, als gäbe es da gar nichts, das jemals hätte schiefgehen können, erkannte man diesmal schon im Ansatz, dass es schiefgehen *musste*. Sie sprang falsch ab, kam falsch auf, verlor das Gleichgewicht und stürzte vom Seil.

Das war der Augenblick, in dem Josefs Bogen stockte und die Melodie verstummte. Gefühlt war es ein endloser Fall. Die Zeit dehnte sich, als wollte sie einen temporären Zwischenraum schaffen, in dem man noch etwas hätte unternehmen können. Aber es gab nichts zu unternehmen. Es war nur ein qualvoll verlängertes Zu-Spät.

»Fünf Meter neben mir prallte sie auf dem Manegensand auf. Ich habe das Knacken gehört, mit dem Lorettas Genick brach. Ich wusste, dass es vorüber war. Schon als ich zu ihr hinstürzte und ihre Augen suchte. Die waren da schon leer. Seither weiß ich, wie es sich anfühlt, wenn du suchst und nicht findest: einen Menschen, der nicht mehr da ist. Und es nicht glauben kannst. Denn da lag sie ja. Und auch wieder nicht.«

»Das ist tragisch«, sagte Jean-Claude in die Pause hinein, die Josef einlegte.

»Nein«, widersprach der. »Tragisch ist etwas anderes. Tragisch ist ein Unglück, an dem keiner Schuld trägt. Hast du schon einmal von einem ›tragischen Verbrechen‹ gehört? So etwas gibt es nämlich nicht. Umstände, das Schicksal können tragisch sein; Schuld entsteht durch persönliches Fehlverhalten und Versagen.

Die Zusammenhänge sind mir erst wieder klar geworden, als deine Tochter von dem Chemieunfall vor sechzehn Jahren erzählt hat. Recht hat sie: Wo es einen Schuldigen gibt, da muss er auch belangt werden. Ich habe sechzehn Jahre lang versucht, vor der Schuld wegzulaufen. In der Hoffnung, dass in einer Zukunft des Vergessens nicht stattgefunden haben wird, was nie hätte stattfinden dürfen. Und was nicht stattgefunden hat, das braucht auch nicht gesühnt zu werden. Gestern Nacht hat sie mich eingeholt: die Vergangenheit. Und damit meine eigene Schuld.«

»Meinst du nicht, dass du zu streng mit dir umgehst?«, wandte Jean-Claude ein.

»Zu streng?«, zweifelte Josef. »Kann man zu streng mit sich umgehen, nachdem man jemanden auf dem Gewissen hat? Ich war es, der das Verhängnis über sie gebracht hat.«

»Du hast eine andere Frau erwähnt«, erinnerte sich Jean-Claude. »Hat das Verhängnis einen Namen …?«

»Sie hieß Blanca«; Josef richtete den Blick in eine unbestimmte Ferne, als er sprach. »Eine katalanische Trapezistin. Ich habe sie zu unserem Zirkus verpflichtet, als sie gerade mal neunzehn Jahre alt war. Sie hatte die Zirkusschule von Rogelio Rivel – einem Bruder von Charlie Rivel – in Barcelona besucht.«

Wenigstens dieser einen hatte Josef eine Chance geben wollen – einer von vielen, die ihr Seelenheil in jugendlicher Begeisterung an eine Karriere im absteigenden Gewerbe der Zirkusartisten geheftet hatten und bei aller Hingabe und Investition doch nie an die Virtuosität der russischen und chinesischen Akrobaten heranreichten. Zahlreiche Hoffnungen fanden in wiewohl schweißtreibendem, so doch vergeblichem Mühen ihre Endstation.

Im Stillen hatte Josef die Artistin aus Barcelona adoptiert. Seine Tochter Isabell befand sich mit ihren Liebschaften in einer Phase spätadoleszenter Ablösung von ihrem Vater, sodass ihr Platz unter Josefs Fittichen frei war für einen neuen Zögling. Blanca nahm die Nestwärme gerne an und erwiderte sie mit einer Hinwendung zu ihrem Direktor, die irgendwann über das hinausging, was eine Tochter ihrem Vater entgegenbrachte.

Blanca blühte auf unter Josefs Obhut. Mit unglaublicher Härte und Beharrlichkeit entwickelte sie ihre Trapeznummer weiter. Die bestätigenden Blicke Josefs waren ihr mehr als Lohn genug für alle Härten und willkommener Trost in ihrer Isolation als einziger Solistin des damaligen Ensembles.

Schließlich gelang ihr der Durchbruch. Mit ihrer Nummer als Rilkes *Die Welt die monden ist* rezitierende Mondin flogen ihr die Herzen des Publikums zu. Sie trug das Alleinstellungsmerkmal der einzigen am Gerät sprechenden Trapezistin, war unverwechselbar geworden mit ihrer Einflüsterung wie aus himmlischen Sphären: *Vergiss vergiss …*

Das hässliche Entlein hatte sich zum Schwan gemausert.

Als Josef merkte, dass er Blanca nun seinerseits mehr als nur väterliche Gefühle entgegenbrachte, war es bereits zu spät. In einem schleichenden Prozess war die kleine Katalanin zur Prinzessin seines Herzens geworden. Josefs Königin war immer noch Loretta; doch sie hatte Konkurrenz aus der Kindergeneration bekommen. Es dauerte lang, viel zu lang, bis Josef dies vor sich selbst einzugestehen in der Lage war. Die Einsicht traf ihn zwar wie ein Blitzschlag, vermochte aber nicht dem Drängen der Gefühle gegenzuhalten.

»Ich wollte es einfach nicht wahrhaben. Während andere es schon längst erkannt hatten. Wie Blanca plötzlich aufgestrahlt hat, sobald ich nur in ihre Nähe kam, haben mir andere später erzählt. Jeder hat das gesehen. Es ist so schwer, den, von dem man merkt, dass er einen liebt, nicht zurückzulieben.«

In einem Verzweiflungsakt suchte Josef das Mädchen für eine Aussprache in ihrem Wagen auf. Obschon sein Herz dagegen rebellierte, stellte er die Rückkehr zu einem Verhältnis der professionellen Distanz zwischen Künstler und Direktor in Aussicht.

»Bereits darin lag der Fehler«, warf er sich vor. »Wäre ich einer Distanzierung fähig gewesen, hätte ich über die nicht zu reden brauchen. Ich hoffte darauf, dass Blanca meinen Appell zum Anlass nehmen würde, Abstand zu mir zu wahren. Denn ich selbst war dazu längst nicht mehr in der Lage.«

Einer aus der Springergruppe hatte Josef in aller Frühe aus Blancas Wagen kommen sehen und das Gerücht kolportiert, Direktor Kopernikus sei mit ›seiner‹ Artistin fremdgegangen. Natürlich wurde das auch Loretta hinterbracht. Und zwar in der Woche vor ihrem Unfall.

Es folgte Schweigen zwischen den beiden Männern.

»Der Kaffee ist längst kalt«, stellte Jean-Claude mit unverhohlener Enttäuschung fest. Auch sonst hatte Josef das Frühstück nicht angerührt.

»Ich mach uns einen frischen«, stellte Jean-Claude in Aussicht.

»Bleib da«, hielt Josef seinen Beichtvater davon ab, sich zu erheben. »Ihr müsst euch um Emily kümmern. Ich bin nicht mehr der Richtige für diese Aufgabe. Sie kann nicht zurück zu ihrer Mutter – du willst nicht wissen warum. Sie braucht ein Heim. Oder besser eine Pflegefamilie.«

»Mach dir keine Sorgen um das Mädchen«, beruhigte Jean-Claude. Und auch wieder nicht: »Die mach ich mir schon, seit ihr da seid.«

»Noch etwas«, bat Josef. »Schick Nelly zu mir hoch, sobald sie wieder da sind.«

»Mach ich«, nickte Jean-Claude, »mach ich. Darf ich dich was fragen? Was sehr Persönliches …«

»Frag mich oder lass es, wenn es dir selbst zu persönlich ist«, ließ Josef ihm alle Optionen offen.

»Was war dran an dem Gerücht? Bist du nun fremdgegangen oder nicht?«, entschied sich Jean-Claude zugunsten seiner Neugier.

»Such's dir aus«, hielt Josef dem Beliebigkeitspol in dieser Frage die Treue. »Wenn du physisches Fremdgehen meinst: Nein. Aber platonisch: Ja.«

»Hm«, wog Jean-Claude sein Haupt hin und her. »Kann man das überhaupt: platonisch fremdgehen? Ist das nicht ein Widerspruch in sich?«

»Man kann«, war Josef überzeugt. »Ich hab's erlebt. Die Körperlichkeit ist nur eine Entlastung von der Haltespannung zwischen Lust und Verbot. Gibt man ihr nach, so ist mit diesem einem Mal womöglich alles auch schon wieder vorüber.

Nicht so im Falle, man widersteht der Verlockung. Das steigert die Spannung ins Unerträgliche. Und im gleichen Maß die Anziehungskraft. Man kann sich nicht mehr lösen, fixiert sich auf den anderen. So hält man auch die Spannung fest und kann nicht loslassen, was man nie ergriffen hat. Man ist plötzlich so, wie man nie hat werden wollen. Man versucht, dem eigenen Schatten davonzulaufen, doch es ist wie in einem Albtraum: man kommt nicht fort. Seither weiß ich, dass man platonisch fremdgehen kann! Es ist sogar weit schlimmer als jede andere Art des Fremdgehens.

Ich hätte es nicht geschafft, mich von Blanca zu lösen. Auch und erst recht nicht nach Lorettas Tod. Blanca hat mir den Gefallen getan, sich zu trennen.«

Drei Tage nach dem Unfall fand Josef Blancas Stellplatz leer vor. Inmitten des ganzen Aufruhrs war es ihr gelungen, sich unbemerkt und mit unbekanntem Ziel davonzumachen. Nicht einmal, mit welchem Zugfahrzeug sie ihren Wagen hatte wegschleppen lassen, ließ sich mehr nachvollziehen. Ohne die Reifenabdrücke im mit Split bestreuten Boden hätte man meinen können, das Mädchen wäre nie dagewesen und lediglich die Projektion eines albtraumhaften Geschehens gewesen, geschaffen aus der Kraft der Einbildung.

Isabell stand unerschütterlich hinter ihrem Vater. Den Gerüchten um ein angebliches Verhältnis zwischen Josef und Blanca hatte sie keinen Glauben geschenkt. Doch auch das Vertrauen seiner Tochter konnte Josef nicht davor bewahren, sich in klinische Behandlung zu begeben. Als er aus der Kur zurückkam, schienen Bereiche seines Gedächtnisses gelöscht. Ob es das Resultat einer Medikamentenbehandlung oder eines endogenen Verdrängungsprozesses war, ließ sich nicht sagen, zumal es jeder vermied, den Unfall in Josefs Gegenwart zu erwähnen – nicht anders Isabell. Erst die Affinität zu Nellys Amnesie und die begleitenden Synchronereignisse haben den Teppich fadenscheinig werden lassen, unter den Josef das Grauen und sein Versagen gekehrt hatte.

»Ich frage mich, warum ich dir das alles erzähle«, wunderte sich Josef über sich selbst.

»Weil es mir nichts ausmacht?«, bot Jean-Claude als eine der möglichen Antworten an.

Als Jean-Claude mit dem Tablett wieder nach unten kam, waren Nelly, Emily und Lucille von ihrem Ausflug in die Stadt zurück.

»Hat nichts angerührt. Nicht mal meinen Kaffee hat er probiert – ist so was zu verstehen?«, ließ Jean-Claude eine gelinde Entrüstung über seinen Patienten durchblicken, als er das Tablett mit dem unangetasteten Frühstück auf der Küchenanrichte abstellte.

»Hat er etwas gesagt?«, wollte Nelly sogleich wissen.

»Jede Menge, würde ich meinen«, bejahte Jean-Claude. »Unter anderem hat er nach dir gefragt. Er möchte, dass du zu ihm kommst.«

Doch vorher gab er an Nelly weiter, was er von Josef erfahren hatte; er hielt es nicht für sinnvoll, seine Tochter unvorbereitet in dieses Gespräch zu schicken. Lucille zeigte Emily unterdessen den Hintergarten.

»Josef …?«, fragte Nelly mit gedämpfter Stimme in den Raum hinein, bevor sie selbst um die Ecke des Kriechkorridors in die Mansarde trat.

»Komm nur näher und setz dich«, lud Josef mit brüchiger Stimme zur Audienz.

»Wie geht's dir?«, fragte Nelly besorgt.

»Nicht besser, als ich aussehe«, machte Josef keinen Hehl daraus, dass er sich durchaus nicht gut fühlte. »Ums kurz zu machen: Ich kann mein Versprechen nicht einlösen. Ich kann nicht mitgehen zu der Gerichtsverhandlung übermorgen.«

Nelly riss die Augen auf und straffte ihre Gestalt: »Bist du *so* krank?«

»Nein, das ist es nicht«, schloss Josef dieses Motiv aus. »Ich bin nicht krank – glaube ich. Das ist alles psychisch, verstehst du? Hat dein Vater dir alles erzählt? Gut, dann weißt du selbst, dass ich einfach nicht der Richtige bin, um dir in dieser Sache zur Seite zu stehen. Einer, der selbst keinen Halt hat, ist auch nicht fähig, einem anderen den Rücken zu stärken. Du wirst es auch ohne mich schaffen.«

»*Waaas?*«, brach es in einem Sturm der Entrüstung aus Nelly heraus. »Was soll das denn jetzt heißen? Du hast es *versprochen!* Und was versprochen ist, das muss man halten!«

»Ja, unter normalen Umständen schon«, setzte Josef zu einer Einschränkung an, musste es sich aber gefallen lassen, von Nelly unterbrochen zu werden:

»Ein Versprechen muss man unter *allen* Umständen halten – dafür gibt man es ja! Damit da etwas ist, worauf man sich verlassen kann, wenn die Umstände sich ändern …!«

»Ich bin jetzt ein anderer. Der Josef, der dir das Versprechen gegeben hat, ist nicht derselbe Josef wie der, den du vor dir im Bett liegen siehst. Der eine wähnte sich frei von Schuld; der andere ist nicht besser als ›dein‹ Generaldirektor. Ich habe Schuld auf mich geladen. Ich habe Unverzeihliches getan. Ich habe den Fall meiner Frau zu verantworten. Es ist, als hätte ich sie eigenhändig vom Hochseil gestoßen. Mit meiner unendlichen Torheit. Ich bin es, der sie getötet hat. Ich bin schuld an ihrem Tod.«

»Was hat denn das eine mit dem anderen zu tun? Für mich bist du immer noch derselbe! Meinst du, du kannst einen Fehler wiedergutmachen, indem du jemand anderen im Stich lässt? Das ist doch Quatsch! Und Wortbruch noch dazu!«

»Ich kann nicht zur Verurteilung eines anderen antreten, wenn ich selbst es bin, der verurteilt gehört! Ich bin der Falsche! Aus und basta!«

Nelly war eine temperamentvolle junge Frau. Im Augenblick war sie geritten von heiligem Zorn. Unvermittelt sprang sie von ihrem Stuhl auf und stürzte nach unten.

Keine Minute später stand sie am Bett von Josef und hielt ihm ihre Zeichnung vor: »Siehst du das? *Du* hast den Engel darin gesehen. Und gefragt, wohin er blickt. Jetzt kann ich's dir sagen: *Dich* sieht er, dich mitsamt deinen Verfehlungen und Schuldkomplexen. Und jetzt frag dich mal, ob er dich verurteilt oder freispricht! Verdammnis oder Gnade bringt! Ob er dir verzeiht oder dich zurückschickt in die Hölle deiner eigenen Aburteilungen!«

Josefs teilnahmsloser Blick war Wasser auf Nellys Mühlen.

»Jetzt guck nicht so, als ginge dich das nichts an! Du hast verdammt noch mal den göttlichen Zorn darin gesehen, das Urteil, das Verzeihen, die Chance zur Gnade! Die Empörung und das Entsetzen! Lass *ihn* über dich richten! Überlass es dem Engel, was er mit dir macht! *Merde! Merde!! Merde!!!*«

Josef erinnerte sich, wie er selbst zum letzten Mal so außer sich geraten war im Zorn, dass er sich minutenlang in der Rezitation des ›Scheiße‹-Mantras ergangen hatte. Es war, als die Entscheidung gefallen war, Emily mit nach Toulouse zu nehmen. Vor wie vielen Tagen war das noch mal? Du lieber Himmel, wie die Zeit verging …

Vergiss, vergiss

Es war nicht möglich, dasselbe zweimal zu vergessen. Die Fahrt nach Toulouse war zu einer Reise in die Erinnerung geworden. Stationen passierten revue: das Absetzen des Bogens in *Somewhere, over the Rainbow* bei der ersten Probe mit Emily; das Schwindelgefühl, die Tiefe des Bodens unter seinem Schemel; das Zittern des Drahtseils, als er im Unwetter die Schlaufe um den Baum legte – es war eine Reise zu den Zeichen, zu Affinitäten und Synchronizitäten, die alle nur das eine, Verdrängte ins Gedächtnis zu rufen sich aneinandergereiht hatten. Bis zur Begegnung mit Nelly, die jetzt wutentbrannt als Verleibhaftigung eines Engels über ihm stand, nachdem sie mit ihrer eigenen Geschichte den Rest von Josefs Vergangenheit ans Licht des Mondes gebracht hatte.

Das Rad der Zeit ließ sich nicht mehr zurückdrehen.

Der Sündenfall war damals.

Das Erinnern ist heute.

Der Ausweg aus dem Jetzt der Rekonstruktion der verdrängten Gehalte war abgeschnitten.

Es gab keine Fluchtmöglichkeit mehr.

Josefs Lächeln war, was Nelly endgültig auf die Palme brachte.

»Was sagt er dir, *dein* Engel? Du warst es, der mich draufgehebelt hat auf das Ganze! Ich war's doch nicht, die vor Gericht ziehen wollte, sondern du. *Du!* Um jetzt einen Rückzieher zu machen und mich im Regen steh'n zu lassen. Findet er das okay?«

Emily hatte den Lärm gehört und kam ins Zimmer geeilt. Völlig außer sich ging sie auf Nelly los.

»Lass ihn in Ruh! Du tust ihm weh! Hau ab und lass ihn! Er ist mein *Freund!*«

Emily griff nach der Zeichnung und hätte sie wohl zerfetzt, wenn nicht Nelly das Papier geistesgegenwärtig vor ihren Händen weggerissen und außer Reichweite gebracht hätte.

»Halt's Maul, kleine Kröte!«, zog Nelly vom Leder, »Du hast doch keine Ahnung um was es hier geht! Ich hab einfach keinen Bock drauf, von deinem sauberen Freund verraten und verkauft zu werden!«

Der hässliche Streit der Mädchen endete damit, dass beide zu weinen anfingen.

Während Nelly schließlich hinauslief und die Treppe hinuntereilte, sank Emily schluchzend neben Josefs Bett zusammen und winselte:

»Komm zurück. Lass mich nicht allein.«

Die Familie Bryante und Emily saßen um den Esstisch und beratschlagten. Josef hatte gegen Nachmittag Fieber bekommen – zwar nur leicht, aber doch merklich über jener Erhöhung der Körpertemperatur, wie sie abends für gewöhnlich bei jedem Menschen eintrat. Nelly und Emily hatten sich wieder halbwegs versöhnt. Lucille schlug vor, dass Emily bei Nelly im Zimmer schlafen sollte, die zuvor ins Parterre gezogen war, um ihren Gästen die Mansarde freizumachen. Jean-Claude würde in die Mansarde ziehen, um bei Josef *stand-by* zu sein, falls das Fieber stieg; zwischendurch würde er im zweiten Bett vor sich hin dösen, um selbst ein bisschen Schlaf abzubekommen. Lucille würde im Ehebett bleiben, aber eben ohne ihren Mann. Und genau so wurde es gemacht, nachdem sie Emily davon überzeugen konnten, dass es so das Beste war.

Wie es seinem Naturell entsprach, ging Jean-Claude die Angelegenheit eher gelassen an, indem er sich zunächst einmal ins Bett legte, bis ihn gegen Mitternacht ein Stöhnen aus dem leichten Schlaf holte. Als er nach Josef sah, hatte der kalten Schweiß auf der Stirn und delirierte in undeutlichem Gemurmel vor sich hin. Jean-Claude füllte im angrenzenden Bad eine Emailleschüssel mit kaltem Wasser, tränkte einen Waschlappen darin und begab sich mit allem zurück an Josefs Liegestatt. Dort drückte er den Lappen in der Schüssel aus und legte ihn Josef sanft auf die Stirn. Anstatt aufzuwachen, fiel Josef in einen Schüttelfrost, was Jean-Claude an der angewandten Symptombehandlung zweifeln ließ. Wenn der alte Mann etwas auszukochen hatte, dann war Kühlung womöglich nicht das Richtige.

Der Anfall war nur kurz, und so legte Jean-Claude erneut den Lappen auf, worauf Josef ruhiger zu werden schien. Trotzdem fragte sich Jean-Claude, ob der Zeitpunkt gekommen war, wo man den Notarzt hätte holen sollen. Doch der würde nichts anderes tun können, als Josef ins Hospital einzuweisen. Wenn Jean-Claude an Josefs Stelle gewesen wäre, dann hätte er sich nichts weniger für sich gewünscht, als ausgerechnet das. Eine Krankenhauspsychose war das Letzte, was Josef noch gebraucht hätte, um vollends vor die Hunde zu gehen. Und wenn es der heimliche, vor ihm selbst verborgene Plan gewesen war, unterm Dach des Hauses Bryante das Zeitliche zu segnen, sich davonzumachen ohne *au revoir* zu sagen – nun, dann sollte es eben so sein. Dieser schwer auszudenkende Fall würde höchste Unannehmlichkeiten nach sich ziehen, doch die wären gewiss nicht schlimmer, als in Panik zu geraten und das Falsche zu veranlassen. Es kam nicht infrage, die Verantwortung für den alten Mann auf irgendwelche Institutionen abzuwälzen und Emily von ihrem Freund zu separieren. Wenn der Tod das tun würde, so wäre es etwas anderes …

In regelmäßigen Abständen erneuerte Nellys Vater den Waschlappen auf Josefs Stirn und packte den alten Mann in zusätzliche Decken ein, nachdem er festgestellt hatte, dass Josefs Füße trotz des Fiebers wie schon am Vortag eisig kalt waren. In unregelmäßigen Abständen kam der Schüttelfrost wieder, klang aber jedes Mal nach einigen Minuten wieder ab.

Als gegen vier Uhr früh die Intervalle zwischen den Anfällen länger wurden und Josef ruhiger atmete, entfernte Jean-Claude den Waschlappen, legte sich ins Bett und fiel sogleich in den Tiefschlaf der Erschöpfung.

Gegen zehn Uhr wachte er wieder auf, weil das grelle Sonnenlicht ihm jetzt durchs Dachfenster direkt ins Gesicht fiel. Da Josef ruhig und gleichmäßig atmete, schlich Jean-Claude über knarrende Dielen und Stufen nach unten, um das Mittagessen vorzubereiten.

»Wie geht es unserem Gast?«, wollte Lucille als Erstes wissen.

»Gut, gut so weit«, bemühte sich Jean-Claude, jede Aufregung zu vermeiden. »Wo sind die Mädchen?«

»Im Garten. Nelly gibt Emily Zeichenunterricht«, wusste Lucille. »Emily möchte, dass unsere Tochter ihr dabei hilft, eine ›unverletzte Seele‹ zu zeichnen.«

»Wie kommt sie denn darauf?«, wunderte sich Jean-Claude.

»Das habe ich nicht mitbekommen. Jedenfalls hat sie Nelly ein selbst gemaltes Bild gezeigt mit einem abscheulichen Gesicht. Jetzt wollte sie die ›passende‹ unverletzte Seele dazu zeichnen, weiß aber nicht, wie das geht.«

»Na, da ist sie ja bei Nelly an die Richtige geraten!«, stellte Jean-Claude fest.

»Wie meinst du das?«, hakte Lucille nach, die den Sinn ihres Mannes für Ironie kannte.

»Nicht anders, als ich es gesagt habe«, schloss Jean-Claude diese Interpretationsmöglichkeit aus. »Nelly ist die Richtige für so was, weil sie es *kann*. Weil sie ein bildhaftes Vorstellungsvermögen für abstrakte Zusammenhänge hat. Und weil ich glaube – nein, weil ich davon überzeugt bin –, dass unser Töchterchen in tiefster Seele heil ist.«

»Hm«, machte Lucille. »Schön, dass du an so was glauben kannst.«

»Na hör mal: Ich *weiß* es«, war Nellys Vater seiner Sache sicher – wie auch der Gemütsverfassung seiner Tochter. »Schließlich ist sie ja auch *deine* Tochter!«

»Eben«, blieb Lucille ihren Zweifeln treu.

Jean-Claude entkorkte eine Weinflasche, um erst mal ein Gläschen in Ehren zu degustieren nach dieser Nacht.

»Hat Josef getrunken?«, erkundigte sich Lucille eher beiläufig, nachdem das Thema für sie abgehandelt war.

Erstaunt sah Jean-Claude von seinem Glas auf: »Wo denkst du hin! Meinst du etwa, wir hätten da oben einen lauschigen Männerabend gefeiert?«

Lucille verdrehte die Augen: »*Wasser* meine ich natürlich! Ich geh und bring ihm welches – *Männer!*«, setzte sie noch vorwurfsvoll hinzu.

»Lass, ich mach schon«, beeilte sich Jean-Claude, seiner Frau zuvorzukommen, da er nicht die Erwartung hegte, dass sie Josefs Zustand mit derselben Gelassenheit begegnete wie er. Den alten Mann sein zu lassen schien Jean-Claude hingegen die beste Therapie.

Tatsächlich trank Josef reichlich, nachdem er aus weiter Ferne in den Raum zurückgekehrt war.

»Schon Tag?«, murmelte er etwas verwirrt, als er dankbar das Wasser annahm.

Jean-Claude legte seine rechte Hand abwechselnd auf Josefs und seine eigene Stirn, um mit angestrengter Miene die Temperatur zu vergleichen. Es hatte den Anschein, dass das Fieber über Nacht zurückgegangen war.

»Geht ihm schon besser«, verkündete Jean-Claude heiter, als er wieder in der Küche war, und pfiff ein Liedchen vor sich hin, um allzu intensiven Nachfragen über Josefs aktuelles Befinden zu entgehen.

Gegen ein Uhr – die Mädchen waren gerade vom Garten nach oben gekommen, und alle saßen nun um den Mittagstisch – hörten sie Schritte auf der Treppe.

»*Bonjour*«, tönte Josefs Stimme in den Raum.

»Josef!«, hüpfte Emily mit vor Erleichterung leuchtenden Augen vom Stuhl auf und setzte sich wieder hin.

»Ich sagte doch, dass es ihm besser geht«, war Jean-Claudes Antwort auf den erstaunten Seitenblick seiner Frau und als gelte es potenzielle Zweifel an seinen Prognosen nachträglich auszuräumen.

Nelly beeilte sich, dem Patienten Teller und Besteck zu holen.

»Ich werde übrigens mit dir zur Verhandlung gehen«, verkündete er seinen Entschluss, woraufhin Nelly Messer und Gabel aus der Hand rutschten und klappernd vor Josef auf dessen Teller landeten.

Zwei Tage später traten Nelly, Josef, Emily und Lucille aus dem Gerichtssaal; nur Jean-Claude war zu Hause geblieben. So gab es jemanden, dem das aufgeregte Häuflein von Nellys famosem Auftritt würde berichten können.

Nelly war tatsächlich die Einzige aus dem Publikum geblieben, die den Weg in den Zeugenstand angetreten hatte. Von der Zuschauerbank hatte sie den weitesten Weg gewählt: nach außen heraus aus ihrer Reihe, dann nach hinten, von dort zum Mittelgang und den entlang nach vorn bis in den Zeugenstand.

Ihr Schritt war dabei nicht eilend noch schleppend. Der lange Weg gab dem Raunen im Publikum genug Zeit, ohne Ordnungsruf der Richterin zu verstummen.

Bereits mit der Eröffnung ihrer Aussage verhaspelte sich Nelly und drohte den Faden zu verlieren, bevor sie ihn richtig aufgenommen hatte. Damit zog sie den für diesen Fall vorgesehenen Spickzettel hervor, entschuldigte sich knapp und setzte noch einmal neu an. Sie hatte die ganze Nacht über den Formulierungen gebrütet und sie sicherheitshalber zu Papier gebracht – als *Back-up* im Falle eines *Black-outs*. Sie bemühte sich, langsam zu sprechen, nachdem sie von Josef erfahren hatte, dass man im Ablesen dazu neigte, den Zuhörern davonzueilen. Sie nahm sich die Zeit, zwischen den Sätzen direkten Blickkontakt mit der Richterin aufzunehmen. Als Nelly den Faden wiedergefunden hatte und frei weitersprach, ließ sie diesen Blickkontakt auch nicht mehr los. Sie trug ihre Botschaft mit ruhiger, kraftvoller Stimme vor, unaufgeregt und sachlich.

›Überlass die Gefühle deinen Zuhörern‹, hatte Josef ihr am Vortag geraten, ›und beschränke dich auf eine möglichst distanzierte Beschreibung.‹ Die einzige Erschütterung kam in einem unwillkürlichen Zittern des linken Beines zum Ausdruck, dessen Eigenleben für den Rest des Vortrags Nelly nicht mehr in den Griff bekam.

»Du hast alles richtiggemacht«, war Josefs abschließendes Feedback. »Nur das mit dem Bein hättest du ruhig ansprechen dürfen; das hätten alle verstanden und sich lockergemacht, weil du selbst nicht mehr dagegen hättest ankämpfen müssen. Man gewinnt an Glaubwürdigkeit und Souveränität, indem man sich angreifbar macht, verstehst du? Aber das ist nur eine kleine kosmetische Korrektur, vielleicht für's nächste Mal. Du warst fabelhaft, Nelly! Ich bin richtig stolz auf dich.

Du hast gezeigt, dass du nicht nur das Herz am rechten Fleck hast, sondern auch Zivilcourage.«

In der Tat würde es ein nächstes Mal geben: Die Richterin hat einen weiteren Verhandlungstag im Oktober anberaumt. Es konnte gut sein, dass Nelly dann offiziell vorgeladen würde.

Nelly war mit ihrem Auftritt vor Gericht weder glücklich noch traurig. Und dennoch erfüllt davon. Ihre Brust war angefüllt mit dem Gefühl, getan zu haben, was getan werden musste. Mehr nicht. Und auch nicht weniger.

»Paps hat sich über eine Woche nicht mehr gemeldet«, ließ Isabell ihren Mann Eowin wissen. »Meinst du nicht auch, dass es an der Zeit ist, etwas zu unternehmen?«

Sorgenfalten standen auf Eowins Stirn, als er über die Brillengläser hinweg zu Isabell aufblickte. Er erhob sich von seinem Stuhl, um nachdenklich hinter seinem Schreibtisch auf und ab zu gehen. Das war Isabell nicht gewohnt!

»Isa«, setzte Eowin an, nachdem er stehen geblieben war. Er hatte seine Position bewusst so gewählt, dass sich der Schreibtisch zwischen seiner Frau und ihm befand – als schützender Abstandhalter für das, was auf seinen Satz hin kommen konnte: »Ich muss dir ein Geständnis machen …«

Er klappte den Laptop auf und drehte den Bildschirm seiner Frau zu, der die Kinnlade herunterfiel.

»Was für ein …«

»Sieh dir lieber erst das hier an«, schnitt Eowin seiner konsternierten Frau das Wort ab und trat neben sie vor den Schreibtisch, während ein Landkartenausschnitt aufpoppte.

Nelly war in Feierstimmung. Der Gerichtsreporter hatte in seinem Artikel die ›besonnene und überzeugende Art des Betroffenenreports von Nelly B.‹ hervorgehoben, allerdings ohne auf Inhalte näher einzugehen. Nelly nahm das eher gelassen zur Kenntnis. Ihr ging es nicht mehr um Gewinnen oder Verlieren. Es war gesagt worden, was nicht verschwiegen werden durfte. Sie hatte der Vielzahl der Betroffenen ihr Gesicht und ihren Namen geliehen und unter Beweis gestellt, dass das kollektive Gedächtnis kein Vergessen kannte – wiewohl in zahlreichen anderen Fällen, so in diesem nicht.

Der Samstagabend in Toulouse bot beste Möglichkeiten für Amüsement. Deshalb lud Nelly die gesamte Traube ein, sie auf ihrem Ausflug in die Innenstadt zu begleiten. Emily, die sich wieder prächtig mit Nelly verstand, war mit Begeisterung dabei, und selbst Lucille sah sich gewogen mitzukommen. Jean-Claude würde in jedem Fall zu Hause bleiben, da ihn vergangene Nacht die Inspiration zu einem neuen philosophischen Text angewandelt hatte.

Josef als Einziger blieb unschlüssig. Die Zukunft, der er erfolgreich vorausgeeilt war, hatte ihn wieder eingeholt mit der Einsicht, dass sein Vertrag mit Toulouse am nächsten Tag auslaufen würde. Die Ausstrahlung seines Interviews auf cul.tv am morgigen Sonntag setzte entweder das Signal zum Aufbruch oder markierte den Beginn einer neuen Sesshaftigkeit. Schon vom Wort her widerte ihn das an: ›sesshaft‹ zu werden; dem Begriff wohnte eine Analogie zu einem Gefängnisaufenthalt inne. Weiterzufahren war die einzige Option. Aber wohin? Es hatte sich einfach kein neues Ziel abgezeichnet. Reisen war etwas anderes, als planlos durch die Landschaft zu irren.

Und was würde aus Emily? Irgendwann wären ihre Ferien vorüber. Es war verantwortungslos, sie länger mitzunehmen und so zu tun, als wäre sie sein Enkel Felix. Außerdem hatte er ja vor laufender Kamera den ganzen Mummenschanz aufgedeckt, und der würde mit der Sendung des Interviews öffentlich. Josef selbst war es gewesen, der mit seiner Offenheit eigenhändig den Schlussstrich unter das Versteckspiel gezogen hat. Nicht, dass er diesen Schritt *bereut* hätte; aber er durfte ihn sehr wohl *bedauern*. Denn morgen, spätestens übermorgen würde er seine famose Begleiterin verlieren. Und das Mädchen seinen Beschützer. Ihn schauderte beim Gedanken an eine Trennung.

»*Allez hop, Monsieur Joseph!*«, ließ Lucille keinen Zweifel bestehen, dass er einfach mitzukommen *hatte*. Was ihren Mann anging, hatte sie für den nur ein Abwinken mit säuerlich verzogenem Mund parat: »Wenn der an Inspiration leidet, ist nichts mehr mit ihm anzufangen.«

Die Straßencafés und Restaurants im Stadtzentrum waren bis auf den letzten Platz gefüllt. Bei hochsommerlichen Temperaturen bis weit in den Abend hinein schwelgte die Stadt in Ausgehlaune. Stimmen schwirrten in den Gassen und auf den weiten Plätzen in der lauen Luft. Menschen bildeten Trauben vor Clubs, Kneipen, Bistros und Diskotheken, von denen jede eine Festgesellschaft für sich darstellte, wie in einer eigenen Aura geborgen, die allerdings in beide Richtungen permeabel war: Wer in die unsichtbare Seifenblase trat, gehörte augenblicklich dazu, wer sie verließ war Teil des allgemeinen Strömens und Flanierens. Von der Kleiderstange war heute nur genommen worden, was möglichst wenig Haut bedeckte und möglichst viel nach Party aussah.

Ihr Grüppchen folgte Nelly in eine schmale Seitengasse, die da von einer der Fußgängerzonen abzweigte, wo der Passantenstrom sich auszudünnen begann. Durch ein Spalier von Menschen, die eben mal vor die Tür gegangen waren, um frische Luft zu schnappen oder eine Gauloise zu rauchen, traten Nelly, Lucille, Emily und zuletzt Josef durch eine Barriere aus schweißgeschwängerter Schwüle, die sie auch hätte abprallen lassen können, in den vergleichsweise kleinen und niedrigen Saal eines *Poetry-Punch-Clubs* mit beiseite geräumten Tischen und Stühlen, gewichen einer Schar von Tanzenden, die ihre Körper im gedimmten Rotlicht zu einer raschbewegten Choreografie miteinander verschmolzen. Von dem um eine Stufe erhöhten Podest aus machten ein Akkordeon und ein Schlagzeug den Wind, denn mehr stand den beiden Musikern nicht zu Gebot, um rhythmisch einzuheizen mit einem dynamischen Crossover von Zigeuner-Cha-Cha, Latino-Jazz und Folklore.

Gegenüber der Musikerbühne befand sich der Bartresen – so schmal in eine Nische des Raumes gefügt, dass gerade mal drei Barhocker davor Platz fanden. Josef schob sich zwischen zweien davon an den Tresen heran, hinter dem eine einzige Frau für den Nachschub an Getränken sorgte. Sie stand mit dem Rücken zur Theke und hantierte an der Kaffeemaschine vor der Rückwand der Nische. Das lange schwarze Haar fiel ihr über die Schultern und floss den halben Rücken hinunter. Den Anblick vervollständigten Hüfte, Po und Waden.

Josefs Blick war gerade bei den halbhohen Absätzen ihrer Riemensandaletten angekommen, als die Dame sich zum Tresen umwandte und die Zeit damit gerinnen ließ. In einer aufs höchste unhöflichen, geradezu unverschämten Art musterte Josef das weibliche Wesen von unten bis oben. Von schmalen Fesseln entsprangen die leichten Rundungen von Waden, die mit der Verjüngung zum Knie hin unter dem Saum eines ockerfarbenen Wickelkleides aus hauchzartem Tuch verschwanden. Der Rockteil verbarg die Kontur der Oberschenkel in schwingender Fältelung, um die Hüften hautnah zu umschmiegen. Der Wickelknoten behauptete die Mitte einer schmalen Taille, die der Erscheinung etwas Zerbrechliches mitgab. Zu beiden Seiten des tiefen V-Ausschnitts wölbte sich das Paar üppiger Brüste, die ihre Wohlgeformtheit entweder einer straffen Haut oder der Raffinesse des Büstenhalters verdankten. Ein schlanker Hals trug ein gealtert junggebliebenes Gesicht mit einem markanten Kinn, darüber Lippen mit sinnlicher Linienführung, zugleich vornehm schmal. Unter den Bögen der Augenbrauen, die einer feinen Nasenwurzel wie Mondsicheln entsprangen, glänzten große, von langen Wimpern gesäumte Augen mit grün-brauner Iris. Die Komposition eines in Weiblichkeit gereiften Antlitz' erfreute sich der Einbettung in die nachtschwarze Kaskade glattfallender Haare. Feine Einkerbungen auf der hohen Stirn, in den Augenwinkeln und auf der Oberlippe ließen auf einen reichen Fundus an Lebenserfahrung schließen, der sich nicht der Zahl der Jahre schämte, in deren Verlauf er erworben wurde.

Die Erscheinung schwebte elegant federnden Schrittes auf Josef zu, ohne jeden Vorbehalt gegenüber dessen ungehöriger Musterung, die sie eher zu amüsieren schien. Man sah das an einer Art von Lächeln, das eine Spur von Süffisanz mit einer hohen Dosis Nachsicht zu einer herzerwärmenden Nahbarkeit legierte.

So also würde sie heute aussehen, fühlte Josef sich erinnert an …

»*Loretta!*«, kam es ihm über die Lippen, ohne dass er denen den Auftrag dazu erteilt hätte.

»*Pardon?*«, neigte sich die Dame über den Tresen möglichst nah zu ihm hin. »Die Musik; Sie müssen lauter sprechen, Monsieur!«

Josef war sich im Klaren darüber, dass es nur ein Bild war, eine Erinnerung, die er in der Gestalt hinterm Bartresen sah – erkannte – wiedererkannte. Doch die Person als solche war real. Und die wirkte wie eine Loretta, die nie vom Hochseil gefallen war. Die in der Zeit seit dem Unfall gealtert war wie er selbst.

Das unverhoffte Wiedersehen rührte ihn zu Tränen. Er weinte sie innerlich. Er stand vor dem Tresen, sehenden Auges, dabei ohne zu verstehen. Sah nur, wie der Blick der Frau ihm gegenüber auf den seinen traf. Wie ihr Lächeln sich in ein großes Staunen verwandelte.

Im Zentrum der Erwiderung prallten der Augen Blicke aufeinander, explodierten und riefen damit ein Erdbeben hervor, mikroskopisch klein, von außen nicht wahrnehmbar, aber stark genug, dass es jeden von beiden aus der Betrachtung des anderen riss und zu sich selbst und in den Raum und in die Zeit und in die äußerlich gegebene Situation zurückkatapultierte.

»Ich habe Sie nicht verstanden, Monsieur, Sie müssen Ihre Bestellung wiederholen; Sie wünschen …?«, fand sie als Erste ihre Sprache wieder.

»Drei Bier und eine Orangina, *s'il vous plait*«, arbeitete auch Josef daran, auf die Verständigungsebene zwischen Kundschaft und Bedienung zurückzufinden.

»*Pardon*, wir schenken keinen Alkohol aus«, kam es von der Dame in einem bedauernden wiewohl entschiedenen Ton zurück, der erahnen ließ, dass sie selbst diese Einschränkung des Angebots durchaus nicht als Mangel empfand.

»Dann drei Orangina und ein Glas Wasser«, korrigierte Josef seine Bestellung, wobei er immer noch die Augen seines Gegenübers zu fixieren versuchte, die aber auswichen, da sich die Dame so gut es ging auf das Einschenken konzentrierte.

»Das macht drei Euro«, sagte sie und parkte vier randvolle Gläser auf dem Tresen.

Josef legte eine 5-Euro-Note hin, bekam zwei 1-Euro-Münzen wieder, schob eine davon zurück.

»Nein, drei Euro sind es, *trois! Das Wasser gibt es kostenlos – gratuit.*«

»Ah, das ist für Sie«, bestand Josef unbeholfen auf einem Trinkgeld und kam sich dabei ziemlich schäbig vor, den zweiten Euro nicht gleich mit dazugelegt zu haben.

»*Merci, Monsieur!*«, beeilte sie sich, den Euro in ihrer Kasse zu versenken und zu Tätigkeiten überzugehen, mit denen sie sich von dem wunderlichen Alten ablenken konnte. Trotz ihrer mittlerweile fast sechsundsechzig Lebensjahre fühlte sie sich eben doch nicht ganz so alt, wie der Monsieur aussah …

Und warf einen beiläufigen Blick auf ihn, möglicherweise nur, um dessen Alter zu taxieren und bei dieser harmlosen Übung festzustellen, dass der andere nun auch gerade zu ihr hinüberschaute. Und wegsah, um die Oranginas bei seinen drei Begleiterinnen unterzubringen, während er das Wasser für sich behielt. Was für ein Vierergespann!, sagte sie sich nur und versuchte, Augen und Gedanken auf das Gläserspülen zu bündeln. Kein bekanntes Gesicht darunter …. Als sie zur Vergewisserung zu der kleinen Gruppe hinübersah, passierte es schon wieder: Blick – Erwiderung – Wegtauchen. Mist!

So ereignete sich dasselbe noch drei weitere Male. Die Situation war derjenigen vergleichbar, wo zwei Passanten eigentlich nur aneinander vorbei wollen und sich im selben Sekundenbruchteil jeweils für die gleiche Richtung entscheiden und so auf Kollisionskurs bleiben, anstatt einander auszuweichen. Bis sie etwas peinlich berührt und vielleicht sogar ein wenig verärgert voreinander stehen bleiben. Florence – so der Name der Frau hinterm Tresen – ahnte, dass sie an diesem Abend nicht mehr unbemerkt von Josef nach diesem würde schielen können. Beide hatten sich auf den gleichen Rhythmus eingeschwungen.

Es war doch lächerlich, musste Florence sich im Stillen eingestehen – da übte sie tatsächlich mit dem fremden Gast ein Spiel, wie es zwischen höchstenfalls Sechzehnjährigen hätte stattfinden können! *Verliebten* Sechzehnjährigen, wohlgemerkt ...

In ihrem Alter verliebte man sich nicht mehr einfach so, von Knall auf Fall. Man war ja schließlich nicht mehr sechzehn! Solche Dinge hatte sie ein halbes Jahrhundert hinter sich gelassen. Anträge waren ihr immer wieder gemacht worden, schon in der Zeit, als sie noch nicht verwitwet war. Nie hatte sie erwogen, sich auf einen dieser verhinderten Freier einzulassen. Schon gar nicht vor dem Ableben ihres Mannes und auch nicht danach. Dafür arbeitete sie in der falschen Branche. Ein Bartresen schien ihr nicht der geeignete Ort, um sich auf tiefer gehende Männerbekanntschaften einzulassen, auch wenn er sich in einem Kulturzentrum befand, wo kein Alkohol über die Theke ging – zumindest nicht aus ihrer Richtung. Der wehte ihr höchstens von der anderen Seite als Atem entgegen, wenn ein hoffnungsvoller Anwärter schon in anderen Lokalitäten vorgelegt und da womöglich auch das Werbespiel schon mal vorab geübt hatte.

Ärger noch waren die Tröster; wehe, einer hatte Wind davon bekommen, dass sie ihren Mann verloren hatte! Die ihr ansehen konnten, wie schrecklich einsam sie sich jetzt doch fühlen musste! Die wussten, wie erlösend ein Gespräch unter Freunden in so einer Lage doch sein konnte und so weiter. Ja, sie kannte Menschen, mit denen sie reden mochte. Aber die boten es ihr nicht aus *anderen* Motiven an.

Was aber sah er nur in ihr, dieser Fremde? Oder: *wen* ...

Die zielführende Frage schien dem zu gelten, *wie* der andere sie angesehen hatte. Es war kein Blick der Begehrlichkeit, auch nicht unterschwellig. Es war auch nicht der Blick der Bewunderung – etwa ihrer Attraktivität; Florence hätte schon sehr naiv sein müssen, sich nicht für attraktiv zu halten. Es lag vielmehr *Ver*wunderung in diesen Augen, Verwunderung über …

Das Wiedererkennen eines Menschen, den man schon sehr, sehr lange liebt? Quatsch! Was man sich so alles einbilden kann!, verwarf Florence den Gedanken kopfschüttelnd und musste über ihre eigenen närrischen Ideen schmunzeln, konnte es sich aber nicht verkneifen, den Kopf ganz langsam auf die Seite zu legen, um noch einmal nach diesem Fremden zu blicken – und das diesmal willentlich und ganz bewusst.

Noch steht er da und merkt es nicht. Dann spürt er diesen Magnetismus, und die Augen folgen.

Erneut kommt es zu einer Kollision der Blicke.

Nur prallen sie diesmal nicht voneinander ab.

Sondern halten einander fest.

Tasten nach der Seele.

Forschen nach dem Wer-bin-ich? im Spiegel des Du.

Während der Fremde ihr Lächeln ganz unbeholfen erwidert, auf eine so gar nicht vorteilhafte Art, weil er sich vor lauter Schauen selbst nicht mehr sieht, spürt Florence, wie Tränen in ihr aufsteigen. Sie kämpft dagegen an, um nicht zum Wegsehen gezwungen zu sein. Der Vorhang aus Wasser trübt ihren Blick wie Nebel, und durch den hindurch sieht sie den freien Platz an Josefs Seite, wo jemand hingehört hätte. Sie spürt nach und fühlt den Schmerz eines Abschieds. Der lange nicht erinnert werden durfte. Bis jetzt –

Wie in Zeitlupe bewegt sich Florence' Faust an die Lippen, und sie beißt sich auf den Knöchel des Zeigefingers. Das Rollen der Tränen, die mittlerweile ihren Weg an die Oberfläche

gefunden haben, kann sie damit nicht aufhalten. Die eine Trä-
nenbahn führt von der Wange auf ihren Handrücken und den
Unterarm hinunter, um sich an der Spitze des Ellbogens in einem schwellenden Tropfen zu versammeln.

Das Gesicht des Fremden lächelt nun nicht mehr und ist
dem ihren ganz nah, als der fragt: »Warum weinen Sie denn?«

Nelly und Emily gaben Gas. Einander gegenüber tanzend, feu-
erten sich die beiden Mädchen zu immer heftigeren Eskapaden an. Durch die Leiber der anderen Tänzer waren sie allmählich ins Zentrum der Tanzfläche diffundiert und rissen
von da den Saal mit in eine Emphase, vor der auch die beiden
Musiker sich nicht zu retten vermochten. Weder dem Schlag-
zeuger noch dem Akkordeonspieler blieb die Zeit, sich den
Schweiß von der Stirn zu wischen. Ihre Musik zog durch wie
eine Westernlok unter Volldampf, und die beiden Musiker
waren auf den *cow catcher* vor dem aus allen Ventilen zischen-
den Kessel gefesselt, während die Passagiere nicht aufhörten,
Kohlen vom Tender in das Maul der Feuertür zu schaufeln.
Die Treiber waren selbst zu Getriebenen geworden, waren
Sklaven ihres eigenen Rhythmus'. Mit offenem Mund – ob das
dem Ringen nach Atemluft oder einem bodenlosen Staunen
geschuldet war, ließ sich kaum enträtseln – pumpte der Akkordeonspieler die Töne aus dem Balg, während seine Fingerkuppen über die Klaviatur wieselten und auf die Bassregister
einhämmerten. Mit geweiteten Augen und Nicken des Kopfes signalisierten die beiden Musiker einander den fliegenden
Wechsel zum nächsten Lied, denn an eine Unterbrechung inmitten der Ekstase war nicht zu denken. Die Drumsticks, die
zwischen Snare, Hi-Hat und Tomtom hin und her peitschten,

rissen die Arme des Schlagzeugers einfach hinter sich her, als wollten sie die aus den Schultern kugeln, und mit auf und ab schwingendem Knie malträtierte er die Fußmaschine der großen Trommel in einer Hingabe, unter der die Beckenhalter ins Wanken gerieten.

Die Beinausschnitte der Slips tanzender Mädchen und Frauen blitzten unter fliegenden Röcken hervor, Kleider klebten an Körpern, Blusen wurden durchsichtig im rinnenden Schweiß, helle zumal, dass man die durchsichtigen BHs darunter sah und dadurch wieder viel Haut.

Lucille führte die Polonaise an. Josef spürte, wie eine Hand seinen Oberarm ergriff und ihn daran vom Tresen wegriss, bevor er von Florence eine Antwort auf seine Frage erhalten hätte, sodann teilte die Hand eines großen Dunkelhäutigen die Menschenschlange und schob Josef an den ihm zugedachten Platz. Verzweifelt suchte Josef Halt im Blick von Florence, doch die war längst mit der gesamten Bar untergegangen im Karussell vorbeifliegender Gesichter.

»Isa – Isa? Wach auf, Liebes! *Isa!*«, weckte Eowin seine Frau auf dem Beifahrersitz, dessen Rückenlehne zum Liegen nach hinten gekippt war. Mit einem leisen Surren brachte ein ausgeklügeltes System von Servomotoren Isabells Oberkörper in die Senkrechte.

»Wir sind in Toulouse, Isa«, informierte Eowin seine Frau. »In der Avenue de Carcassonne. Den GPS-Koordinaten nach, die ich ins Navi eingegeben habe, müsste es gleich kommen …«

»Da!«, rief Isabell lauter, als es nötig war. »Der Wagen und der Traktor!«

Da kein Parkplatz frei war, steuerte Eowin seinen SUV quer über das Trottoir vor den Eingang mit der Nummer 313.

»Und jetzt?«, fragten beide zeitgleich.

Die Autoreise von sechzehn Stunden non-stop – jedenfalls fast – vom Gestüt derer von Lüdershagen nach Toulouse hatte Isabell genug Zeit gegeben, sich mit dem unsäglichen Umstand anzufreunden, dass Eowin nicht nur Josefs gesamte Fahrt anhand eines Ortungschips in dessen Handy verfolgt, sondern dies auch noch vor ihr geheim gehalten hatte; davon ausgehend, dass alte Leute gerne Dinge verlegten, hatte Eowin in seiner Weitsicht – man hätte es auch Misstrauen nennen können – Josefs Handy mit einer elektronischen Raffinesse versehen lassen, die es möglich gemacht hatte, seinen Kurs vom Laptop aus metergenau zu verfolgen. Solange Josef in Bewegung war, erkannte Eowin keinen Anlass zur Besorgnis. Im Gegenteil: Es hatte ihm eine heimliche Genugtuung verschafft, einerseits den alten Josef ausgetrickst zu haben, wenn der gemeint haben sollte, sich unauffindbar machen zu können, und andererseits in Gedanken auf der Landkarte mitzureisen, um wenigstens in seiner Fantasie dem Einflusskreis seines Vaters Gero von Lüdershagen zu entrinnen. Obwohl ihm der Schwiegervater absolut nicht grün war, drückte Eowin ihm heimlich die Daumen, dass seine Flucht erfolgreich verlaufen möge, um stellvertretend für ihn eine Freiheit zu genießen, die er, Eowin, sich herauszunehmen nicht imstande war. Als der Cursor auf der Landkarte aber irgendwo mitten in Toulouse festhing und Josef sich auch nicht mehr per SMS bei seiner Tochter meldete, sah Eowin den Zeitpunkt gekommen, sein Geheimnis mit Isabell zu teilen und nach dem Rechten zu sehen. Dass Eowin nicht gezögert hatte, sich nach Toulouse in Bewegung zu setzen, war ein erheblicher Beitrag zur Besänftigung der aufgebrachten Isabell. Wenigstens war sie mit ihm ins selbe Auto eingestiegen und hatte ihn seit mehreren Stunden kein einziges Mal mehr angeschrien.

Isabell und Eowin sahen Licht im Obergeschoss des Hauses mit der Nummer 313. Eowin drückte den Klingelknopf.

Jean-Claude ließ sich nur ungern unterbrechen. Er formulierte noch einen Satz zu Ende, um sich nach dem zweiten Klingeln der Türglocke von seinem Stehpult und dem Text zu lösen, den er mit *Anleitung zur Anarchie* überschrieben hatte.

Haben die etwa den Hausschlüssel vergessen?, dachte er, während unten der Türöffner summte. Und überhaupt: so früh schon zurück?

Die Polonaise löste sich auf in hüpfend umeinanderkreisenden Paaren. Eine kugelrunde Schwarze in weißem Minikleid bleckte Josef herausfordernd mit strahlend weißen Zähnen an, um ihren Arm bei ihm einzuhängen und sich schwungvoll aus der Kurve zu lehnen, wobei ihr Hüftspeck noch beeindruckender wogte als ihre üppigen Brüste. Eine kleine Schwarzhaarige übernahm in fliegendem Wechsel Josefs anderen Arm und wirbelte mit dem Körpergefühl einer Akrobatin um den gemeinsamen Schwerpunkt. Was ihr an Körpermasse fehlte, machte die wespentaillierte Ballerina mit Tempo wett, um den Effet des Paares auf Hochtouren zu schrauben. Natürlich war der Platz in der Menge viel zu klein, und schrilles Aufkreischen unterlegte die Ausweichmanöver, wenn zwei Wirbelnde aufeinander zurasten.

Als die schwarzhaarige Ballerina aus Josefs Arm glitt, wurde sie von einem jungen Hünen an den Hüften gepackt und in die Luft geworfen; der hatte zuvor die Raumhöhe abgeschätzt und seine Wurfkraft so dosiert, dass der obere Scheitelpunkt der Fluglinie unterhalb der Decke lag. Am Ende des Fluges fing der Mann die vor Vergnügen Jauchzende mit beiden Armen sanft auf und stellte sie auf den Boden zurück, wie es sich gehörte.

Josef indessen fühlte sich weitergereicht wie ein Staffelholz, von einer Tänzerin zur nächsten – von Jung zu Alt, von Grau zu Braun, von Groß zu Klein, von Dick zu Dünn. Über jeden Unterschied hinweg hatten die Damen und Mädchen eines gemeinsam: sie waren allesamt schön, erstrahlten von innen heraus, erhellten die Nacht von Toulouse mit ihrem Erblühen. Angepeitscht von der Musik kreiselte der ganze Saal, fiel in eine zeitlose, kollektive Ekstase, Gesichter flogen vor Josefs Augen vorbei.

Einen Augenblick lang fragte sich Jean-Claude, ob er Josef nicht vor diesen seltsamen Deutschen, die da mitten in der Nacht in seinem Domizil aufgelaufen waren, in Schutz nehmen musste, anstatt sie zu ihm zu führen. Noch dazu waren das augenscheinlich Geldleute von genau der Sorte, die er am wenigsten leiden mochte. Das galt zumindest hinsichtlich Eowins, während Jean-Claude an Isabell vorderhand nichts fand, was sie ihm auf Anhieb hätte unsympathisch machen können. Er beschloss, sich für die Sache noch ein wenig Zeit zu geben.

»Josef, Josef …«, ließ er sich nachdenklich über die Zunge gehen, als müsste er in die entlegensten Winkel seines Hirns verreisen, um einer Person dieses Namens erinnerlich zu werden. »Tja, wo kann der sein? Das ist eine gute Frage, aber gar nicht mal so leicht zu beantworten – Sie möchten doch sicher erst mal einen Kaffee nach dieser langen Autofahrt! Ich mache nämlich einen sehr guten Kaffee …«

Dann kreiselte er nicht mehr, der Saal des *Poetry-Punch-Club*. Die Musik hatte abrupt aufgehört zu spielen, und alle standen wie angewurzelt.

Nur Josef kreiselte weiter. Er hörte nicht die Stille, als die Bilder weiter vor seinen Augen tanzten. Er spürte nicht, wie ein kleines Mädchen von zwölf Jahren, das es sich zur Gewohnheit gemacht zu haben schien, ihn zu schlagen, seine Oberarme mit den Fäusten bearbeitete. Er sah sich nicht am Boden liegen, auf dem Rücken wie ein hilfloser Käfer, und nicht Nellys rote Locken tanzen, als die versuchte, Emily daran zu hindern, Josef weiter zu traktieren, nicht Lucilles schreckgeweitete Augen, die das alles fassungslos zu erfassen versuchten. Er sah auch nicht Jean-Claude forschenden Blickes durch den Eingang treten, mit zwei Deutschen im Schlepptau, die nach einer Schrecksekunde Josef zustrebten.

Josef spürte nur so viel: Seine Reise war in genau diesem Moment tatsächlich zu Ende. Das ultimative Ziel war erreicht.

Florence eilte hinter ihrem Tresen hervor, um sich einen Weg zum Epizentrum der Schockstarre zu bahnen. Eben noch hatte sie den Fremden – schnaufend zwar, doch bester Laune – vor dem Tresen vorbeitanzen sehen. Mit dem Aussetzen der Musik wusste sie auf der Stelle, dass er es war, der den Anlass dafür geboten hatte.

Sie beugte sich über den Liegenden, um in seinen Augen wiederzufinden, das als Liebe sie erkannt zu haben glaubte. Doch der Blick des Fremden blieb leer, die geweiteten Pupillen folgten nicht den Bewegungen Florence'.

Sollte ihr eine Entdeckung, gerade eben errungen, im nächsten Moment schon wieder entrissen sein? Wenn Liebe das war, was sie im Blick des Fremden gefunden hatte, dann würde sie ihn genau damit versuchen, im Leben zu halten – ein Trick, der – wenn sie ehrlich war – schon einmal nicht funktioniert hat. Aber sie wusste keinen anderen.

»Geh nicht!«, hauchte ihre Stimme durch das den Raum erfüllende Vibrieren der Hysterie hindurch. Sie gab nicht auf, dabei den Blick des alten Mannes zu suchen.

»Geh nicht fort!«

Es war genauso, wie sie immer gesagt haben: Wenn die Lebensgeister schwanden, spulte das Leben in seiner Gänze noch einmal in Sekundenbruchteilen seinen Film ab.

Vor seinem inneren Auge erschien Nellys bewegtes Gesicht mit der roten, jetzt lichtdurchfluteten Mähne, die es mit ihrer Aura umschwebte.

Daneben die weinende Emily, ganz aufgelöst. Irgendetwas hätte er ihr sagen wollen, sie trösten. Doch das ging jetzt nicht mehr.

Da war auch Lucille, die eben noch ihr Temperament wiederentdeckt zu haben schien; jetzt grub die Sorge tiefe Falten in ihre Stirn.

Und da – *sein Mädchen!* Er hätte weinen mögen bei ihrem Anblick. Auch dies war nicht mehr möglich. Es wäre auch kein Weinen vor Schmerz gewesen, sondern vor Rührung. Dass alles gut war, hätte er ihr gerne mitgegeben. Sie würde es selbst herausfinden – zu gegebener Zeit.

Selbst Eowins pausbäckiges Gesicht blieb ihm nicht erspart. Doch Josef empfand keinen Groll. Der Schwiegersohn gehörte zu seinem Leben wie ›sein Mädchen‹ auch; ohne ihn hätte Josef den Weg in die Freiheit womöglich nicht gefunden.

Dann hatte der Film des Lebens die Phase mit Loretta erreicht. In seinen Fieberträumen vor drei Tagen war sie schon einmal bei ihm gewesen. In Gestalt eines Engels. Und hat Gericht gesessen über ihn. Dass er schuldig war, lautete ihr Urteilsspruch. Ja, er trug Schuld an ihrem Absturz. Seltsamerweise hatte selbst das eine erlösende Wirkung: endlich von außen die Bestätigung dessen zu erfahren, was man sich die ganze Zeit über selbst einredete. Es schnitt einem die Ausweichmanöver ab, setzte Klartext da ein, wo viele Fragezeichen standen.

Loretta der Engel hat noch mehr gesagt: dass darin seine Schuld sich längst nicht erschöpfte. Dass er schuld war gleichwohl an all den Glücksmomenten ihres Lebens, ja, an ihrem Leben insgesamt. Weiterhin war kein anderer es gewesen als Josef, der sie, Loretta, zur Vogelfreien gemacht, sie herabgedrückt hat auf die Stufe des fahrenden Volkes. Und zugleich hat Josef sie erhöht: Per Heirat war sie Zirkusdirektorin geworden, eine Art Clanchefin, Oberhaupt und Seele einer Sippe. Auch trug er schuld an Isabell, die es ohne ihn nicht geben würde.

›Heut ist der Tag, da ich meinen Teil an deiner Schuld zurückverlange‹, sagte Loretta sanft und streng zugleich. ›Es ist *mein* Leben, ist *mein* Tod, die du dir in Selbstvorwürfen angeeignet hast. Was du als deine Schuld vereinnahmt hast, ist gleichwohl *meine* Bestimmung, der ich gefolgt bin, noch in den Fall vom Seil hinein. Nie hat es ‚Falsch‘, nie ‚Richtig‘ gegeben. Es sind nur Namen, die das Unfassbare entzweien, die trennen, was zusammengehört, auf dass begreifbar werde, was nicht zu greifen ist, auf dass uns nicht entgleite, was wir nicht halten können. Lass los, Josef, lass los, wie ich es tat. Es gibt nur diese eine letzte Wahrheit: Alles Leben kommt und zieht vorüber. Die Liebe bleibt.‹

Dann sah er sie auf den Tönen seiner Melodie ein letztes Mal über den Regenbogen schreiten, hörte das zarte Tönen, den Gesang der Säge. Und diesmal klang sie fort, die Melodie, und Loretta schwebte weiter und weiter, winkte ihm zu von ganz weit oben und entschwand auf Engelsflügeln seinem Blick. Josef schloss die Augen.

Und auch dies war so, wie sie immer gesagt haben: Am Ende des Tunnels kommt das Licht.

Und das erschien Josef im gebündelten Strahl einer Stablampe, während ihm erst der linke, dann der rechte Augendeckel hochgezogen wurde.

»Die Reflexe sind da«, sagte eine Stimme, die keinen Platz in den Szenarien von Josefs Vergangenheit innehatte.

Es war zudem eine Stimme, die jung, frisch, unverbraucht und zuversichtlich klang. Es war die Stimme der Gegenwart.

»Zu wenig getrunken, wahrscheinlich auch lange nichts gegessen, die Hitze, die Aufregung, alle Mineralien herausgeschwitzt, womöglich noch schlecht geschlafen und völlig übernächtigt, dann das Alter«, fuhr die Zuversicht stiftende Stimme leichthin fort, »da kommt schon einiges zusammen, dass einem mal der Kreislauf wegsackt. Insgsamt nichts Gravierendes jedenfalls. Können Sie mich hören? Können Sie mir Ihren Namen sagen?«

Ein Rettungssanitäter war unter den Feiernden gewesen und hatte sich des Falles angenommen.

»Ein paar Infusionen, dann wird das schon.«

»Ihr spinnt wohl!«, meldete sich Josefs Stimme aus dem Off zurück und übersprang dabei die Frage nach dem Namen. »Ich geh in kein Krankenhaus! Was guckt ihr denn alle so?«

Der Schock stand den Umstehenden noch in die Gesichter geschrieben – allen, bis auf Florence. Die nämlich lächelte. Ihr Trick hat geklappt. Zum allerersten Mal …

Schon waren Isabell und Eowin dabei, Josef beim Aufrichten zu helfen und ließen ihn in kleinen Schlucken ein isotonisches Getränk aus einem Glas kosten, das Florence ihnen gereicht hatte.

»*Du* hier?«, galt Josefs erste Reaktion auf eine konkrete Person dem Schwiegersohn; im Wiedergewinn der Lebenskräfte war Aggression stets eine hilfreiche Komponente.

Jean-Claude hatte die gemeinsame Zeit nach dem Auftauchen des Ehepaares aus Deutschland in der Avenue de Carcassonne, Hausnummer 313 genutzt, auf seine Art Bekanntschaft mit den Herrschaften zu machen. Dafür hatte er mit Emilys und Josefs Geschichte ausgepackt, soweit ihm die bekannt war. Um zu einer Einschätzung der Vertrauenswürdigkeit seiner Überraschungsgäste gelangen zu können, hatte er selbst einen Vertrauensvorschuss investiert. Im Verlauf des Gesprächs waren Vorbehalte beider Seiten dahingeschmolzen, wie – nun, eben Butter in diesem Sommer von Toulouse, selbst wenn es Nacht war. Und so hatte Jean-Claude sich sehr bald dazu entschlossen, das Ehepaar aus Deutschland zum zutreffend vermuteten Aufenthalt seines abhanden gekommenen Familienmitglieds zu führen.

»Kann mir mal einer erklären, was hier eigentlich los ist?«, wollte Josef wissen.

In derselben Sekunde hätte jeder im Raum diese Frage stellen können. Denn es war ziemlich viel, was sich dann gleichzeitig ereignete:

Scheinwerfer flammten auf und tauchten den Raum in gleißendes Licht. Ein Sondereinsatzkommando stürmte mit mehreren Soldaten in Vollausrüstung einschließlich schusssicherer Westen den Saal, die Maschinenpistolen im Anschlag. Eine Megaphonstimme zerschnitt die Luft mit den Ansagen, dass keiner den Raum zu verlassen habe, es sich um eine Personenkontrolle handele und es begrüßt würde, wenn jeder sich kooperativ verhalte. Dass die Aktion der Sicherheit der Anwesenden diene, vermochte kein Vertrauen zu stiften, da die einzige Bedrohung weit und breit ganz offensichtlich von dem Einsatzkommando selbst ausging. Mehrere Herren in Schwarz traten an den Soldaten vorbei in die Menge und nahmen Personalien auf.

Ein Herr in zivil steuerte auf die Gruppe zu, die um Josef versammelt war, der gerade in den Armen seiner weinenden Tochter lag, und deren japsend hervorgestoßenes ›Paps, Paps!‹ mit einem beruhigenden ›Mein Mädchen!‹ beantwortete. Nelly ging nur ein empörtes, aus purem Reflex geschrienes ›*Merde*, die Bullen!« über die Lippen, während Jean-Claude und Lucille vergeblich Emily aufzuhalten versuchten, die durch die Menge davonstürzte, geradewegs in die Arme eines weiteren Herrn, der sie packte und festhielt.

»Na, da hätten wir ja die kleine Ausreißerin!«, triumphierte der Herr in gestochenem Deutsch. »Hat dein Papa dir das gesagt, dass du ganz schnell weglaufen sollst, wenn die Polizei kommt?«

»Seid ihr komplett verrückt geworden oder was? Wir haben hier einen *Notfall!*«, warf der Sanitäter sein Wort in das allgemeine Chaos, worauf er von einem der schwarzen Herren in den Komm-mit-Griff genommen wurde.

»Ich habe keinen Papa!«, kreischte Emily verzweifelt auf, was Josef schier vom Stuhl riss, auf den man ihn für den Rückstart in das satte Leben gesetzt hatte.

Isabell handelte an ihres Vaters statt, indem sie selbstbewusst auf den deutschsprachigen Zivilermittler zutrat, um die in dessen Klammergriff zappelnde Emily von hinten mit den Armen bergend zu umschließen. Das brachte Isabell dem Polizisten gefährlich nah, was ihr gerade recht kam, um ihm in möglichst unaristokratischem Ton nahezulegen, seine Pfoten von dem Mädchen zu nehmen, worauf der neugierig war zu erfahren, ob Isabell in einer näheren Beziehung zu dem Mädchen stünde, was diese wiederum verneinte.

»Gestatten: von Lüdershagen«, übertönte Eowins Stimme den Disput und ließ keinen Zweifel bestehen, wer ab sofort die Fäden des Gesprächs in der Hand halten würde. »Darf ich fragen, mit wem meine Frau die Ehre hat?«

»Wendelin Zeiger, Sonderermittler im Auftrag des BKA«, zückte der seinen Dienstausweis. »In welcher Beziehung stehen Sie ...«

»Bundespolizei?«, schnitt Eowin dem Ermittler zu dessen großer Verblüffung das Wort ab. Und setzte nach: »Meinen Sie nicht auch, dass Sie hier etwas zu viel des Guten tun, um eine Ausreißerin einzufangen?«

»Das überlassen Sie mal der Beurteilung durch die Behörden. Was das Mädchen anbelangt: Das kommt in jedem Fall mit auf die Wache. Genauso der ältere Herr, der sie begleitet hat.«

»Bedaure, Herr Zeiger«, richtete sich Eowin zu voller Größe und vor allem Breite auf und bedauerte es aufrichtig, nicht noch jene paar Kilogramm in die Waagschale werfen zu können, die er sich in den vergangenen Wochen qualvoll abgehungert hatte; was war schon der vernachlässigbar geringe Zugewinn an Attraktivität gegen den Verlust an physischer Mächtigkeit –, »doch leider sehe ich mich in Ermangelung einer hinreichenden Erklärung von Ihrer Seite außerstande, Ihnen diesen Weg freizugeben.«

»Wer glauben Sie, der Sie sind, um sich hier dermaßen aufzublasen?«, holte Sonderermittler Wendelin Zeiger zum verbalen Gegenschlag aus.

»Habe ich das versäumt, eingangs unserer Plauderei zu erwähnen? Lüdershagen. *Von* Lüdershagen, *Herr* Bundespolizist Zeiger.«

Die Überbetonung des Adelstitels war überflüssig und dramaturgisch schlecht gesetzt, wie Eowin sich selbst eingestehen musste, als er seinen Worten nachlauschte. Doch vom Effekt her lief alles nach Plan – auch wenn Eowin offen gestanden gar keinen hatte in der Kürze der Zeit. Wenigstens hatte der deutsche Ermittler das Mädchen im Zuge seines verbalen Armdrückens mit Eowin inzwischen losgelassen.

Am ganzen Körper vibrierend, schmiegte sich Emily an Isabell und brachte angstvoll hervor: »Ich will nicht zurück! Ich will auch nicht zur Polizei.«

»Hab keine Angst. Sie können dich nicht einfach mitnehmen«, versuchte Isabell, das Mädchen mit Worten zu beruhigen, an deren Wahrheitsgehalt sie selbst zweifelte. Aber sie konnte nicht anders. Der flehende Blick des Mädchens berührte sie auf eine Weise, die ihr bis ins Herz drang und schmerzlich bewusst werden ließ, dass Emily dem Alter nach ihre und Eowins Tochter hätte sein können – wenn es denn geklappt hätte mit dem Kinderkriegen.

Eowin bewegte seine Körpermasse keinen Millimeter zur Seite, während er auf seinem Smartphone herumwischte.

Einer der Herren in Schwarz führte eine Frau zu der Gruppe – wahrscheinlich eine Zivilbeamtin, die sich für Emily zuständig erklärte. Isabell deutete mit einer Bewegung der Hand in Richtung ihres Mannes und Herrn Zeigers an, dass wohl erst noch etwas zu klären sei zwischen den beiden Herren.

Unterdessen trat ein Offizier hinzu, um dem deutschen Sonderermittler das Ergebnis der Personenkontrolle zu verkünden: »Zielperson 2 nicht unter den Anwesenden!«

Die Mitteilung hatte zur Folge, dass Herrn Zeigers Schultern unmerklich nach unten sackten. Es blieb der Interpretation überlassen, ob dies der Erleichterung oder einer Enttäuschung geschuldet war.

»Lassen Sie abrücken; mit möglichst wenig Aufhebens«, gab Herr Zeiger Weisung. »Das Mädchen kommt trotzdem mit«, ließ er Eowin wissen. »Sie entschuldigen …«

»Bin gespannt, was Ihr Dienstvorgesetzter zu dieser lächerlichen Nummer zu sagen hat, die Sie hier vorgelegt haben«, murmelte Eowin ganz unaufgeregt und hielt dem Beamten sein Smartphone unter die Nase.

Hinter dem Eintrag ›Beppo‹ stand eine Mobilnummer.

»Möchten Sie selber oder soll ich …?«, stellte Eowin dem Beamten zur Auswahl.

Nur Insider wussten, dass der Innenminister Benjamin Schillhorn den Rufnamen Beppo trug. Eowin hoffte inständig, Herr Zeiger möge viel mit seinem höchsten Dienstvorgesetzten zu tun haben, nachdem der für seinen mitunter – nun, nennen wir es einmal – höchst emotionsbetonten Stil im Umgang mit subalternen Kräften bekannt war.

»Das ist keine Dienstnummer«, setzte Eowin nach und versprach: »Sie erreichen ihn in jedem Fall – auch an einem Wochenende und um diese Uhrzeit. Entweder Sie erklären *ihm* den Hintergrund dieser Farce von einem Einsatz oder Sie möchten mit mir vorliebnehmen – wenigstens vorerst.« Eowin wollte das Damoklesschwert eines nächtens von einer Hiobsbotschaft heimgesuchten disparaten Ministers auch weiterhin über dem deutschen Ermittler schweben wissen.

Eowin fuhr fort: »Nachdem der ältere Herr, dem neben dem Mädchen ihr Interesse gilt, mein Schwiegervater ist, darf ich doch wohl mit Recht erwarten, dass Sie mich diesbezüglich aufklären werden.«

»Also schön. Nachdem ich davon ausgehen kann, dass diese Information unter uns bleibt –. Aber nicht hier in der Öffentlichkeit«, schien die Handynummer des Innenministers auf Eowins Smartphonedisplay ein Einlenken des Ermittlers gefördert zu haben.

Doch das war wohl nur die halbe Miete; die andere Hälfte besorgte die autoritäre Art des von Lüdershagen junior. Der hatte großspuriges Auftreten, das nach mehr als nur Show aussah, eingehend an seinem alten Herrn studieren können. Der formgetreue Adlige verstand sich gut auf das Erwecken des Eindrucks, der Innenminister sei letztlich auch nur einer von denen, die in seinem Auftrag unterwegs seien.

Florence konnte Herrn Zeiger entgegenkommen, indem sie die kleine Spülküche hinter der Bar als nichtöffentlichen Raum für eine Unterredung der beiden Herren anbot.

»Ihnen ist schon klar, dass das, was Sie hier veranstalten, eine Art von Terror ist, oder?«, eröffnete Eowin das Gespräch. »Allein das ganze Brimborium mit Militär … Halten Sie diese Art von Säbelrasseln vor Zivilisten für zielführend?«

»Ich persönlich hätte einen verdeckten Zugriff vorgezogen, das dürfen Sie mir gerne glauben«, bestätigte Herr Zeiger. »Aber Frankreich befindet sich fortgesetzt im Ausnahmezustand. Die Einsatzleitung hat auf der Hinzuziehung des Militärs bei der Aktion bestanden. Wenn Sie mehr gehört haben, werden Sie das vielleicht auch nicht mehr ganz so abwegig finden. Denn mit dem Stichwort ›Terror‹ sind sie schon verdammt nah dran, worum es hier eigentlich geht. Das Mädchen da draußen stammt nämlich aus der Verbindung einer gewissen Frau Kunik mit einem Terrorverdächtigen; der ist Zielperson 2. Es handelt sich um einen Mann afrikanischer Herkunft, einen gewaltbereiten Islamisten. Er war auf die Überwachungsliste gekommen, nachdem er durch Versuche aufgefallen war, Jugendliche zu radikalisieren. Vor einem Jahr schlüpfte er aus dem Fadenkreuz der Fahnder, bis er vor sechs Wochen im Raum Frankfurt gesehen wurde. Ermittlungen haben ergeben, dass er versucht hat, ›Gotteskrieger‹ zu rekrutieren – möglicherweise für einen bevorstehenden Anschlag. Kurz darauf ist er durch die Maschen des Fahndungsnetzes geschlüpft und untergetaucht – zur selben Zeit, als Emily Kunik als vermisst gemeldet wurde. Man musste davon ausgehen, dass der Verdächtige seine Tochter entführt hat, um sie zu verschleppen und zur Terroristin ausbilden zu lassen.«

»*Musste* man das?«, meldete Eowin Zweifel an. »Fest steht nur, dass Sie das Mädchen als Lockvogel einsetzen – eine moralisch höchst fragwürdige Praxis, wenn Sie mich fragen. Gab es überhaupt Hinweise auf einen Kontakt zwischen Vater und Tochter?«

»Das nicht«, räumte der Sonderermittler ein, »aber nachdem wir dieses Verdachtsmoment in einem vergleichbaren Fall vernachlässigt haben, wurden wir durch den Gang der Dinge eines Besseren belehrt. Auch damals war es ein Mädchen, das sich nach Syrien hat rekrutieren lassen und als mittlerweile junge Erwachsene im bewaffneten Kampf eingesetzt wird; auch damals hatten sie und der Vater getrennte Wege durch Europa genommen.

Diesmal hatten wir Zielperson 1 – das Mädchen also – bis Straßburg lückenlos auf dem Schirm, wussten da aber schon, dass sie in Begleitung eines exzentrischen alten Herrn namens Josef Kopernikus auf einem grünen Kleintraktor mit Planwagen unterwegs war. Nun, Sie können durchaus beruhigt sein; nach einer Überprüfung der Personaldaten gingen die Ermittlungsbehörden davon aus, dass er keine Ahnung von seiner Rolle als potenzieller Überbringer haben konnte und als völlig harmlos einzustufen ist.«

Eowin war durchaus nicht beruhigt bei dem Gedanken, dass die Erkundigungen der Ermittlungsbehörden sich nicht auf Josef allein beschränkt haben könnten, vermied es jedoch, das anzusprechen, um sich nicht selbst zum Thema zu machen.

Der Ermittler fuhr fort: »Jedenfalls verfolgten wir beider Fahrt durch Frankreich. Wir haben die Familienverhältnisse des Mädchens eruiert und herausgefunden, dass ihre Mutter sich als nicht gemeldete Prostituierte mehr schlecht als recht über Wasser hält und zudem Alkoholikerin ist. Weitere Verwandte waren im Umfeld nicht auszumachen. Unter solchen Umständen kann man davon ausgehen, dass das Kind leicht zu manipulieren sein könnte, wenn man ihm zum Beispiel ein Fortkommen von der Mutter in Aussicht stellte. Wir wollten die Chance nicht leichtfertig verspielen, dass uns das Mädchen direkt zu einem hochgradigen Gefährder führt. Zugleich gewährleistete die permanente Observation die Sicherheit des Mädchens. Vielleicht versöhnt die Einsicht, welches Schicksal wir dem Mädchen erspart haben könnten, ihr kritisches Bewusstsein mit unserem Vorgehen.«

»Ich sehe vor allem, dass Sie das Mädchen bewusst einer Gefahr ausgesetzt haben, indem Sie sie als Köder verwendeten. Und nebenbei erscheint mir ihre Theorie von der Terroristentochter und dem ahnungslosen Überbringer nach wie vor reichlich hergeholt«, blieb Eowin der Rolle des Skeptikers treu. »Wie etwa hätte mein Schwiegervater bitteschön das Mädchen bei dessen Vater abliefern sollen, ohne zu wissen, worum es ging und wohin es gehen sollte?«

»Ich bitte Sie, Herr von Lüdershagen«, verschaffte die Nachfrage dem Sonderermittler Oberwasser, »nichts leichter als das: ›In XY wohnt eine Tante von mir, da könnten wir doch gerade mal ...‹, und welche der Gewinnungsstrategien eines kleinen Mädchens mehr sein könnten, um einen alten Mann zu einer leichten Modifikation der Reiseroute zu bewegen. Außerdem hätte sie jederzeit wieder abhauen und mit ihrem Fahrrad auch allein weiterkommen können. Wie es zur Begegnung des Mädchens mit ihrem Schwiegervater gekommen ist, wissen wir nicht, gehen aber von Zufall aus.«

»Ihr Vorgesetzter heißt aber nicht zufällig ›Kommissar Zufall‹?«, konnte sich Eowin den Seitenhieb nicht verkneifen, wobei er sich amüsiert Isabells Verfahren erinnerte, den Aufenthaltsort ihres Vaters auf der Landkarte zu ermitteln.

»Durchaus nicht«, gab der Beamte zurück. »Denn alles andere als Zufall schien uns zu sein, dass sich Toulouse als Reiseziel abzeichnete. Hinsichtlich der Explosion vor sechzehn Jahren in einer Düngemittelfabrik – der größten Chemiekatastrophe in der Geschichte Frankreichs, nebenbei bemerkt – konnte bis heute nicht mit abschließender Sicherheit geklärt werden, ob es sich um einen Unfall oder einen Anschlag handelte. Zielperson 2 hatte damals Kontakt zu einem gewissen Hassan Jandoubi, der bei dem Chemieunfall ums Leben gekommen ist und unter Beobachtung stand, da er mit islamistischen Terroristen sympathisierte. Doch die Ermittlungsbehörden hatten geschlafen, und als erst drei Wochen nach der Explosion die Ermittlungen gegen Jandoubi aufgenommen wurden, hatte dessen Freundin bereits jegliches

Beweismaterial einschließlich Fotos und Kleidungsstücken vernichtet. Zugleich war Zielperson 2 mit einem Mal wie vom Boden verschluckt. Es ist also möglich, dass wir mit Emilys Vater dem Drahtzieher der Chemiekatastrophe von Toulouse auf den Fersen sind – beziehungsweise *waren*. Ich habe die Überzeugung meiner französischen Kollegen geteilt, dass wir rasch handeln mussten, um das Mädchen nicht zu gefährden. An keinem Ort und zu keiner Zeit wäre es leichter gewesen unterzutauchen, als im Zentrum einer die sommerliche Nacht feiernden Stadt. Wir sahen den Zeitpunkt für einen Zugriff gekommen. Aber leider ...«, ließ der Beamte den Schluss offen, den ja jeder miterlebt hatte.

»›*Leider*‹?«, wiederholte Eowin in geradezu vorwurfsvollem Ton.

»Es wäre geradezu sträflich gewesen, den Zugriff noch länger hinauszuschieben, zumal der letzte Kontakt zwischen Jandoubi und Zielperson 2 am selben Ort stattgefunden hat, wo wir uns derzeit befinden«, setzte sich Sonderermittler Zeiger kurzerhand über Eowins ›leider‹ hinweg. »Auch wenn das hier damals noch ein Billard-Café war, sind die Parallelen geradezu frappierend.«

»Mich frappiert eher die Art und Weise, in der Sie Zusammenhänge herholen, um nicht zu sagen: konstruieren«, widersprach Eowin der Logik des Ermittlers. »Ebenso gut hätten Sie zum Astrologen gehen können, um sich weissagen zu lassen, dass der Neumond auf eine hohe Wahrscheinlichkeit von Verdunkelung hinweist.«

»Auch wenn das nicht in ihr Weltbild passen sollte, Herr von Lüdershagen, bleibt es doch dabei, dass wir es im vorliegenden Fall mit einer Verdichtung von Indizien zu tun haben, welche die Vermutung nahelegt, dass die Bedrohung noch nicht ausgeräumt ist«, blieb der Beamte hartnäckig. »Mir ist lediglich daran gelegen, Ihnen einen Einblick in die Gefahrenlage zu geben. Wenn wir nicht auf ihn haben zugreifen können, schließt das nicht aus, dass der Verdächtige noch immer auf eine Gelegenheit lauert, des Kindes habhaft zu werden. Selbst wenn dem nicht so wäre, ist es immer noch Aufgabe der Behörden, das Mädchen in seine Heimat zu überführen und deren Unterbringung in einem Heim oder einer Pflegefamilie zu veranlassen – so verlangt es die staatliche Fürsorgepflicht.«

Mit diesem Stand der Dinge kamen die beiden Männer aus der Spülküche.

»Sie sehen ja selbst, was für eine fröhliche, ausgelassene Stimmung herrscht in der Stadt«, erklärte der Sonderermittler Eowin, als beide um den Tresen in den Saal bogen. »Wir sind dazu da, zu verhindern, dass sich so etwas wie vor sechzehn Jahren wiederholt und noch einmal Hunderttausende von Menschen traumatisiert werden.«

Eowin hörte nur mit halbem Ohr hin, fing stattdessen den fragenden Blick seiner Frau auf, den er mit einem wenig zuversichtlichen Achselzucken beantwortete. Den großen Augen Isabells und deren unmerklichem Kopfnicken glaubte Eowin entnehmen zu können, dass sein Mandat zur Verteidigung der jungen Ausreißerin noch nicht beendet war.

»Das Mädchen kommt mit uns. Basta«, ließ Eowin den Sonderermittler in aller Entschiedenheit wissen. »Übermorgen verlassen wir die Stadt, bis dahin wird kein Gefährder oder mutmaßlicher Attentäter des Mädchens ›habhaft‹ werden. Wir werden – wie heißt sie noch mal …?«

»Emily!«, erinnerte Isabell hilfreich.

»… Emily in Pflege nehmen«, vollendete Eowin den angefangenen Satz.

»So einfach geht das nun wirklich nicht!«, war Sonderermittler Zeiger nun sichtlich genervt. »Erst mal brauche ich das

Mädchen für eine Befragung, dann – Was ist denn?«, wurde der Beamte von der für Emily zuständigen Dame in seiner Argumentation unterbrochen.

»Ich habe das Mädchen zu der Angelegenheit gehört«, erklärte die Dame. »Sie scheint ihren Vater nie kennengelernt zu haben.«

»Halten Sie ihre Stellungnahmen für glaubwürdig?«

»Soweit man das beurteilen kann: Ja.«

»Haben Sie ihr die Fotos gezeigt?«, war für Herrn Zeiger wichtig.

Die Beamtin nickte: »Auf keinem konnte sie ihren Vater identifizieren.«

»Vielleicht ließe sich das Verfahren ja beschleunigen, indem wir ...«, setzte Herr Zeiger an, kam aber nicht weiter, diesmal weil Eowin sich wieder breitmachte.

»Ich wüsste auch eine Möglichkeit, das Verfahren zu beschleunigen«, freute der sich über das Stichwort. »Ich denke mal, Beppo wird uns ganz schnell weiterhelfen.«

Damit drückte Eowin die ›Wählen‹-Taste und fixierte den Sonderermittler mit bedeutungsschwerem Blick.

»Ach, jetzt lassen Sie doch diesen Unsinn mit dem Innenminister!«, schimpfte Wendelin Zeiger.

Und lenkte nach dem ersten *Tüüüt!* ein: »Dann übernehmen eben *Sie* die Verantwortung für das Kind; als würde ich mich darum reißen!«

Eowin wartete noch das zweite Freizeichen ab, bevor er ›Auflegen‹ drückte.

»Glauben Sie nur ja nicht, dass sie das mit ihrem Affentheater um meinen Dienstvorgesetzten erwirkt haben!«, befleißigte sich Herr Zeiger zu betonen. »Ein deutscher Ermittlungsbeamter ist nicht erpressbar! Aber man ist ja schließlich kein Unmensch. Nehmen Sie das Mädchen in

Gottes Namen mit. Allerdings setze ich Ihnen dafür drei Bedingungen. Erstens: Sie halten das Mädchen unter permanenter Aufsicht; zweitens: Sie halten sich uns verfügbar, falls noch Fragen auftauchen; drittens: Sie setzen sich nach Ihrer Rückkehr mit den zuständigen Behörden in Verbindung. So eine Pflegschaft zu übernehmen ist nicht dasselbe, wie Brötchen holen gehen!«

»Na, da sind wir uns ja einig«, stimmte Eowin zu und streckte dem Sonderermittler seine fleischige Pranke entgegen. »Hand drauf, Herr Zeiger …«

»Herr von Lüdershagen …«, ergriff der nicht erpressbare Ermittlungsbeamte Eowins Hand.

Alle atmeten auf, als Herr Zeiger und die Beamtin den *Comedy-Punch-Club* grußlos verließen. Emily saß am Boden gekauert neben Josefs Stuhl und sah den beiden hinterher, die nicht einmal einen letzten Seitenblick auf das Mädchen warfen. Florence, mit dem Einsammeln leerer Gläser sowie dem Zurechtrücken von Tischen und Stühlen beschäftigt, lächelte, als die Tür hinter den beiden Polizisten ins Schloss gefallen war. Jean-Claude und Tochter Nelly tauschten einen verschwörerischen Blick über den Tisch hinweg, den sie gerade trugen, um Florence beim Aufräumen zu helfen. Lucille, auf einem Stuhl neben dem von Josef sitzend, erholte sich bei einem Glas Orangina von ihren Eskapaden. Verflogen war die Atmosphäre des Feierns. Das gedämpfte Rot war dem kalten Arbeitslicht der Neonröhren gewichen, die wie Relikte aus einer anderen Zeit vor sich hin flackerten. Trotzdem hatte es etwas Feierliches, als Isabell und Eowin Händchen haltend vor Emily traten, die fragend zu den beiden aufblickte.

Ihre Hand von der ihres Mannes lösend, ging Isabell vor dem Mädchen auf beide Knie.

»Übermorgen fahren wir nach Deutschland zurück: Eowin und ich. Und Josef auch. Möchtest du mitkommen? Zu uns nach Hause? In *dein* neues Zuhause?«

»Und die Polizei?«, fragte Emily noch ganz eingeschüchtert.

Isabells Lippen zuckten. Als Antwort schüttelte sie nur beruhigend den Kopf.

In der Zeit von Eowins Disput mit Herrn Zeiger in der Spülküche hatten sich die im Saal Verbliebenen miteinander bekanntgemacht und die verschlungenen Fäden dieser außergewöhnlichen Reise wenigstens einigermaßen entwirrt. Dennoch musste Isabell sich eingestehen, dass ihr Angebot an Emily einer Überrumpelung gleichkam.

»Ich meine, das ging jetzt alles viel zu schnell«, räumte Josefs Tochter daher ein. »Du kannst dir alles natürlich noch gründlich überlegen.«

Emily hob den Blick zu Eowin, der vor ihr stand und lächelnd auf das Mädchen blickte. *Noch* lächelte er …

»Bist du der Mann, der die beiden Pferde umgebracht hat?«

Der Satz, der von Emilys Lippen durch den Raum flatterte wie ein verletzter Vogel, ließ alle erstarren. Eowin fiel das Lächeln aus dem Gesicht. Sein Kopf verfärbte sich rot.

»Dazu sag ich jetzt nichts …«, setzte er an, überlegte es sich aber im selben Augenblick anders: »Doch. Dazu sag ich jetzt was. Es wird höchste Zeit, dass ich dazu was sage! Herrgott noch mal, wie oft schon hab ich mich dafür entschuldigt! Bin zu Kreuze gekrochen mit Tut-mir-leid,-tut-mir-leid! Wie viel Mal noch? Wollt ihr mir das bis ans Lebensende nachtragen, hm? – Auf meinen Grabstein meißeln vielleicht: ›Hier ruht der in Frieden, der die Pferde umgebracht hat‹ oder was? Lieber Schwiegerpapa, das hat sie doch von dir, von wem denn sonst!

War es nötig, dass dieses Mädchen das weiß? War es dir wirklich so wichtig, mich bei einem Kind anzuschwärzen? Dabei weißt du *nichts*, du hast wirklich überhaupt keine Ahnung!«

»Eowin!«, versuchte Isabell ihren Mann zu bremsen.

Doch der bügelte darüber hinweg: »Nix da: ›Eowin!‹ Jetzt rede *ich*! Ich war's, der mit dem Auto hinterhergerast ist in die Abdeckerei! Nachdem mein sauberer Herr Vater die wirklich witzige Idee hatte, zwei Stallburschen ein paar Scheine zuzustecken, um die Pferde einzuladen, als der Laster kam! Einen Spaß hat er sich machen wollen, *Ha-ha-ha!* Hinter meinem Rücken war er es, der den Transporter bestellt hat, um Liese und Peter abholen zu lassen und damit Josef, den er aufs Verrecken nicht ausstehen kann, eins auszuwischen! Und unser Familienverhältnis damit zu zerstören! Und ihr, ihr beide, du genauso wie dein Vater, macht das Spiel mit!«

Abwechselnd stach Eowin mit dem ausgestreckten Zeigefinger symbolisch auf Frau und Schwiegervater ein.

»Warum hast du uns das nie gesagt!«, schrie ihm Isabell entgegen, die aus der Hocke aufgesprungen war und der die Tränen aus den Augen spritzten, auch wenn ihre Wut keine Spur von Traurigkeit zu erkennen gab. »Und musst du ausgerechnet jetzt vor diesem Mädchen so eine Nummer abziehen!«

»Hab ich mir den Zeitpunkt etwa ausgesucht? Da kommt ein fremdes Mädchen daher und fragt mich glatt, ob ich derjenige bin welcher …!«, war Eowin partout nicht zu bremsen. Etwas über Jahre hinweg Angestautes brach sich gegen jede Beherrschung Bahn. »Dabei war mir von Anfang an klar, dass nur er das gewesen sein konnte. *Ich* bin der Chef vom Hofgut Lüdershagen, *ich*! Ich trage die Verantwortung für alles, was in meinem Namen geschieht! Das ist mein Job! Soll ich mir vielleicht nachsagen lassen, dass ich mein eigenes Unternehmen nicht im Griff habe, dass ich unterm Regiment meines

Vaters stehe? Wer zollt mir unter diesen Umständen überhaupt noch Respekt? Womöglich ist euch auch entgangen, dass ich die beiden Stallburschen hochkant rausgeschmissen hab, die sich für so eine Unsäglichkeit hergegeben haben! Den Vater angebrüllt hab ich, und der hat nur gelacht! Weil er wusste, dass sein Kalkül immer aufgehen würde. Wenn ich euch gesagt hätte, dass es seine Entscheidung war, dann wär der Familienfrieden genauso perdu gewesen, einen Gefallen hätte ich ihm damit getan, denn der alte Herr ernährt sich von Spannungen und Streit, nichts anderes hält ihn aufrecht! Also hab ich's auf meine Kappe genommen …«

Die Luft war raus bei Eowin. Bei Isabell auch. Bei Josef nicht.

Der wollte von seinem Schwiegersohn, der schwer atmend und mit hängenden Schultern vor ihm stand, noch wissen: »Was heißt das: Du bist noch in die Abdeckerei gerast?«

»Ich hab's verhindern wollen. Aber es war schon zu spät.« Nach einer Pause fügt er hinzu: »Ich hab sie noch gesehen …«

Dann wendete er sich ab. Betreten sahen alle zu, wie diese breiten Schultern ein Eigenleben bekamen, indem sie arrhythmisch auf und ab zu hüpfen begannen. Der ganze massige Rücken erbebte im Ansturm jener freigesetzten Spannungen, die über zwölf Jahre hinweg gehalten worden waren.

Keiner im Saal wagte sich auch nur zu rühren. Jeder schien in der Position schockgefrostet, in der er sich befunden hatte, als Eowin zu seinem Monolog ansetzte. Es war der Monolog des Helden im eigenen Untergang.

Es dauerte eine Weile, bis man ein Schluchzen hörte, das von jenseits des Rückens kam. Bis dahin war es dem erschütterten Mann gelungen, in seine beiden Pranken hineinzuheulen, lautlos, wie sich das geziemte.

Nur Isabell bewegte sich. Sie trat zwei Schritte auf Eowin zu, berührte diesen auf erschütternde Weise erschütterten Rücken, strich behutsam über das eine Schulterblatt, umrundete den Felsen, an dem sich jede Brandung brach und der nun selbst zur Brandung geworden war, mit der er sich selbst zu verzehren drohte. Vor ihrem Mann stehend, schloss sie ihn in ihre Arme und streichelte mit einer Hand sanft und tröstend seinen Hinterkopf.

»Ich habe den mutigsten Mann auf der Welt«, hauchte sie in seine Brust.

Zu siebt zwängten sich alle in Eowins Auto. Nur die ihnen nachwinkende Florence blieb zurück, nachdem sie eine Wohnung über dem *Poetry-Punch-Club* besaß.

Florence hatte es sich nicht nehmen lassen, den alten Mann einzuladen: »Werden Sie wiederkommen, Monsieur Joseph? Ich würde mich sehr freuen.«

»Ich danke Ihnen für die Einladung, Madame Florence. Ich fühle mich zutiefst geehrt.«

Er zögerte, bevor er weitersprach: »Wissen Sie, ich bin auf der Durchreise. Dank Ihnen. Andernfalls läge ich jetzt wohl – wie sagt der Asphalt-Cowboy? – *six feet under*. Ich danke Ihnen.«

»Verstehe«, gab Florence zur Erwiderung und bemühte sich, ihre Enttäuschung nicht durchblicken zu lassen.

Dann küsste sie Josef auf den Mund. Durchs heruntergekurbelte hintere Seitenfenster. Lang genug, um es nicht für reine Einbildung halten zu müssen. Und doch so flüchtig, als wäre es nie geschehen.

Während der Fahrt verdrängte Jean-Claude mit launigem Pfeifen die betretene Stille, die den Wagen enger machte und mehr Luft wegnahm, als die Versammlung von sieben menschlichen Körpern in der Fahrgastzelle.

»Kannst du überhaupt noch fahren?«, fragte Isabell ihren Mann hilfsbereit.

»Immer«, hielt der die Antwort kurz.

Nur Emily und Nelly, die man hin und wieder aus dem Laderaum gickeln hörte, schienen ungetrübter Laune. Nicht etwa, dass die übrigen Insassen in schlechter Stimmung gewesen wären; sie waren einfach nur bis an die Grenze ihrer Aufnahmefähigkeit strapaziert.

Jean-Claude schob dem in Nachdenklichkeit versunkenen Josef einen Zettel zu, ohne dafür sein Pfeifkonzert zu unterbrechen. Unter normalen Umständen hätte man das unausgesetzte Tönen auch als nervig empfinden können. Doch an einem Tag, der sich durch einen eklatanten Mangel an normalen Umständen auszeichnete, war jeder froh, dass wenigstens einer das akustische Vakuum im Wageninnern füllte.

Josef faltete den Zettel auf. Darauf stand ›Florence‹ und eine Telefonnummer. Josef wurde noch nachdenklicher und blickte aus dem Seitenfenster, vor dem die Schemen der letzten Nachtschwärmer im Licht der Laternen vorbeihuschten.

»Findest du nicht, dass diese Florence deiner Mama zum Verwechseln ähnlich sieht?«, erkundigte sich Josef an der Kopfstütze des Beifahrersitzes vorbei bei seiner Tochter.

»Meinst du die Frau an der Bar?«, vergewisserte sich Isabell, voller Verwunderung darüber, dass ihr Vater plötzlich von Mama anfing; sie konnte sich nicht daran erinnern, dass Josef seine Frau Loretta nach ihrem Ableben noch jemals erwähnt hätte. Alles, was mit dem tödlichen Unfall zusammenhing, schien mit einem Tabu belegt.

»Genau die«, bestätigte Josef.

»Hm«, meinte Isabell verhalten. »Ich hab die Dame offen gestanden nur am Rande wahrgenommen – kann's von daher nicht so genau sagen.«

»Macht es dich traurig, an Mama zu denken?«, blieb Josef zu Isabells anhaltender Überraschung beim Thema.

»Sehr«, gestand sie ein.

»Spürst du noch ihre Liebe?«

»Ja. Das ist ja das Traurige.«

»Kann die Liebe traurig sein?«, fasste Josef nach.

Isabell überlegte.

Dann sagte sie: »Ich glaube, sie ist immer beides: traurig und schön. Oder keins von beiden. Die Liebe *ist*.«

Nach längerem Schweigen richtete sich Isabell an ihren Mann. »Ich wusste gar nicht, dass du den Innenminister persönlich kennst.«

»Ich auch nicht«, verriet Eowin.

»Sag nur, du hast gebluffт …!«

»Ich hab dem Ermittler die Nummer von unserem Nachbarn gezeigt: Beppo Grothe.«

Isabell musste schmunzeln. Entweder, etwas an Eowin hatte sich grundlegend gewandelt, oder sie hatte über Jahre nicht genau genug hingeschaut, um ihren Mann zu kennen. So war das eben mit den Menschen: In manchem Langweiler steckte ein Abenteurer, wie mancher Allotri sich zu einer soliden Persönlichkeit mauserte. Bisweilen genügte es, wenn einer sich in Bewegung setzte, um die verborgenen Qualitäten anderer Menschen zum Vorschein zu holen. So jedenfalls war es geschehen mit Josefs Aufbruch nach Toulouse.

Als sieben Menschen müde und erschöpft und glücklich vor der Nummer 313 in der Avenue de Carcassonne dem Auto entkrochen, hatte Jean-Claude ein letztes Lied auf den gespitzten Lippen. Es war *Somewhere, over the Rainbow.*

Epilog

Wann ist eine Geschichte zu Ende? Die Lebensgeschichten von Menschen enden niemals gleich, doch stets mit demselben: dem Tod. Die Wirklichkeit lässt keinen anderen Ausgang zu.

In der Fiktion ist es anders. Man muss nur früh genug aufhören mit dem Erzählen. Wenn es im Leben der Tod ist, der den Schlusspunkt setzt, so hält in der Literatur der Autor dieses Privileg inne. Und wenn er es denn zum Letzten, Ultimativen nicht hat kommen lassen, so drängt sich die Frage auf nach dem Danach; es bleibt diese Neugier zurück, wie es denn jetzt weitergegangen wäre.

Nach einer erholsamen Nacht saß die siebenköpfige Familie Kunik-Bryante-Kopernikus-von-Lüdershagen an einem reich gedeckten Tisch und holte in hitziger Debatte ein, was alles so noch zuzudeckeln blieb an offenen Fässern. Nelly etwa war empört über die ihr von Eowin berichtete Vermutung des Sonderermittlers Wendelin Zeiger, der Chemieunfall wäre gar keiner sondern ein Terroranschlag. Für sie gehörte die Hypothese, die noch immer durch die Akten der Behörden und die Köpfe ihrer Vertreter geistert, zu jenen Ablenkungsmanövern, mit denen man die wahren Schuldigen zu decken versuchte. Jean-Claude unterbreitete seine

Analyse, wie unterm Eindruck terroristischer Akte der Staat das von den Attentätern begonnene Werk vollendete, indem er mit Militärpräsenz und Blitzaktionen wie der am Vorabend Angst und Schrecken säte und die Bürger in ihrer Gesamtheit, die schützen zu wollen er vorgab, zu Tatverdächtigen, Schläfern und potenziellen Sympathisanten machte. Sicherheit war ein stets bemühtes Argument, um die Autonomie der Menschen in die Fesseln von Überwachungs- und strukturellen Gewaltsystemen einzugießen.

Josef schlug in dieselbe Kerbe, nachdem Eowin ihm eröffnet hatte, dass nicht nur er mithilfe des ins Handy eingesetzten Ortungschips, sondern auch deutsch-französische Terrorfahnder jeden Meter seines Weges auf dem Schirm hatten. Was Josef daran zusätzlich kränkte, war seine Einstufung als ›harmlos‹. Er hätte eben doch die schwarze Anarchistenfahne hissen sollen!

Das gemeinsame Lachen über diese Marotte des vormaligen Zirkusdirektors einte die Versammelten zur Wahlfamilie im Zeichen der Geistesverwandtschaft: Terrorismus zu verabscheuen hieß nicht gleichzeitig, die bestehenden gesellschaftspolitischen Verhältnisse kritiklos zu schlucken. Selbst Eowin billigte sie nicht, die bestehende Gesellschaftsordnung, obschon er von ihr – und das nicht zu knapp – profitierte, was ihm weitere Sympathiepunkte bei Jean-Claude einbrachte.

In der Hitze der Debatte hätte die auf Wohnzimmer und Balkon verteilte Blase fast versäumt, den Fernsehempfänger einzuschalten, um die Featurette *Wie du und ich in Toulouse* auf cul.tv mit Josef und Emily in den Hauptrollen zu verfolgen und begeistert zu bejubeln.

»Harmlos?«, tobte Josef im Anschluss an die Übertragung. »Das soll *harmlos* sein? Wenn ihr mich fragt: Dieser Alte hat doch 'nen Schuss und gehört dingfest gemacht, hinter Schloss und Riegel mit dem!«

Das wäre auch ein schöner Schluss gewesen. Aber ist es damit auch schon gesättigt, das Verlangen nach dem, was das Schicksal für die Versammelten bereithalten würde?

Um das Ergebnis vorwegzunehmen: Alle Protagonisten dieser Geschichte werden sterben. Die einen in näherer, die anderen in fernerer Zukunft. Fast alle starben als andere gegenüber dem, wer sie zu Beginn der Geschichte waren.

Am wenigsten galt das noch für Jean-Claude. Der war eigentlich schon immer mit sich zufrieden: bei aller politisch-philosophischen Nachdenklichkeit leichtherzig, menschenoffen und krisenfest. Wenn er vor seinem Stehpult stand und schrieb, war er der zufriedenste Mensch der Welt, und Zufriedenheit ist *conditio sine qua non* für das persönliche Glück. Es war ebenso, wie Jean Paul der deutsche Schriftsteller mit dem französischen Namen einmal gesagt hat:

Solange ein Mensch ein Buch schreibt,
kann er nicht unglücklich sein.

Dass Jean-Claude in Eowin und Isabell die ersten reichen Leute kennengelernt hatte, die er sympathisch fand, war dann doch nicht so die Revolution seines Weltbildes, nach dem jeder Mensch im Grunde genommen ganz in Ordnung war.

Jean-Claudes Frau Lucille hatte im *Poetry-Punch-Club* eine alte Leidenschaft wiederentdeckt: das Tanzen. Die post-trau-

matische Depression war damit freilich nicht einfach weggewischt, aber in ihren guten Phasen besuchte Lucille Tanzkurse
und Workshops, bis sie wieder so weit war, eine eigene Gruppe in einem Tanzstudio anzuleiten – ehrenamtlich zwar, doch
das gab ihr alle Freiheiten, und die brauchte sie, um sich lebendig zu fühlen.

Tochter Nelly war zum Gesicht der Opfer der Chemiekatastrophe geworden. Sie wurde auch zur abschließenden Haupt-
verhandlung des Falles geladen, der so beigelegt wurde, wie
jeder es erwartet hatte: Das große Geld erhielt sein Recht, die
kleinen Leute gingen mit Trostpflästerchen nach Hause, als
könne man ein verpfuschtes Leben mit ein paar Euro aufwie-
gen – im Falle der Bryantes waren das viertausend. Immerhin
reichte der Betrag, dass Nelly ihr Studium aufnehmen konnte.
Für die junge Kämpferin blieb von vorrangiger Bedeutung,
getan zu haben, was getan werden musste.

Wichtiger noch als dies war ihr der Weg der Kunst, und
der jugendliche Elan, der ihr ein Leben lang nicht verloren
ging, trug sie immer wieder über die Grenze ihres eigenen
Wünschens hinweg.

Isabell fuhr mit einem neuen Mann nach Hause. Mit einem,
den sie lieben und bewundern durfte. Einem, der den Zugang zu seiner weichen, verletzlichen Seite gefunden hatte,
die er so lange vor ihr und anderen verborgen gehalten und
bekämpft hatte, weil er es ja so gerne dem Vater rechtgemacht
hätte, der einen harten Mann in ihm sehen wollte. Mit der
Heimkehr auf das Hofgut hätte Isabell endlich den richtigen
Mann an ihrer Seite und nicht den Schatten eines Gero von
Lüdershagen. Keine Sekunde hatte Eowin gebraucht, um ihr
den innigsten Herzenswunsch von den Augen abzulesen: ein

Kind zu haben, eine Tochter wie dieses kleine, quirlige, rotzfreche Energiebündel von Emily. Viel würde sie mit ihr noch zu zackern haben, o ja! – Neufindung und Ablösung fielen mit der Pubertät des Mädchens in eins. Aber das war es ja, wofür man sich Kinder wünschte, für Kämpfe und Wonnen, für die Wechselbäder des Lebens, anstatt in lauwarmer Sattheit dem Ruhestand entgegenzudümpeln. Als keifender Hausdrache hatte Isabell Gestüt Lüdershagen verlassen, als liebende Frau und Mutter kam sie zurück. Um als Erstes die Umgestaltung des Wendehammers vor der Freitreppe ihres Herrenhauses vorzunehmen. Die Grasinsel erhielt eine künstlerische Installation, eine Art Mobile mit einer Seiltänzerin ohne Seil, dafür mit Engelsflügeln, die sie – vom Wind bewegt – eine Windharfe umschweben ließen, die auf die Tonreihe jener Melodie gestimmt war, die wir nun nicht noch einmal zu erwähnen brauchen.

Eowins erster Akt nach der Rückkehr war ein klärendes Gespräch mit Vater Gero. Drei Stunden lang gab es laute und leise Töne hinter der Eichenholztür des väterlichen Arbeitszimmers zu hören. Später lobte Eowins Mutter Lydia von Lüdershagen ihren Sohn dafür, dem ›alten Narren endlich mal den Querkopf zurechtgerückt‹ zu haben, wie sie das ausdrückte. Ihr größtes Lob an ihren Sohn lag wohl darin, dass sie schon lange auf den Richtigen gewartet hatte, der dazu imstande sei, und am wenigsten mit ihm, Eowin, gerechnet hatte.

Im Weiteren gelang es Eowin, sein Gewicht zu halten. Zu bestimmten Anlässen befleißigte er sich sogar, ein Korsett anzulegen, da es der Straffung seiner Körperhaltung zugutekam; er fühlte sich einfach größer und senkrechter darin, und das passte auch zu seinem Selbstbild eines starken und geradlinigen Geschäftspartners für die entsprechenden Verhandlungen und Abschlüsse.

Im Übrigen hatte er durch das Korsett eine gewisse Affinität zu weiblichen Attributen entdeckt und dass sich hinter mancher Verschämtheit die Lust verbarg. Beziehungsdynamisch funktionierte das blendend, nachdem Isabell durch ihre Eltern – beide Alpha-Tiere – genug männliche Eigenschaften mitbrachte. Da durch Emilys Zuzug und Isabells Pflegemutterglück das Stigma der Impotenz von ihm genommen war und ohnehin ein Kinderzimmer gebraucht wurde, teilte das Ehepaar fortan wieder dasselbe Bett.

Was sein Verhältnis zur Pflegetochter betraf, verkörperte Eowin die Instanz, zu der Emily sich flüchtete, wenn sie bei Isabell auf Granit biss. Sie entwickelte ein ausgeprägtes Talent darin, ihren neuen Papa mit jugendlichem Charme um den Finger zu wickeln oder – wenn das nicht half – ihn als den, ›der die Pferde umgebracht hat‹, zu erpressen. Eowin machte sich keinen Kopf, das Kind nach Strich und Faden zu verwöhnen, selbst wenn er damit seine Frau immer wieder mal zur Weißglut brachte. Im Streiten hatten Isabell und Eowin genug Erfahrung, und Isabell musste nun noch etwas in der Fähigkeit des Einlenkens nachreifen.

Für Josef wurde Toulouse zum Scheidepunkt. Sein weiterer Weg würde ihn von Emily trennen. Denn Josef fuhr nicht mit nach Hause, wie Isabell ihm ungefragt unterstellt hatte mit ihrem Versprechen Emily gegenüber, dass sie bei dem alten Mann würde bleiben können. Den tränenreichen Abschied zwischen den beiden ersparen wir uns lieber; gesagt sei nur, dass er seinen Höhepunkt darin fand, dass Josef dem Mädchen die zerknitterte 10-Euro-Note zurückgab, die sie ihm nach dem Unwetter hinter Clermont-Ferrand in die Hand gedrückt hatte. Selbst die krisenfeste Frohnatur Jean-Claude musste sich abwenden, um bei dieser Szene nicht loszuheulen wie ein einsamer Wolf in einer Vollmondnacht.

Josef nämlich hatte beschlossen, nicht mit den Seinen auf das Gestüt zurückzukehren. Das Argument, Rudi Holder und den Hänger könnten sie in einem Transporter später heimholen lassen, zog nicht, da nach Josefs Ansicht, wer selber Räder hatte, nicht per Anhalter reisen musste. Er hatte den ewigen Nomaden in sich entdeckt, und das war keine Marotte, sondern ein Charakterzug.

Außerdem hatte er mit Florence telefoniert. Es hatte keiner Überzeugungskraft bedurft, sie zur Aufgabe ihrer kleinen Wohnung und zum Mitreisen zu bewegen. Bereits nach wenigen Tagen, in denen die nötigen Vorbereitungen getroffen wurden, setzte sich das Gespann in Richtung iberischer Halbinsel in Bewegung. Über ein dreiviertel Jahr tourten Florence und Josef durch Spanien, wobei sie eher selten in dem Hexenhäuschen schliefen. Für die Übernachtungen gaben sie Pensionen und Hotels den Vorzug, um ihre ›Hochzeitsreise‹ mit allem Komfort zu genießen.

Florence war die Erste, der das Herumfahren zu viel wurde. Auf Grundlage der finanziellen Unterstützung Eowins erwarb sie mit Josef eine Hafenspelunke in dem katalanischen Fischerdorf Cadaqués, auf einer Halbinsel gelegen und vom Festland durch eine Bergkette geschieden, wie es sich für ein altes Schmuggler- und Piratennest gehörte. Jetzt gab es hier vor allem Freizeitkapitäne und Sporttaucher, für die sich Florence' Location bald vom Insidertipp zum *must-go* entwickelt hatte. Von hier aus unternahm Josef kurze Tagestrips in die Berge, wenn er nicht der lebensgroßen, landeinwärts blickenden Statue von Alt-Bürgermeister Salvador Dalí gegenübersaß und Kaiser Butjathas alias Knud Holgersen gedachte als erster Begegnung auf dieser Reise zwischen Dangast und Gibraltar.

Zuletzt Emily: Ihr Leben war wohl dasjenige, das sich am meisten verändert hatte durch die Begegnung mit Josef. Ihr war mit einem Mal eine Zukunft geschenkt worden. Eowins Einfluss und juristischer Hintergrund hatten die Übernahme Emilys als Pflegetochter zu einer formalen Beiläufigkeit gemacht. Natürlich bekam das Mädchen als Erstes ein eigenes Pferd, das sie auf den Namen Liese taufte – sehr zum Leidwesen Eowins, der einen Namen wie *Silent Running* oder *Sudden Death* den Vorzug gegeben hätte. Isabell entdeckte ihre alte Profession noch einmal neu und gab dem Mädchen als Trainerin Stunden im Voltigieren. Allzu halsbrecherische Figuren ließ sie dabei allerdings weg. Und jedes Mal war es ein großes Fest, wenn als Besuch aus Spanien Josef und Florence für ein paar Tage einflogen, was um die dreimal im Jahr der Fall war. Dann zeigten Isabell und Emily in einem Synchronballett vor dem Herrenhaus eine Choreografie ihrer Kunststücke auf den Rücken von Lucky und Liese, im Zentrum zwischen beiden die als Engel der Erinnerung schwebende Loretta Kopernikus.

Ein paarmal kamen sogar die Bryantes dazu, um die Wahlfamilie zu komplettieren, wenn die Zuschauer auf den Stufen der Freitreppe Platz nahmen und die außergewöhnliche Darbietung bewunderten.

Als Emily sechzehn Jahre alt war, erlag ihre Mutter einer Alkoholvergiftung. Mit der Adoption wurde aus ihr Emily von Lüdershagen. Sie schaffte das Abitur mit einem mittelprächtigen Notendurchschnitt, da in ihr ja keine Hochbegabte steckte und – entgegen Josefs wohlmeinender Induktion – wahrscheinlich auch kein Genie; dafür umso mehr Weisheit des

Herzens. Nach dem Schulabschluss studierte sie Journalistik und arbeitete als Reporterin für Tageszeitungen und Magazine, später auch für eine Rundfunkanstalt.

Jahre später – es war bei ihrer ersten Fernsehreportage – lernte sie einen jungen arrivierten Kameramann kennen und lieben. Mit ihm drehte sie zahlreiche Fernsehdokumentationen, später auch Dokumentarfilme. Nachdem sie eines Tages über alte Tagebuchaufzeichnungen auf fliegenden, welligen und vergilbten Blättern stolperte, schrieb sie ihr erstes Drehbuch für ein Roadmovie unter dem Titel:

Two
to
Toulouse

LESETIPP!

Paul Krüger

Auf nach Alabama

538 Seiten
13,5 x 20,5 cm
Softcover
ISBN 978-3-943168-98-3
17,90 € (D) | 18,40 € (A)

Ein Reisebericht der etwas anderen Art. Fünf Freunde beschließen, mit ihren Oldtimertraktoren eine Tour von 500 Kilometern während ihres Urlaubs zu unternehmen. Das Endziel der Reise ist ein großes Traktortreffen in Alabama. Die Fahrt führt die Gruppe aber nicht in die USA, sondern in einen gleichnamigen Ort in Deutschland. Die Gruppe der Hobbytraktoristen erlebt während der Fahrt und auf dem Treffen selbst allerlei Kurioses, das einerseits zum Schmunzeln, aber andererseits auch zum Nachdenken über die heutige Zeit und ihre Zeitgenossen anregt.

Tauchen Sie ein in eine Milieustudie, die von leichter Ironie und viel Humor gekennzeichnet ist und begegnen Sie unterschiedlichsten Charakteren aus Ost und West.